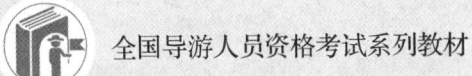

全国导游人员资格考试系列教材

根据国家旅游局颁布的最新大纲编写

Difang Daoyou Jichu Zhishi

地方导游基础知识

全国导游人员资格考试教材编写组 ⊙ 编

北京·旅游教育出版社

责任编辑:李荣强

图书在版编目(CIP)数据

地方导游基础知识／全国导游人员资格考试教材编写组编. -- 北京：旅游教育出版社，2017.6
全国导游人员资格考试系列教材
ISBN 978-7-5637-3573-0

Ⅰ.①地… Ⅱ.①全… Ⅲ.①导游—资格考试—教材 Ⅳ.①F590.63

中国版本图书馆 CIP 数据核字（2017）第 094312 号

全国导游人员资格考试系列教材
地方导游基础知识
全国导游人员资格考试教材编写组　编

出版单位	旅游教育出版社
地　　址	北京市朝阳区定福庄南里1号
邮　　编	100024
发行电话	(010)65778403 65728372 65767462(传真)
本社网址	www.tepcb.com
E-mail	tepfx@163.com
排版单位	北京旅教文化传播有限公司
印刷单位	北京艺堂印刷有限公司
经销单位	新华书店
开　　本	710毫米×1000毫米　1/16
印　　张	15.5
字　　数	248千字
版　　次	2017年6月第1版
印　　次	2017年6月第1次印刷
定　　价	25.00元

（图书如有装订差错请与发行部联系）

出版说明

作为专业的全国旅游教材出版机构，我社曾于1994年配合国家旅游局人教司编写出版了全国第一套导游人员资格考试教材。该套教材是全国诸多同类教材中历史最久、使用面最广、内容最权威的教材，对帮助广大考生学习导游专业知识、规范全国导游员考试起到了积极的推动作用。多年来，该套教材为适应旅游业的蓬勃发展，不断进行修订，因其权威性、实用性和先进性一直广受好评，畅销不衰。

为给国家和社会选拔合格和更高素质的导游人才，国家旅游局从2016年起实行全国统一的导游人员资格考试制度。同年，我社在以往导游考试教材基础上根据新大纲修订编写出新的导游考试教材。该教材为考生顺利通过导游考试发挥了积极作用。2017年，根据社会对考试情况的反馈，国家旅游局又及时修订了大纲以适应新形势的发展要求。我社在2016年统编教材的基础上组织了一批有多年旅游行业管理、一线旅游院校教学、导游人才培训和丰富命题经验的专家，组成导考教材编写组。编写组人员认真研究新大纲、讨论编写内容及体例，以服务考生为基本宗旨，严格按照新大纲修订编写了全国导游人员资格考试系列教材。

此套导考教材优点突出、特色鲜明，具体情况如下：

第一，整套教材编写与大纲紧密贴合。完全根据国家新大纲规定科目编写，具体每本书的框架构成也是根据所要求考生掌握的内容来制定的。内容全面涵盖要点，细处高度契合大纲条目。根据大纲"了解""熟悉""掌握"三个层级对内容的要求确定重点与非重点，全套教材论述详略得当；条目清楚，知识点明晰，使考生易于识记，便于应考。

第二，编写团队均来自旅游业内一线专家和学者。作者是多年从事旅游行政管理、旅游院校教学和旅游人才选拔培训的一线人员，有着丰富的实践经验和深厚的理论修养。他们的编写态度严谨、认真、精益求精。编审团队也由社内最专业的编辑和社外专家组成，进一步保证了知识的准确性、权威性。

第三，教材内容既有二十多年专业导考教材的深厚积淀，又体现了与时俱进的时代特色和先进性。此教材秉承了原教材的优点，又紧紧抓住旅游业发展对导游人员素质提出的新要求，反映了国家旅游及相关行业进程的演变及新成果。

第四，教材备考体系全方位、立体化、高效能。根据新大纲的规定科目，我们的全国导游人员资格考试系列教材包括《政策与法律法规》《导游业务》《全国导游基础知识》《地方导游基础知识》。同时，我社还开发了与之配套的《全国导游人员资格统一考试模拟试题汇编》《全国导游人员资格统一考试教材考点精解》来帮助考生梳理每个科目的核心内容和重要知识点，并进行同步强化练习，巩固掌握知识点。除此之外，我社还将在纸质书出版后，及时在"我是导游"APP平台上推出与此配套的电子书、在线题库、考点精解、视频讲解辅导课程，帮助考生随时随地利用碎片时间高效学习备考。

最后，感谢所有参与本套教材论证、编写的专家、学者及对此套教材提出宝贵意见的用户和读者！我们将以优质的服务、专业的知识为考生尽心竭力地服务，为国家导游人才的选拔和培养贡献自己的一份力量。

旅游教育出版社

目 录

华北地区

第一章　北京市基本概况 …………………………………… 2
第二章　天津市基本概况 …………………………………… 9
第三章　河北省基本概况 …………………………………… 16
第四章　山西省基本概况 …………………………………… 23
第五章　内蒙古自治区基本概况 …………………………… 31

东北地区

第六章　辽宁省基本概况 …………………………………… 40
第七章　吉林省基本概况 …………………………………… 46
第八章　黑龙江省基本概况 ………………………………… 55

华东地区

第九章　上海市基本概况 …………………………………… 66
第十章　江苏省基本概况 …………………………………… 72
第十一章　浙江省基本概况 ………………………………… 79
第十二章　安徽省基本概况 ………………………………… 87
第十三章　福建省基本概况 ………………………………… 93
第十四章　江西省基本概况 ………………………………… 99
第十五章　山东省基本概况 ………………………………… 107

华中地区

第十六章　河南省基本概况 ·················· 116
第十七章　湖北省基本概况 ·················· 126
第十八章　湖南省基本概况 ·················· 133

华南地区

第十九章　广东省基本概况 ·················· 144
第二十章　广西壮族自治区基本概况 ·················· 151
第二十一章　海南省基本概况 ·················· 160

西南地区

第二十二章　四川省基本概况 ·················· 168
第二十三章　贵州省基本概况 ·················· 174
第二十四章　云南省基本概况 ·················· 181
第二十五章　重庆市基本概况 ·················· 189
第二十六章　西藏自治区基本概况 ·················· 196

西北地区

第二十七章　陕西省基本概况 ·················· 206
第二十八章　甘肃省基本概况 ·················· 213
第二十九章　青海省基本概况 ·················· 222
第三十章　宁夏回族自治区基本概况 ·················· 229
第三十一章　新疆维吾尔自治区基本概况 ·················· 236

华 北 地 区

第一章
北京市基本概况

北京是中华人民共和国首都,中央直辖市,中国政治、文化、科教和国际交流中心,同时也是中国经济金融的决策中心和管理中心。北京简称"京",市政府驻地为北京市。

【地理环境】

北京市位于华北平原北部,背靠燕山,毗邻天津市和河北省,并与天津市一起被河北省所环绕。总面积1.64万平方千米。

北京市山区面积1.02万平方千米,平原区面积为0.62万平方千米。北京的地势西北高,东南低,平均海拔43.5米。

北京市西部为西山,属太行山脉;北部和东北部为军都山,属燕山山脉。最高的山峰为京西门头沟区的东灵山,海拔2303米。最低的地面为通州区东南边界。西山、军都山两山在南口关沟相交,形成一个向东南展开的半圆形大山弯,人们称之为"北京弯",它所围绕的小平原即为北京小平原。诚如古人所言:"幽州之地,左环沧海,右拥太行,北枕居庸,南襟河济,诚天府之国。"

北京自西向东贯穿五大水系(属海河流域):大清河水系(流经房山区的一段称拒马河)、永定河水系、北运河水系(其上游称温榆河)、潮白河水系和蓟运河水系。多由西北部山地发源,向东南蜿蜒流经平原地区,最后分别汇入渤海。

北京没有天然湖泊,有水库85座,其中大型水库有密云水库、官厅水库、怀柔水库、海子水库。

【气候特征】

北京的气候为典型的温带半湿润大陆性季风气候。春季,气温回升快,昼夜温差大;夏季,酷暑炎热,降水集中,形成雨热同季;秋季,天高气爽,冷暖适宜,光照充足;冬季,寒冷漫长,长达5个月左右。全年无霜期180~200天,西部山区较短。年平均气温10℃~12℃。

降水季节分配很不均匀,全年降水的80%集中在夏季6月、7月、8月三个月,7月、8月有大雨。年平均降水量664毫米。

北京太阳辐射量全年平均为112~136千卡/厘米,年平均日照时数为2000~2800小时。最大值在延庆区和古北口,为2800小时以上;最小值分布在霞云岭,日照为2063小时。

【行政区划】

北京辖东城区、西城区、朝阳区、丰台区、石景山区、海淀区、顺义区、通州区、大兴区、房山区、门头沟区、昌平区、平谷区、密云区、怀柔区、延庆区16个区,共147个街道、144个镇和33个乡、5个民族乡。

【历史沿革】

北京的历史非常悠久,周口店一带的北京人、山顶洞人遗址的发现,证明北京有人类活动的历史最少可推至70万~20万年前。

西周初年,周武王曾分封召公于此,称燕(西周燕都遗址位于今房山区董家林村,是北京范围内最早的城市遗址)。春秋战国时期,燕国在此建都,称为蓟。秦朝时期,北京地区属渔阳郡。隋朝时的北京叫涿郡,是当时大运河的起点。唐朝时期,叫幽州。辽代在此建南京。金代在此建中都,又称燕京。到了元朝开始营建大都,成为全国性首都。明清两代在元大都的基础上不断扩建改造,并正式改名为北京,清朝时还叫京师。国民政府统治时期北京改称北平,新中国成立后,将北平改为北京,定为中华人民共和国的首都。

【人口民族】

2015年北京市常住人口2170.5万人,其中,常住外来人口822.6万人,占常住人口的比例为37.9%。常住人口中,城镇人口1877.7万人。

北京市是中国第一个齐聚56个民族的城市。2010年第六次全国人口普查数据显示:汉族人口1881.1万人;少数民族人口80.1万人,占全市总人口的4.1%。各少数民族人口中排在前五位的依次是满族、回族、蒙古族、朝鲜族和土家族,占少数民族人口的90.2%。

【宗教信仰】

从古至今,各种原始宗教以及土生土长的道教都在北京繁衍和发展,外来的佛教、基督教、伊斯兰教等宗教也相继在北京地区传播,并逐渐融入中华民族传统文化和北京历史文化中,逐渐形成了多元文化体系的北京宗教文化。

道教自东汉产生后,就开始在北京地区流传;佛教自两汉之际传入我国,从东晋十六国时起,佛教传入北京地区;基督教从唐朝至明末清初曾三度传入中国,但都未能取得长足发展。直到鸦片战争后,外国传教士与殖民者结伴而来,靠着不平等条约的保护在中国传播。唐高宗永徽二年(651年),伊斯兰教开始传入中国,宋辽时期传入北京。元明清时期,北京伊斯兰教文化体系形成。

佛教、道教、伊斯兰教、天主教、基督教在北京都有数量众多的信徒和活动场所。北京现有宗教活动场所达100多处,拥有宗教信仰者50多万人。

【交通状况】

北京公路、铁路和民用航空四通八达,是中国铁路大枢纽和民用航空交通的中心。

北京市城区的路网结构以矩形环状为主,道路多以此为依托,与经纬线平行网状分布。北京市先后依托城市扩展,建设了二、三、四、五和六环路。总长度超过500千米的北京新"七环路"已经形成半圆形。

京哈、京沈、京津塘、京石、京藏、京承、京开等多条高速公路通往各地。京秦铁路、京哈铁路、京沪铁路、京九铁路、京广铁路、京原铁路、京包铁路、京承铁路、京通铁路等多条铁路干线会集于此。在国际铁路运输方面,去往俄罗斯各城市、蒙古国首都乌兰巴托和朝鲜首都平壤以及去往越南首都河内的列车均从北京发车。

北京已开通京津城际、京广高铁、京沪高铁、京福高铁等多条高铁线路。北京和天津两地的路程被缩短为半小时。京沪两地进入5小时经济圈,"千里京沪一日还"得以实现。

北京首都国际机场是亚洲第二大国际机场,目前已开通200多条国际、国内航线,通往世界主要国家及地区和国内大部分城市。

【自然资源】

北京已发现的矿种共67种,列入国家储量表的矿种44种。主要有煤、铁、铬、白云岩、大理岩等。

北京的地带性植被类型是暖温带落叶阔叶林,并间有温带针叶林的分布。大部分平原地区已成为农田和城镇,只在河岸两旁局部洼地发育着以芦苇、香蒲、慈姑等为主的洼生植被。

北京的动物区系有由古北界向东洋界过渡的动物区系特征。有国家一级保护动物白尾海雕、金雕、东方白鹳、褐马鸡、金钱豹、麋鹿等10余种。

北京市地处海河流域,是一座人口密集、水资源短缺的特大城市。人均水资源占有量285立方米,只有全国人均水资源占有量的1/7。

【文化艺术】

北京最早的文学记录为《燕丹子》。《史记》中有关于幽州、长城沿线的文学描写,包括"李将军射虎"等。建安文学时期描写蓟城的文学作品较多,如曹操的《苦寒行》《观沧海》,曹丕的《燕歌行》,陆云的《北游幽朔城》等。唐代的幽州文学中陈子昂的《登幽州台歌》《蓟丘览古》,高适的《蓟门行》等,都再现了祖国的北国风光,反映了农业文明与草原文明的交流与融合。辽、金、元时期,民族交流与融合的因素明显增强,比如辽代的幽州文学,苏辙的《游桑干》《眉山集》;金代的诗词、诸宫调以及著名诗人元好问的诗词等。明清则形成了带有北京地方特色和民族融合特色的京味文学,包括《金瓶梅》中的北京话,《红楼梦》《儿女英雄传》中的京味、京腔,子弟书,京味小说《镜花缘》等。

北京戏剧的发展,经历了从元杂剧的辉煌,到明清传奇的鼎盛,再到京剧的繁荣三个黄金时期。北京地区戏剧的发展则与这三个黄金时期息息相关。比如宏大壮美的元杂剧,从元曲第一家关汉卿的《窦娥冤》,到王实甫的《西厢记》,马致远、纪君祥等人的剧作。清代初年,剧坛出现了洪昇和孔尚任两位著名的剧作家。洪昇创作的《长生殿》和孔尚任创作的《桃花扇》,是康熙年间剧坛上最成功、最有影响力的作品。

京剧是国粹,其源头要追溯到几种古老的地方戏剧,1790年,安徽的四大地方戏班——三庆班、四喜班、春台班、和春班先后进京献艺(史称"徽班进京"),获得空前成功。徽班常与来自湖北的汉调艺人合作演出,于是,一种以徽调"二黄"和汉调"西皮"为主,兼收昆曲、秦腔、梆子等地方戏精华的新剧种诞生了,这就是京剧。

五四运动以后,欧洲戏剧传入中国,中国现代话剧兴起,郭沫若的《屈原》、老舍的《茶馆》、曹禺的《雷雨》、苏叔阳的《丹心谱》等,都是我国著名的话剧。北京还有双簧、单弦、相声、评书、京韵大鼓等各种地方曲艺。

【特产美食】

北京为中国首都,物华天宝,人杰地灵。

北京特产门类多,品种丰富。工艺品有景泰蓝、雕漆、玉器、内画壶、泥人、京剧脸谱等;名酒有二锅头、桂花陈酒等;食品、果品有全聚德烤鸭、稻香村糕点、茯苓夹饼、果脯、糖葫芦、六必居酱菜、大兴西瓜、京白梨、昌平草莓、平谷大桃、门头沟大核桃、大磨盘柿、密云金丝小枣等。

北京自春秋战国以来一直是我国北方重镇,历史上先后有辽、金、元、明、清等朝建都于此,是我国政治、经济、文化、外交中心,汉、满、蒙古、回等各族人民大量在此定居。世界和全国各地文化在此融汇交流,在饮食文化方面,形成了荟萃百家、兼收并蓄、格调高雅、风格独特、自成体系的"北京菜"。

"北京菜"是由北京地方风味菜、以牛羊肉为主的清真菜、以明清皇家传出的宫廷菜及做工精细、善烹海味的谭家菜,还有其他省市的菜肴组成。口味浓厚清醇,质感多样,菜品繁多,四季分明,有完善、独特的烹调技法,以爆、炒、熘、烤、涮、焖、蒸、氽、煮见长。

全国各风味菜技师多会于北京,菜肴原料来自天南地北,山珍海味、时令蔬菜应有尽有。而以北京"填鸭"制成的烤鸭,更是驰名中外,以此为原料制成的"全鸭席"更是闻名遐迩,名品有"火燎鸭心""烩鸭四宝""北京鸭卷"等。

北京著名的特色小吃有豆汁、焦圈、卤煮火烧、炒肝、爆肚、艾窝窝、驴打滚、豌豆黄、炸酱面、褡裢火烧等。

【民俗风情】

北京是世界闻名的文化古城,多民族特有的文化在这里相互渗透交融形成地方性民俗,天桥和庙会是北京极具特色的一种民俗风情。

旧北京的天桥一带是北京平民文化娱乐、饮食商业集中区,其中最值得一看的是老天桥"八大怪"的表演,他们的表演分为文活、武活。文活有孙宝财、毕学祥表演的双簧,胡玉民、傅宝山合说的对口相声,田宝善等九人的吹奏鼓乐,张善曾的"白沙撒字",罗浩然的拉洋片,潘长林的古典戏法,杨永祥的口技等;武活有周茂兴、李宝如等人的"中幡"、摔跤和硬气功等。

过去天桥一带的风情如今都浓缩在新建的"天桥乐"茶园里了。这处茶园位于著名的天坛公园西北端,是一座仿古建筑。大厅前设舞台,内摆黑漆硬木八仙桌椅,两厢有出售各种京味儿小吃的门脸。身穿中国旗袍的服务小姐来回斟茶。付账也必须用中国的古旧铜钱——你可以在现场用现代货币兑换,真可谓是完完全全的旧时风貌。

北京的庙会是一种融吃喝玩乐为一体的民间性娱乐活动。由于起源于寺庙周围,所以叫"庙";又由于小商小贩们看到烧香拜佛者多,就在庙外摆起了各式小摊,渐渐地又成为定期的活动,所以叫"会"。

庙会多在春节举办,各种各样的民间艺术表演、丰富的京味小吃和民间工艺品最吸引人。民间艺术表演包括秧歌、高跷、旱船、舞狮、玩钢叉、弄虎棍、打锣鼓,更有舞"中幡",是将一面缎质红旗系在7米长、碗口粗的竹竿上,一会儿用手、一会儿用臂、一会儿用嘴、一会儿用额,抛起又接住,十分惊险。

【旅游资源】

北京是有着千年历史的国家历史文化名城。北京在历史上曾为五代都城,从金朝起的800多年里,建造了许多宏伟壮丽的宫廷建筑,使北京成为我国拥有帝王宫殿、园林、庙坛和陵墓数量最多、内容最丰富的城市。其中北京故宫又称紫禁城,这里原为明、清两代的皇宫,住过24位皇帝,建筑宏伟壮观,完美地体现了中国传统的古典风格和东方格调,是我国乃至全世界现存最大的宫殿,是中华民族宝贵的文化遗产。

天坛以其布局合理、构筑精妙而名扬中外,是明、清两代皇帝"祭天"和"祈谷"的地方,是我国现存最大的古代祭祀性建筑群,也是世界建筑艺术的宝贵遗产。

颐和园是北京著名的旅游景点。圆明园是我国最有名的皇家园林,园中山青水绿,在中外园林史上享有盛誉,具有很高的艺术价值,被誉为"万园之园"。

明十三陵是中国最大的皇家陵寝墓群,内有明代13位皇帝的陵墓,尤其是现代发掘的明定陵,规模浩大,极为壮观。

北京的宗教寺庙遍布京城,现存著名的有汉地佛教的法源寺、潭柘寺、戒台寺、云居寺、八大处,藏传佛教(喇嘛教)的雍和宫等,道教的白云观和东岳庙,伊斯兰教的北京牛街礼拜寺等。还有天主教的南堂、西什库天主堂、王府井天主堂,基督教的缸瓦市教堂、崇文门教堂等。

胡同是最具北京特色的民居之一,最早起源于元朝。北京的大小胡同星罗棋布,数目达到7000余条,每条都有一段掌故传说。北京最古老的胡同是三庙街,至今已有900多年的历史;最长的胡同是东西交民巷,全长6.5千米;最窄的胡同要数前门大栅栏地区的钱市胡同,宽仅0.7米。

四合院宁静、封闭,是老北京的传统民居。散落在市区的名人故居和王府一般都是比较正宗的四合院。

北京旅游资源丰富,以人文景观为主,品位高,分布集中,古老文明与现代文明景观交相辉映。

"燕京八景"远近闻名,其说法最早见金代古籍《明昌遗事》,之后各种说法不一。清乾隆皇帝亲自主持修订了"燕京八景"并下旨建造燕京八景碑,"燕京八景"的景观和描述才固定下来。"燕京八景"分别为太液秋风、琼岛春阴、金台夕照、蓟门烟树、西山晴雪、玉泉趵突、卢沟晓月、居庸叠翠。

北京是全球拥有世界遗产最多的城市。截至2017年年初,共有世界文化遗产7处,分别是天坛、故宫、颐和园、长城、周口店北京猿人遗址、明十三陵、京杭大运河。同时,还拥有故宫博物院、天坛公园、颐和园、八达岭—慕田峪长城、明十三陵景区、恭王府景区、北京奥林匹克公园7处国家5A级旅游景区。北京是全球首个拥有世界地质公园的首都城市,有北京房山世界地质公园、北京延庆世界地质公园两处。国家级风景名胜区4处:八达岭—十三陵、石花洞、八大处、恭王府。国家地质公园5处、国家森林公园15处、全国重点文物保护单位99处。

北京的主要景点有天安门广场、人民大会堂、中国历史博物馆、人民英雄纪念碑、毛主席纪念堂、故宫、天坛、北海、颐和园、圆明园、长城(八达岭长城、慕田峪长城、司马台长城)、明十三陵、周口店北京人遗址、中央电视塔、王府井商业街、国家体育场(鸟巢)、国家游泳中心(水立方)、国家大剧院等。

第二章
天津市基本概况

天津市是中国北方最大的沿海开放城市、全国历史文化名城和首批中国优秀旅游城市。天津意为天子经过的渡口,简称"津",别称津沽、津门等。

【地理环境】

天津东临渤海,素有"渤海明珠"之称。天津市总面积11 760平方千米。天津地区绝大部分是平原,占总面积的94%,仅有少部分山地和丘陵。地貌特征可以概括为:北高南低、西北高东南低。地势由西北山区向东南渐低,呈簸箕形,向海河干流和渤海方向倾斜。最高点为蓟州区和河北兴隆县交界处的九山顶,海拔1078.5米;最低处是滨海新区的大沽口,海拔为零。

天津位于海河流域下游,是海河水系北运河、南运河、子牙河、大清河和永定河等五大支流的汇合处。整个海河水系分布像一把蒲扇,作为扇柄的海河干流横穿天津市区,东流注入渤海,因而天津素有"九河下梢""北方水城"之称。

【气候特征】

天津属暖温带半湿润大陆季风性气候,平均气温在11C°以上。最冷的是1月,平均气温在-4℃以下;最热的是7月,平均气温一般都在26 C°左右。四季中冬季最长,秋季最短。

天津的年平均降水量在600毫米左右。在地区分布上,山地多于平原;在季节分布上主要集中在6月、7月、8月三个月。天津的日照时间较长,所以太阳辐射较强,空气较干燥。

【行政区划】

天津市现辖6个中心区、9个环城区及1个滨海新区。其中和平区、河西区、南开区、河东区、河北区、红桥区为市中心区；东丽区、西青区、津南区、北辰区、武清区、宝坻区、静海区、宁河区和蓟州区为环城区；由原汉沽区、塘沽区、大港区及东丽区和津南区的部分区域构成天津滨海新区。

【历史沿革】

天津始兴于金、元、明时期。1214年，金朝在三岔河口设立直沽寨，派督统率兵驻守、屯垦，成为天津城市的起点。1316年，元代改直沽寨为海津镇，设镇抚司，重兵屯守。1400年，明太祖朱元璋的第四子燕王朱棣率兵由直沽渡河南下夺取皇位。他在称帝后为纪念"靖难之役"的胜利，将直沽赐名"天津"，意为"天子渡口"，天津由此得名。1404年，天津设卫筑城，称"天津卫"。

1725年，清政府开始在天津建立地方政府，改卫为州。1731年，天津升州为府。天津从此由一个单纯的军事要塞演变成繁华的商业中心和贸易港口。第二次鸦片战争后，天津辟为通商口岸。此后，随着金融、贸易、加工业等迅速发展，天津成为继上海之后的中国第二大商业城市和北方最大的金融贸易中心。

1928年6月，南京国民政府在天津原城厢及周边地区设立"天津特别市"，1930年6月，天津特别市改为国民政府行政院管辖的直辖市。同年11月，因河北省省会由北京迁至天津，天津直辖市改为省辖市。1935年6月，河北省省会迁往保定，天津又改为直辖市。

新中国成立之初，天津市属华北人民政府管辖，1949年11月1日起天津被确定为中央直辖市。1958年2月，天津市曾一度降为河北省省辖市。1967年，天津市再改为直辖市。

【人口民族】

2015年年末，天津市的常住人口总量为1546.95万人。其中，外来常住人口为500.35万人。常住人口中，城镇人口为1278.40万人，乡村人口为268.55万人。

天津是一个多民族融合、聚居的沿海开放的大都市，拥有中国56个民族中的52个。人口最多的为汉族，占全市人口的97%。除汉族以外有51个少数民族，少数民族人口比例占全市总人口的3%。其中，回族人口最多，占全市少数民族人口总数的65%；其次是满族、蒙古族、朝鲜族、壮族、土家族、苗族、藏族等。

【宗教信仰】

天津市是多宗教并存的城市,现有天主教、基督教、佛教、道教、伊斯兰教等五大宗教。其中,影响较大的有道教、天主教、伊斯兰教和佛教。天津的信教群众有 50 余万人,其中佛教和伊斯兰教的信徒最多。截至 2012 年年底,全市依法登记的寺院、教堂有 107 处,伊斯兰教和天主教的活动场所最多。

天津的道教信仰主要是妈祖信仰。建于元泰定三年(1326 年)的天后宫是天津市区最古老的建筑群,也是中国现存年代最早的妈祖庙之一。每年天后诞辰,以天后宫为中心举行大型民间酬神庙会活动,造就了天津最著名的商业街——宫南宫北大街(今古文化街)的繁荣。

天津在 19 世纪 60 年代开埠后,由于法租界和意大利租界的开辟与发展,天主教教会势力一度于天津的教育、商贸和文化领域兴盛。目前,天津本土登记的天主教教徒是基督教教徒的 5 倍多。天津的老西开教堂、望海楼均为天主教教堂。老西开教堂始称圣味增爵堂和法国教堂,后因其所处地区又称为天主教西开总堂、西开教堂和老西开教堂。该教堂建于 1913 年,是目前天津市乃至华北最大的罗马式建筑,也是天主教天津教区的主教座堂。

庞大的回族人口在天津形成一定规模的穆斯林社区(主要居住于红桥区与北辰区)。清真寺和隔教馆(清真菜馆)在回族聚居区随处可见。清真菜是津菜的重要组成部分。金家窑清真寺建于明万历二年(1574 年),历史悠久,规模宏大。

佛教对天津人的影响深远。市内各处都有佛教寺庙供信徒参拜。天津最大的佛教寺庙是大悲禅院。

【交通状况】

天津的地理位置得天独厚,是连接华北、东北地区的交通枢纽。近年来,天津的交通事业发展很快,现在已基本形成以港口为中心的海、陆、空一体的交通网络。

天津港是中国最大、世界等级最高的人工深水港,是首都北京的海上门户,中国综合运输体系的重要枢纽。天津港是世界第四大港,2015 年的货物吞吐量突破了 5.4 亿吨,集装箱达 1410 万标箱。天津港同世界 180 多个国家和地区的 500 多个港口有贸易往来。天津港国际邮轮母港位于天津港东疆港区南端,总规划面积 1.2 平方千米,拥有规划岸线 1600 米,可安排 6 个大型邮轮泊位。码头前沿水深 11.5 米,现已建成 6 万平方米的客运大厦,以及 2 个泊位、625 米的码头岸线,年旅客接待能力达 50 万人次。2015 年,天津国际邮轮母港接待国际邮轮96艘次、进出港旅客42.7万人次。

天津滨海国际机场是国内干线机场、国际定期航班机场、国家一类航空口岸,中国主要的航空货运中心之一。2016年,天津滨海国际机场全年旅客量达1687.2万人次,其中旅游旅客超过600万人次。

天津市一直是中国铁路交通的枢纽城市。天津站是融铁路、地铁、轨道交通、公交车、出租车等为一体的大型交通枢纽。地铁2号、3号、9号线,京津城际铁路、津山铁路、津蓟铁路,津秦客运专线,天津地下直径线等在此交会,实现了城际铁路与轨道交通及其他交通方式之间的"无缝换乘"。2011年6月30日,天津西站与京沪高速铁路同步投入使用,京沪铁路、京沪高铁、津保铁路、津秦客运专线、天津地下直径线和天津地铁1号线交会于此,也是京沪高速铁路上的五大始发车站之一。天津南站位于津晋高速公路与津沧高速公路之间,是京沪高铁出京第二站。

天津的高速公路网络正在形成。京津塘高速公路是中国第一条跨省市的高速公路,全长142.69千米,是连接天津滨海新区、天津市中心区与首都北京的交通纽带。目前,天津境内主要过境高速公路已经达到17条。

【自然资源】

天津的自然资源丰富,主要包括:①油气资源。天津有渤海和大港两大油田,是国家重点开发的油气田。②海盐资源。坐落在天津的长芦盐场是中国最著名的海盐产区,年产原盐149.68万吨。③矿产资源。金属矿产主要有锰硼石、锰、金、钨、钼、铜、锌、铁等10多种;非金属矿产主要有水泥石灰岩、重晶石、叠层石、大理石、天然石、紫砂陶土、麦饭石等,具有较高的开采价值。④地下热水资源。水温多为30℃~90℃,具有埋藏浅、水质好的特点,已发现的10个具有勘探和开发利用价值的地热异常区,热水总储藏量达1103.6亿立方米,是中国迄今最大的中低温地热田。⑤植物资源主要有:乔木类——松类、柏类、杨树类、合欢、榆树、丁香类、洋白蜡、柿树等;灌木类——主要有樱花类、榆叶梅、碧桃、海棠类、黄刺玫、紫藤、木香、连翘、木槿、珍珠梅、黄杨类等;花卉类——主要有鸢尾、月季、萱草、百日草、三色堇等。⑥天津的鸟类资源是其最丰富的动物资源,国家重点一级保护野生动物有东方白鹳、黑鹳、白尾海雕、大鸨、金雕、白鹤、丹顶鹤、中华秋沙鸭、遗鸥9种。此外,在北部山区,还栖息着豹、狼、松鼠、獾、蛇等动物。

【文化艺术】

自明清以来,天津就是南北文人墨客聚集之地。新中国成立后,更聚集和培育了一批又一批蜚声中国文坛的著名作家、文学翻译家和诗人,如李霁野、鲁藜、孙犁、方纪、梁斌、孙振、杨润身、冯骥才、蒋子龙、袁静、周骥良、鲍昌、柳溪、柯兰、万国儒、冯育楠、航鹰、石英、王昌定等。

20世纪初期,华世奎、孟广慧、严修、赵元礼等享誉天津书坛,被称为"天津四大书法家"。新中国成立后,王颂余、王学仲、孙其峰各得神韵,蜚声海内外书法界。天津的著名画家刘止庸、慕凌飞、王颂余、梁琦、溥佐、穆仲芹、王学仲等人功力深厚;孙其峰、孙克钢、赵松涛、秦征、孙作良、肖朗等也享有盛誉。杨柳青年画早已风靡全国和海外华人世界。近年出现的塘沽、汉沽、大港版画和北郊农民画,引起全国和国际美术界的关注。

天津地方曲艺颇具特色,主要有天津时调、天津快板、京韵大鼓、京东大鼓、西河大鼓、天津相声等。

天津时调产生于清末民初,是天津独有的曲种,表演者用天津地方语的字音演唱,内容通俗易懂,腔调高亢爽朗,具有浓郁的天津乡土气息。

天津快板产生于20世纪50年代,完全以天津方言来表演,在形式上采用了数来宝的数唱方式及快板书所用的节子板,同时配以天津时调中"数子"的曲调,用三弦伴奏,别具一格。

京韵大鼓又名小口大鼓,是天津曲艺中的一个主要曲种。京韵大鼓唱词的基本句式是七字句,有的加入了嵌字、衬字及垛句。每篇唱词约一百四十句。用韵以北京十三辙为准,一个唱段大都一韵到底。京东大鼓亦称乐亭大鼓,起源于京东香河、宝坻一带,演唱简单,所唱段子多为"蔓子活"(连台本)。

西河大鼓传入天津较早。2006年5月20日经国务院批准,西河大鼓列入第一批国家级非物质文化遗产名录。

天津是相声演员的成名地。许多著名相声演员都是在天津演出过多年,成名后才走向全国的。侯宝林、张寿臣、郭荣启等莫如此。相声界的马三立、常连安、常宝霆、白全福、苏文茂、高英培、范振钰、常宝华、常贵田、冯巩、牛群、刘伟等都是在天津成名的。

【特产美食】

天津的特产品种众多,享誉海内外。工艺品有杨柳青年画、北辰区农民画、塘沽版画、"泥人张"彩塑、刘记砖刻、魏记风筝、剪纸等;名酒有王朝葡萄酒、天津津酒等;特色农产品有小站稻米、天津红小豆等;食品、果品有天津甘栗、盘山柿子、天津鸭梨、沙窝萝卜、天津冬菜等。

天津的地方菜称为"津菜",是一个包括汉民菜、清真菜、素菜的完整体系。津菜分高档菜肴、中档菜肴、低档菜肴三个类型,菜肴数千种,粗细面点300余品。津菜的特点可概括为：主料突出、配料考究；善用河、海两鲜；精于调味、讲究时令、适应面广。津菜的口味以咸鲜为主，清浓兼备，重汤卤、讲汁芡，质地考究。津菜在烹饪技法上讲究扒、软熘、清炒和清蒸。

天津著名的特色小吃有"狗不理"包子、桂发祥麻花、耳朵眼炸糕、"大福来"锅巴菜、煎饼果子、面茶、炸素卷圈、"石头门槛"素包、贴饽饽熬小鱼、"果仁张"、杨村糕干等。

【民俗风情】

天津地理位置独特，人员构成五方杂处，使其形成了一套独具特色的民俗民风，无论是衣食住行还是婚丧嫁娶、信仰、民间艺术等方面，都有着鲜明的地方特色。

天津古文化街是天津最具民俗风情的地方。古文化街整体建筑为仿清民间式建筑风格，天后宫位于街中心。全街近百家店堂，其中有杨柳青画社，泥人张彩塑工艺品经营部，有经营文房四宝、名人字画的四宝堂、春在堂，有经营文物古玩的文物公司萃文斋门市部，还有经营全国各地的景泰蓝、双面绣、牙玉雕、艺术陶瓷、中西乐器金银饰品等上万种名优工艺品的几十家店堂，各种商品货真价实，物美价廉，商家以质量和信誉吸引中外游客。古文化街以浓郁的民俗风情，热情周到的优质服务欢迎世界各地的游客。

天津古文化街的"皇会"，是一个闻名遐迩的传统活动。"皇会"最初叫"娘娘会"。相传农历三月二十三日，是"天后宫"海神娘娘的生日。每逢此时，民间的法鼓会、大乐会、鹤龄会、重阁会、中幡会、高跷会等会沿街表演各种技艺，呈现一番盛况。古文化街修复以后，每年农历三月二十三日，又恢复了"皇会"。在这一天，以龙灯、高跷、旱船、秧歌、法鼓、中幡、狮子舞和武术等表演为主，街头熙熙攘攘，热闹异常，成为丰富市民文化生活的盛举。

天津的民俗风情除了古文化街外，天津人的服饰民俗在长期的历史发展中，形成了三种不同阶层的服饰特征：一是受商人风气的影响较大，人们产生了崇商心理，在服饰上则崇尚奢侈、豪华，追求高档次；二是老城里历来是文人墨客聚集的地方，他们无论在服饰的色调还是样式上都追求高雅清新的格调，达到超凡脱俗的境界，即使是较贫穷的文人，也力争服饰的整洁，以此维持文人所看重的脸面；三是天津是个水陆码头，人员构成庞杂，那些指身为业、日争日吃的劳动者，在服饰上形成了典型的特征，夏季一般是"短打儿"（天津土语，即上袄下裤的打扮儿），冬季则穿"二大棉袄"，内套紫花布小褂，下穿"空堂"棉裤，扎腿带子。以上三种类型，构成了天津老城服饰民俗的主要特征。

【旅游资源】

天津旅游资源丰富。拥有世界文化遗产 1 处：黄崖关长城；国家 5A 级旅游景区 2 处：南开区天津古文化街旅游区（津门故里）、蓟州区盘山风景名胜区；全国重点文物保护单位 15 处，包括独乐寺、大沽口炮台、望海楼教堂、义和团吕祖堂坛口遗址等。近年来，新建的周恩来邓颖超纪念馆、平津战役纪念馆、天津科技馆，已成为爱国主义教育基地和青少年科技教育场所。

天津的旅游资源主要分布在以下四个区域。一是市区：有天后宫（始建于元代，中国最北妈祖庙，世界三大妈祖庙之一）、大悲禅院、天津文庙（始建于明代）、挂甲寺、五大道租界区、意式风情区（内部有曹禺故居、梁启超饮冰室、曹锟故居等）、其他诸多名人故居、西开天主教堂、望海楼天主教堂、基督教诸圣堂、天津犹太会堂、天津清真大寺、天津鼓楼、广东会馆、和平路金街、天津之眼摩天轮、天津津湾广场、天津热带植物观光园、天津水上公园、天津博物馆（银河广场）、天津奥林匹克体育中心（俗称水滴）、天塔湖风景区、天津图书大厦、周恩来邓颖超纪念馆、平津战役纪念馆等。二是蓟州区：有盘山风景区、蓟州区独乐寺、黄崖关长城风景区、盘山烈士陵园、九龙山国家森林公园、九山顶自然风景区、八仙山国家级自然保护区等。中外闻名的蓟州区中上元古界地质剖面，层序齐全，构造简单，叠层石和微体化石丰富，厚度达万米，被联合国地质科学联合会确认为世界标准地层剖面，1984 年被批准为我国第一个国家级自然保护区。三是滨海地区：有天津海滨旅游度假区、东疆人工沙滩、潮音寺、海河外滩公园等。天津古海岸与湿地自然保护区，总面积 200 多平方千米。渤海湾西岸的贝壳堤作为古海岸遗迹，保存完整，为国内外罕见。宁河的七里海是典型的潟湖湿地生态系统，生物物种繁多。四是其他地区：有霍元甲纪念馆、天津中华医圣文化苑、杨村小世界游乐园、宝成奇石园、华石园、龙泉山游乐园、元古奇石林风景区、华蕴博物馆、武清区南湖游乐园、杨柳青博物馆（石家大院，位于西青区）、安家大院、小站练兵场（袁世凯练兵之地）、大沽口炮台等。

近年来，天津整合特色旅游资源，着力开发建设海河旅游观光带和市中心综合旅游区、滨海观光度假旅游区、蓟州区山野名胜旅游区、津西南民俗生态旅游区、津西北现代休闲娱乐区。精心打造"近代中国看天津"城市旅游品牌，建设大沽烟云、小站练兵、洋务溯源、莱茵小城、欧陆风韵、东方巴黎、金融名街、意奥风情、扶桑市井、老城津韵、津卫摇篮、杨柳古镇 12 个旅游主题板块。

第三章
河北省基本概况

河北省,因位于黄河以北而得名。春秋战国时期属燕国和赵国,故有"燕赵大地"之称,且"燕赵多有慷慨悲歌之士",是英雄辈出的地方。河北简称"冀"。省会驻地石家庄。

【地理环境】

河北省地处华北地区的腹地,内环京津,东临渤海,西倚太行山与山西省为邻,西北部、北部与内蒙古自治区相连,东北部与辽宁省交界,南部、东南部与河南省、山东省接壤。总面积18.88万平方千米。

河北省山地、丘陵、高原、平原、盆地五种常态地貌类型俱全,是全国唯一兼具五大基本地貌类型及滨海的省份。地势西北高,东南低,从西北向东南呈半环状逐级下降,依次为坝上高原、燕山和太行山山地、河北平原。坝上高原属内蒙古高原的南缘,面积1.6万平方千米。燕山和太行山山地面积9.01万平方千米。蔚县小五台山海拔2882米,为全省最高峰。河北平原是华北大平原的一部分,面积8.16万平方千米。

河北省河流众多,主要有海河、滦河两大水系。海河是河北省最大河流,流域面积12.46万平方千米,有北运河、永定河、大清河、子牙河、南运河等支流,河流上游建有官厅、岗南、黄壁庄、岳城等大型水库。滦河是河北省第二大河,引滦入津、引滦入唐工程已建成并投入使用,滦河上游建有庙宫、潘家口、大黑汀三座大型水库。

【气候特征】

河北省地处亚欧大陆东岸中纬度地区,气候为温带半湿润半干旱大陆性季风气候,春季干燥少雨,风沙较大;夏季,酷暑炎热,雨量集中;秋季天高气爽,昼暖夜凉；冬季寒冷干燥。平原地区无霜期在180天以上，高原地区昼夜温差大，无霜期平均不到100天。1月平均气温在3℃以下，7月平均气温18℃~27℃，四季分明。

河北省降水多集中在夏季，年平均降水量为350~800毫米。受海陆位置及地形地貌的影响，东南部降水多于西北部，沿海地带多于内陆地区。

【行政区划】

省会石家庄市，下辖保定、唐山、承德、廊坊、沧州、衡水、邢台、邯郸、秦皇岛、张家口等11个地级市。

【历史沿革】

河北历史悠久，河北省张家口阳原县的泥河湾发现了含有早期人类文化遗存的遗址80多处，是目前河北省境内发现的最早的人类遗址。中华民族的始祖炎帝部落、黄帝部落曾经在这里共同生活，相互融合，奠定了后来华夏族的历史基础。

西周时，河北境内主要有燕国、韩国、邢国、孤竹、蓟等。到了战国时期，在河北境内建都的主要诸侯国有燕国和赵国，所以河北又有"燕赵大地"之称。秦朝实行郡县制，在河北境内陆续设置了8个郡。西汉时，汉武帝在全国设13刺史部，河北境内设幽州刺史部和冀州刺史部。唐朝河北省辖域主要是河北道属地。北宋时，河北北部为辽属地，中南部为北宋辖域。南宋时为金所辖。元时直属中书省。明成祖迁都北京之后，河北归京师直接管辖。清时河北属直隶省。民国初年，河北境域主要是直隶省，1928年，直隶省改称河北省，省会初定天津。1949年8月1日，河北省人民政府成立，省会在保定；1968年，省人民政府由保定迁驻石家庄。

【人口民族】

2016年年末，全省常住人口总量达7470.05万人，"十二五"期间全省人口保持稳定低速增长。全省常住人口城镇化率为53.32%，城镇人口达3983.03万人。2016年年末河北省0~14岁人口占常住人口的比重为18.72%，15~64岁人口占常住人口的70.59%；65岁及以上人口占常住人口的10.69%。

河北省是多民族省份。2010年，汉族占全省人口总数的95.58%；少数民族人口311.5万，占全省总人口的4.42%，其中满族、回族、蒙古族等少数民族人口较多。满族人口约为212万，主要分布在承德市；回族人口约54万人，以沧州最多；蒙古族人口约17万人，以承德市、张家口市最多。

【宗教信仰】

河北省有佛教、道教、伊斯兰教、天主教、基督教五种宗教,信教群众 250 多万人,占全省总人口的 3.64%。现有正式开放的宗教活动场所 3733 处,各种教职人员 3028 人。

佛教传入河北地区大约在两汉时期。隋唐时期,佛教达到鼎盛。唐朝的义玄禅师在河北省正定县的临济寺创立了闻名于世的"临济宗"。到清代,承德成为北方的藏传佛教中心。

道教是我国五大宗教中唯一土生土长的中国宗教,河北省是早期道教的重要发祥地之一。全省道教信众 8 万多人,教职人员 200 多人,开放的道教宫观有鹿泉十方院等 88 处。

伊斯兰教传入我国的时间,一般认为是公元 7 世纪中叶。公元 13 世纪,伊斯兰教传入河北地区。目前,河北省有穆斯林 58 万多人,人数在全国列第六位,阿訇 600 多人,清真寺 418 座。

明朝末期,天主教从京师(今北京)传入河北省。新中国成立后,中国天主教开始走上了独立自主、自办教会的道路。目前,河北省有天主教信众 100 万人,占全国天主教信徒人数的 1/4,约有教堂 900 座。1858 年基督教传入中国,随后陆续传入河北省。2003 年全省有基督教信徒 35 万人,活动场所 2000 多处。

【交通状况】

河北省是首都北京连接全国各地的交通枢纽,也是沟通和联系西北、华北、东北、华南、华东等大经济区的物资交流和进出口必经之地,交通战略地位重要。京津冀协同发展,交通先行。

河北省内有 27 条国家干线公路,公路货物周转量居全国大陆省份第 2 位;河北省有京承、密涿、承平、京秦、京哈等 11 条高速公路呈聚合状直达北京。高速公路总里程达到 6333 千米,居全国第 2 位。全省已实现 100% 的行政村通沥青油路、通客车。

河北省境内有京广铁路、京九铁路、京沪铁路、石太铁路、石德铁路、朔黄铁路等共 25 条主要干线铁路通过,铁路货物周转量居全国大陆省份中的首位。河北省将进一步完善高速铁路网络。以"京津、京保石、京唐秦"三大通道为主轴。

河北省水路运输主要为海洋运输,主要港口有秦皇岛港、黄骅港、京唐港、曹妃甸港。"十二五"末港口通过能力突破 10 亿吨,居全国第 2 位。秦皇岛港、唐山港、黄骅港三大港口全部跻身亿吨大港。

河北省航空运输业近几年发展较快,逐步实现立足河北、联合京津、内连国内、迈向欧亚的发展目标。现有石家庄正定国际机场、张家口宁远机场、秦皇岛北戴河机场、秦皇岛山海关军用机场、唐山三女河机场、邯郸马头机场,承德普宁机场(即将通航),在建机场为廊坊国际机场,改扩建邢台褡裢机场,拟建衡水机场。

【自然资源】

河北省成矿条件较好,种类较为齐全,包括能源矿物、金属矿、非金属矿等各类矿产151种。矿产资源总量较为丰富,冶金用白云岩、含钾砂页岩、耐火用橄榄岩等储量居全国首位。

河北省动植物资源丰富,有陆栖脊椎动物530余种,国家重点保护动物91种,其中有国家1级保护动物丹顶鹤、褐马鸡、金钱豹、黑鹳等17种。河北有高等植物204科、940属、3000多种,其中国家重点保护植物有野大豆、水曲柳、黄檗、紫椴、珊瑚菜等;粮食作物主要有小麦、玉米、谷子、莜麦等,经济作物以棉花为主。

【文化艺术】

作为中华民族灿烂的古代文化的一部分,河北省拥有荀子、高适、关汉卿、王实甫、曹雪芹、纪晓岚等杰出的文学家。现代文学史上,有李大钊这样的革命先驱为中国现代文学奠定了思想基础,有冯至这样勇于探索的杰出诗人。在抗日战争和解放战争时期,河北的解放区军民把血与火的战斗生活融入文学艺术,涌现出张寒晖、田间、郭小川、孙犁、梁斌、管桦、徐光耀等一大批杰出的文学家和《太阳照在桑干河上》《新儿女英雄传》等优秀作品。

河北梆子形成于清道光年间,清光绪元年(1875年)至民国十四年(1925年)进入兴盛时期,是河北省最具代表性的地方性剧种。河北梆子源于清康熙年间传入河北的山陕梆子。河北人民按照自己的语音语调、生活习俗、文化传统对山陕梆子进行改造,形成具有高亢、激越、悲壮、豪放、热烈声腔风格的河北梆子。评剧是在冀东一带形成的地方戏,清光绪年间在唐山乐亭开始兴起。评剧以唱功见长,吐字清楚、唱词浅显易懂,善于表现当代人民生活。唐山皮影是河北唐山地区广为流传的民间艺术,形成于金,以唱见长。石家庄丝弦、武安平调落子等也是河北著名地方剧种。徐水狮子舞、昌黎地秧歌、井陉拉花等民间舞蹈盛行于河北部分地区。河北省还有西河大鼓、木板大鼓、乐亭大鼓等曲艺形式。另外,河北省还有武术、杂技等表演艺术,尤其是吴桥杂技、沧州武术、杨氏太极拳、邢台梅花拳、沙河藤牌阵等流行于河北省及全国。

【特产美食】

河北省的工艺美术类型繁多。工艺品有泥塑、面塑、内画壶、滕氏布糊画、剪纸、武强年画、陶瓷、易水砚、风筝、泥塑、石雕、毛笔等；名酒有衡水老白干、丛台酒、刘伶醉酒、钟楼啤酒、长城干白葡萄酒等；食品、果品有柴沟堡熏肉、金凤扒鸡、唐山麻糖、保定马家老鸡、藁城宫面、饶阳金丝杂面、保定槐茂酱菜、深州蜜桃、兴隆红果、赞皇大枣、坝上口蘑、涉县"三珍"、阜平大枣、沧州金丝小枣、石门核桃、赵县雪花梨、京东板栗、宣化葡萄、巨鹿枸杞、望都"羊角辣"等。

冀菜有三大流派。以保定为代表的直隶官府菜口味酱香浓郁，文化内涵丰富；以承德为代表的宫廷塞外派善于以山珍野味入馔，口味香酥鲜咸，技法独特考究；以唐山为代表的冀东沿海派以烹制鲜活水产见长，口味清鲜，讲究明油亮芡。

河北省著名的特色小吃有保定驴肉火烧、香河肉饼、石门一味缸炉烧饼、承德老三羊汤、张家口捞汁莜面、曲阳烧饼等。

【民俗风情】

河北省民俗风情丰富多彩，除春节、清明节、端午、重阳节等传统节日外，农历二月二是龙头节，民间流行抬龙王，有蔚县的引龙节、满族的引龙、赵县的龙牌会等节庆活动。河北普遍盛行庙会，旧时的庙会内容比较复杂，有的还带着较浓的宗法观念和封建迷信色彩。新中国成立后在各级政府的倡导下，人们摒弃了那些封建迷信的做法，利用庙会做买卖，调解物资余缺，进行城乡物资交流等。河北有句老俗话："赶集上会做买卖。"这里的"赶集"、"上会"，也就是去赶庙会的意思，在庙会上做买卖。庙会会期少则一天，多则一个月。群众在工作之余，还把庙会作为"旅游"和进行自我娱乐的场所，举行具有民族特色和地方气息的民间艺术表演，如舞狮子、扭秧歌、跑驴、挂花灯、霸王鞭、走旱船、放焰火等节目，充满了浓郁的喜庆气氛。河北的面人也源远流长，庙会佳节都离不开面花，制成虎猪羊、鸡兔鸭、鸟蟾鱼虾、佛手寿桃石榴等形象，再加上红枣、红豆，点上红色装饰。

各地的"过庙"随着历史的发展，逐渐形成了各自的特点，比如"天下第一药市"——安国药王庙庙会。药王庙庙会是由药王庙香火会演变而来的，形成了如今我们所说的"药市"。药王庙庙会有其独特的酬神形式和参拜礼仪。酬神有演戏、抬大供、献鼎、树伞、塑金身、挂匾、献袍、捐香火地、劳役等多种形式。礼仪则分为三拜九叩和四叩礼等数种，另供面食、三牲祭品。庙会期间还有丰富多彩的游艺活动。在进行药材交易的同时,还举办规模宏大的各种文艺表演和民俗文化活动,每年正月十五,都有多达四万余人的医药界人士和广大民众参与药王庙祭祀。另外还有规模宏大的娲皇宫奶奶庙会,每年有十几万香客和游客到娲皇宫祈福还愿。还有张北骡马大会、凤凰山庙会、苍岩山庙会、蔚县庙会、正定庙会等历史悠久、各具特色的庙会。

【旅游资源】

河北历史悠久。中华始祖黄帝在张家口通过涿鹿之战和阪泉之战奠定了盟主地位,黄帝在张家口涿鹿的"合符釜山"奠定了中华大一统的基础,涿鹿有"中华文明从这里走来"之称。省会石家庄有"火车拉来的城市"之称,中国共产党解放全中国的最后一个农村指挥所——西柏坡就在石家庄平山县;石家庄的正定是国家级历史文化名城,历来为兵家必争之地,留下了风格各异的文物古迹,享有"古建筑宝库"之称;石家庄赵县的安济桥是世界上年代最久、保存最完整的敞肩石拱桥。保定北邻北京,素有"京畿重地"之称,保定易县的清西陵是清代第三处帝王陵寝,有以雍正皇帝为首的帝陵4座;保定市内有我国保存完整的清代省级衙署——直隶总督署;保定满城汉墓出土了完整的、成对的金缕玉衣;保定定州市内有我国现存最高砖塔。邯郸在战国时为赵国都城,是有着3000多年历史的古城,传说女娲就在邯郸古中皇山"抟土造人",涉县娲皇宫是我国最大、最早的祭祀上古神女娲氏的古代建筑。承德有"清朝第二政治中心"之称,有世界上最大的皇家园林——避暑山庄。唐山的清东陵是我国现存规模最大、体系最完整的帝王陵寝。

河北省寺庙较多,尤其是佛教寺庙多。承德有清代建造的外八庙,是世界上最大的皇家寺庙群;著名的佛教寺庙还有石家庄的隆兴寺、临济寺、柏林禅寺、福庆寺,邯郸的大乘玉佛寺,邢台的开元寺等。道教的教观有邯郸的黄粱梦吕仙祠、娲皇宫,石家庄天桂山的青龙观,邢台的扁鹊庙、张家口的水母宫等。伊斯兰教的寺院有沧州泊头的清真寺、沧州的清真北大寺等。

河北省环绕北京,具有重要的军事战略地位,存有自战国至明朝各个朝代的长城,尤其是明长城建筑水平最高。明长城有许多著名的城段都在河北省,比如山海关长城、老龙头长城、三道关长城、九门口长城、金山岭长城、紫荆关长城、大境门长城、白羊峪长城、青山关长城、青平楼口长城等。

河北省旅游资源比较丰富,截至2017年年初,有国家级历史文化名城5座:承德、保定、正定、邯郸、山海关。

拥有世界文化遗产三项4处:长城河北段、承德避暑山庄及周围寺庙、明清皇家陵寝(清东陵和清西陵)。

拥有国家 5A 级景区 8 处：承德避暑山庄及周围寺庙景区、雄安新区白洋淀景区、保定涞水野三坡景区、石家庄平山县西柏坡景区、唐山遵化市清东陵景区、邯郸市涉县娲皇宫景区、邯郸永年县广府古镇景区、保定涞源县白石山景区。

拥有世界级地质公园 1 处：由北京房山与河北省涞水县、涞源县联合创建的房山地质公园。国家级地质公园 11 处：秦皇岛柳江国家地质公园、石家庄赞皇嶂石岩国家地质公园、保定阜平天生桥国家地质公园、涞源白石山国家地质公园、涞水野三坡国家地质公园、河北临城国家地质公园、邢台峡谷群国家地质公园、河北武安国家地质公园、河北兴隆国家地质公园、河北承德丹霞地貌地质公园、河北迁安—迁西国家地质公园。

拥有国家级风景名胜区 10 处：承德避暑山庄及外八庙、秦皇岛—北戴河、野三坡、苍岩山、嶂石岩、西柏坡—天桂山、邢台临城县崆山白云洞、邢台太行大峡谷、邯郸峰峰矿区南北响堂山石窟、邯郸娲皇宫。另有全国重点文物保护单位 278 处，国家级森林公园 26 处。

第四章
山西省基本概况

山西省地处黄河中游地带,是中华民族的主要发祥地之一。因地处太行山以西,故名山西。春秋战国时期属晋国地,故简称"晋"。战国初期,韩、赵、魏三分晋国,因而又称"三晋"。省会太原。

【地理环境】

山西省位于黄土高原的东部,华北大平原的西侧。全省面积15.6万多平方千米。

省界轮廓略呈由东北斜向西南的平行四边形,东有太行山作天然屏障,与河北省为邻,西、南以黄河为襟带与河南、陕西两省隔河相望,北跨内长城与内蒙古自治区毗邻,自古有"表里山河"之誉。

山西地貌整体上是一处被黄土广泛覆盖的山地型高原,通称"山西高原"。境内起伏不平,有平原、丘陵和山地等多种地貌。全省大部分地区海拔在1000米以上,地表破碎,地形复杂,起伏悬殊,与其东侧海拔不足100米的华北大平原形成明显对照,呈强烈的隆起态势。全省最高点为五台山北台顶叶斗峰,海拔3061米,也是华北地区最高点,被称为"华北屋脊";最低点在垣曲县西阳河入黄河处,海拔仅180米。

山西省的山地面积占其总面积的80%以上,东部和东南部为中低山盘结,由北往南主要有恒山、五台山、系舟山、太行山、太岳山(又名霍山)和中条山等;西侧自北向南分布有采凉山、洪涛山、管涔山、吕梁山、云中山、关帝山等一系列山地。山西省的大部分山系呈东北—西南走向,而且许多山系中山峰的高度都在1500~2500米之间,多属中山类型,十分适宜于人们闲暇时攀登游览。

山西省是众多河流的摇篮。流程在65千米以上并发源于山西群山中的河流有40条左右。著名的河流,除从晋陕交界与晋豫交界处流经而过的中华民族的母亲河黄河外，还有汾河、涑水河、朱家川河、三川河、昕水河、丹河、沁河和桑干河、滹沱河、漳河10条大的河流，前7条归属黄河水系，后3条归属海河水系。这些河流大多源于高山峡谷中的泉流与雨季的山洪，有明显的涨水期和枯水期，水流量极不稳定。水量较稳定、流域面积最大的是汾河，其次是桑干河、滹沱河、漳河和涑水河。

【气候特征】

山西省境内的气候，除了受纬度带的影响外，还受到地形的影响，形成复杂多变的气候。从纬度来看，山西属我国北暖温带到温带的过渡地带；从经度来看，属大陆东岸温带季风气候区。这种过渡性的气候带，本身就比较复杂，再加上山岭的阻隔，使南北、东西气候呈现显著的差异。

山西省南北两个气候带，以恒山、内长城为界。恒山以北属温带季风型大陆性气候，以南为暖温带季风型大陆性气候。从地形上看，由南向北海拔高度逐渐增高，南部的运城盆地海拔为200~300米，而到大同盆地，海拔为1000米左右，更使得南北温差增大，在北部出现了一些高寒地区，南部出现了一些暖湿区域。山西省避暑型气温分布区十分广阔，大多与本省海拔1600米以上山地分布区相重叠。

就山西省全境四季变化情况来看，总体是冬春两季较长，寒冷干燥；夏秋两季较短促，温热多雨。但由于地形高低起伏较大，各地的情况又很复杂。不仅如此，山高、岭多的地形特征，直接导致了全境降雨不均匀。

【行政区划】

山西省有太原、大同、长治、阳泉、晋中、晋城、忻州、朔州、临汾、运城、吕梁11个省辖市，119个县(市、区)，其中23个市辖区、11个县级市、85个县。

【历史沿革】

远古洪荒的史前时期，山西省，尤其是晋南地区，就是中国原始人类聚居的活动场所。山西省迄今已发现的旧石器时代地点与遗址达300多处，是全国数量最多、最集中的地区。著名的有旧石器时代早期的西侯度文化、匼河文化，中期的丁村文化、许家窑文化，晚期的峙峪文化、下川文化和薛关文化。新石器时代的文化遗址，山西迄今已发现千余处，并广泛分布在全省各地。尤其是属于新石器时代中期的仰韶文化，几乎覆盖了山西全省，而其分布的中心地则在山西南部。周武王灭商以后，为了巩固周的统治，广封诸侯，晋国就是武王的儿子成王封给他弟弟叔虞的一个侯国。晋国历史上先后出现过晋文侯、晋武公、晋献公、晋文公及后来的景公和悼公等颇有作为的君主。公元前453年,代表新兴势力的韩、赵、魏三家分晋,50年后韩、赵、魏三国列为诸侯,历史上称之为"三晋"。秦代共在今山西建立过一国五郡,三国两晋南北朝时期的山西起着重要的作用,北魏建都平城统一中原,李渊起兵太原建立唐朝,北宋灭北汉后,宋、辽在山西境内战事不断,金统治山西一百二三十年,明初山西向境外进行过大规模移民。1911年10月29日,以阎锡山为首的革命党人在太原发动起义,很快取得胜利,最终阎锡山确立了对山西的统治。抗日战争时期,山西是重要的敌后抗日根据地,太原解放后,结束了阎锡山在山西长达38年的统治。

【人口民族】

据2010年全国第六次人口普查,山西省常住人口为3571.21万人。常住人口中,男性人口为1833.88万人,女性人口为1737.33万人。常住人口中,0~14岁人口为610.6万人;15~64岁人口为2690.07万人;65岁及以上人口为270.53万人。

山西境内有40多个民族,其中汉族人口占总人口的99.7%。在少数民族人口中,回族是全省人数最多、分布最广的少数民族,其次是满族、蒙古族、壮族、朝鲜族、苗族等。回族在局部地区相对集中,形成了回民村、回民街。

【宗教信仰】

佛教在东汉时期开始传入山西。南北朝时期,北魏迁都平城(今大同),遂使北魏境内佛教兴盛起来。北魏后期,五台山已成为文殊菩萨的道场、中国佛教的圣地。唐朝是山西佛教发展的极盛时期,唐朝20个皇帝中,除武宗反佛之外,其余都是崇佛的,尤其是对五台山佛教采取了特殊的扶持政策。宋朝统治者对佛教采取了扶持政策,山西地区的佛教得到了很大的发展,此后山西僧人、寺庙的数量急剧增加。元朝对佛教非常尊崇,喇嘛尤受礼遇。清朝十代皇帝,大多信佛,特别崇奉喇嘛,山西境内是汉族地区喇嘛教的盛行之地。其中康熙皇帝先后五次巡游五台山,赠送珍物,不可胜数。乾隆皇帝也曾先后六次巡游五台山,制碑题额,修葺佛寺,兴建行宫,举行法会。在山西佛教发展过程中,涌现出了为数众多的高僧,如道安、慧远、法显、昙鸾等,他们为佛教事业的发展做出了杰出贡献。

山西道教在东汉时已逐步形成,少数地方已修建了道教庙观。南北朝是山西道教发展的重要历史时期。当时,北魏王朝统治下的山西是北天师道的发源地和活动中心,对于道教在北方的传播起了有力的推动作用,山西的道教文化也在这时进入了第一个历史高峰期。在山西道教发展的历史上,也涌现出了不少著名道士,有寇谦之、吕洞宾、宋德方等。

明永乐年间实行移民政策,大量穆斯林又从陕甘宁一带迁居太原,山西伊斯兰教得到了快速发展。山西省伊斯兰教协会创立于1990年,地点设置在太原市迎泽区。基督教传入山西是在明末清初,到明朝灭亡,山西已建有大小教堂50余处。1951年山西基督教三自爱国运动委员会成立,成为山西基督教徒独立自主自办教会的爱国组织。

【交通状况】

山西省"表里山河",不仅对外交通多阻隔,而且内部交通也很迂回曲折。但自古以来,山西人就努力开山辟路,架桥设渡,实现了与外界的联系,密切了内部的交通。

山西现代交通建设始于清朝末年。1904年,清政府为使山西煤炭外运,向法国借债开始修筑第一条铁路——正太铁路(今石太线),1907年建成通车。山西现代公路建设始于1920年。新中国成立后,开始对交通线路进行全面技术改造,同时大规模建设新线,目前已初步形成了铁路、公路、航空纵横交错、四通八达的立体交通网络。

山西铁路总体上呈"E"形结构,东西方向有8条干线,分别是:北部的大秦线、丰沙大线;中部的京原线、朔黄线、石太线;南部的太焦线、邯长线、侯月线。而南北方向只有1条同蒲铁路贯通全境。中国第一条开行重载单元列车的运煤专用铁路大同—秦皇岛线及侯马—月山线成为晋煤外运的新的大通道。山西的公路交通已形成以国道、省道为骨架,以县乡道路为网络,沟通各邻省与省内城乡。以省会太原为中心、市市互通、东连京冀、西连秦蜀、北出长城、南抵黄河的高速公路网初具规模,一个以一二级公路为主体、连通所有县(市、区)的国省干线公路网基本形成,路网结构与服务能力大幅提升。自古以来,山西境内主要水上通道是黄河与汾河。1950年,太原成立了民航站,从此开始了人民航空事业。1993年太原航空口岸经国务院批准对外开放,成为国家一类口岸,同年8月开通了太原至香港直航包机。

【自然资源】

山西省是一个山地型高原省区,山地中地质结构复杂,地层较为齐全,成矿地质条件优越。在世界上已知的150多种有用矿石中,山西省就有120余种,探明储量居全国前10位的有34种。煤、铝土、耐火黏土、铁矾土、珍珠岩、镓、沸石等的储量居全国首位,金红石、镁盐、芒硝的储量居全国第2位,钾长石储量居全国第3位,钛、铁、熔剂石灰石的储量居全国第4位,长石、石膏、钴、铜、金的储量也在全国名列前茅。

山西省煤的预测储量占全国预测总储量的37.7%；石油、天然气储量预计300亿吨，占全国预测总量的25%以上。煤炭是山西第一大支柱产业，有大同、宁武、西山、霍西、沁水、河东六大煤田。

山西省的高等植物有160多科、3000多种，如栓皮栎、檀橡、油松、黄蔷薇、红酸刺、连翘、白羊草、虎榛子、胡枝子、豹子花等。山西南部、东南部是以次生落叶灌木丛和落叶阔叶林为主的夏绿阔叶混交林地区；中部以中旱生的落叶灌木丛和针叶林为主；北部和西部是暖温带及温带灌木丛和半干旱草原。

山西省野生动物资源种类较多，全省有陆栖类脊椎动物405种，占全国种数的19.13%，其中兽类74种，鸟类299种，两栖爬行类32种。但多数种属的个体数量很少，分布范围狭窄，只有87种分布广泛。目前，山西省已建立了以保护珍稀动物褐马鸡（1984年山西省政府将褐马鸡定为省鸟）为主的三个自然保护区：芦芽山自然保护区、庞泉沟自然保护区和五鹿山自然保护区。

【文化艺术】

《诗经·国风》中的《魏风》《唐风》均为山西的诗歌，反映出当时山西地区的社会生活状况和民俗风情，而且还是《国风》中较有特色的两部分。隋唐是中国文学发展史上的一个重要阶段，其中山西地区的作家做出了重要贡献。在唐代诗人作家中，山西诗人占有很大的比重，收入《全唐诗》的山西籍作者就有60余人。其中最为著名的有王勃的五言律诗《送杜少府之任蜀州》《滕王阁序》，王翰的《凉州词》，王之涣的《出塞》和《登鹳雀楼》。王昌龄被后世称作"七绝圣手"，他的作品《出塞》被誉为唐人七绝压卷之作。王维无论边塞、山水诗，还是古体近体、长篇短制均有脍炙人口的佳作，尤以五言律诗和绝句著称，其山水田园诗《汉江临泛》《山居秋暝》等，最能代表其艺术风格。白居易的诗歌今存3000多首，数量之巨为唐人之冠，他自己划入"感伤诗"的长篇叙事诗《长恨歌》《琵琶行》最为千古传诵。柳宗元在文坛上发起并领导了一场古文运动，提出了一系列思想理论和文学主张。元好问的《论诗绝句三十首》集中表现了他的文艺见解。明清时期山西作家罗贯中的《三国演义》最为著名，《三国演义》是我国第一部长篇章回小说，也是我国古代历史演义中成就最高、影响最大的一部作品。

山西籍画家作品众多，其中薛稷绘画成就相当高，擅长花鸟、人物及杂画，尤以画鹤最为精妙。张彦远写成了世界上第一部绘画通史《历代名画记》，被誉为"画史中的《史记》"。荆浩的绢本水墨画《匡庐图》是其代表作，今藏我国台湾地区中山博物院。马远的《踏歌图》现藏于故宫博物院，是流传至今的山水画代表作。

山西历史上还涌现出了不少曲作家,为戏曲艺术的兴盛做出了杰出的贡献,如元曲四大家中的关汉卿、白朴、郑光祖都为山西籍曲作家。明清以来,山西地区的演戏活动一直兴盛不衰,形成了很多剧种,主要有四大梆子戏,包括南路梆子(蒲剧)、中路梆子、上党梆子和北路梆子。

【特产美食】

山西历史上长期以农业为主,因此山西人饮食以植物性食物为主食,主粮杂粮调剂,干饭稀饭混合,地方特色各异。晋北寒冷,人们喜食含热量较高的莜麦、玉米、土豆及荞麦、黄米、豆类。晋中是小麦和高粱、玉米、谷子、豆类相杂。晋南盛产小麦,人们以白面为大宗食品。晋东南人的主食则由小米占据重要地位。在山西人的主食中,各种面食闻名于世,其他风味小吃也享有盛誉。

山西人饮食特点过去重主食、轻副食,其副食中少有肉、蛋、奶,而以蔬菜及豆腐、粉条为主。一般夏、秋季吃鲜菜,冬、春季吃腌制的咸菜、酸菜、酱菜及晒制的干菜。腌菜中,长治的甜丝菜、平定的豆叶菜、定襄的老咸菜、太原的酱菜等蜚声三晋。干菜中,五台山的台蘑(又称香蘑)、管涔山的银盘蘑、中条山的猴头、大同的黄花菜(也叫金针)等最有名。山西人喜酸,其调味品有特产的老陈醋。

山西面食享誉全国,尤以"十大面食"为代表,即刀削面、拉面、刀拨面、剔尖、擀面、拨鱼、揪片、猫耳朵、擦面、河捞。

山西省因山地面积广阔,导致各个地区相对比较封闭,形成了自己的风味食品。著名的有头脑、碗饦、平遥牛肉、疤饼、太谷饼、莜面栲栳栳、闻喜煮饼、醪糟等。

山西省特产门类多,品种丰富。著名的工艺品有大同铜火锅、澄泥砚、平定砂锅、平定刻花瓷、剪纸、平遥推光漆器、绛州木版年画、黎侯虎、煤雕、长治堆锦等。

山西历史悠久,物产丰富,著名的土特产品有清徐葡萄、平遥长山药、五台山蘑菇、垣曲猴头、平陆百合、沁州黄小米等。

【民俗风情】

山西独特的地理、历史环境形成了山西独特的民俗风情,人们称之为"黄河文化"或"黄土文化"。山西境内,浓厚的传统文化集中反映在现存的三个民俗博物馆内:忻州地区定襄县的河边民俗博物馆、晋中地区祁县的乔家堡民俗博物馆、临汾地区襄汾县的丁村民俗博物馆。这三个民俗博物馆反映了山西三晋大地独特的民俗风情。在山西可看到中国传统的节庆活动：春节、正月十五"闹元宵"、二月二"龙抬头"、清明"踏青逛唱"以及"端阳节""重阳节"等，还可以看到黄土高原反映民间艺术的剪纸、炕围画、面塑以及山西人民居住的窑洞和"地窨院"。

山西人嗜好吃面，可以说每顿饭几乎至无面不足、无馍不饱。山西妇女慧心巧手，可以制作出数以千计的面食来。不仅做面食，还做面塑。当地人称之为羊羔儿馍，古时的"羊"同"祥"，取"吉祥"的寓意。春节来临前，农家妇女会捏制小猫、小狗、小虎、玉兔、鸡、鸭、鱼蛙、葡萄、石榴、茄子、佛手等形象的面塑制品，以象征吉祥如意、福寿荣华。面塑注重彩色点染，花色绚丽，所以当地人称之为"花馍"。花馍造型比较夸张，尤其以"走兽花馍"最为出色。

威风锣鼓是流行于临汾地区的一种集体敲击表演，得名于鼓手表演时展示的各种勇猛姿态。它常常在庆祝农历新春、丰收、群众游行和其他欢乐的场合表演。据说威风锣鼓最早是在古代尧帝时期出现，到现在已经有4000多年的历史。传说每年农历四月初八，尧帝的两个妻子娥皇和女英去看她们的父母时，尧所在的部落的人们敲锣打鼓为她们送行。当她们回来时，她们村的人们也以同样的方式欢迎她们。从那时起，威风锣鼓就成了一种习俗。许多大村庄都有自己的锣鼓队。

【旅游资源】

山西历史文化深厚，古人类文化遗址众多，闻名全国的有西侯度遗址、丁村遗址、陶寺遗址等。古都城遗址有禹王城遗址、平城遗址、晋阳古城遗址等。古今著名的战场有白登之战战场、平型关战役战场、百团大战战场等。

山西古代建筑资源丰富，其中祠庙建筑较为典型的代表有太原的晋祠、临汾的尧庙、解州的关帝庙、芮城的永乐宫、晋城的玉皇庙等。楼阁建筑数量丰富，建筑手法精湛，著名的有中国四大名楼之一的鹳雀楼、万荣的秋风楼、万荣的飞云楼、代县的边靖楼、绛州三楼等。古塔数量众多，据统计有580多座，约占全国的1/5，被称为"中国古塔的展览馆"，著名的有应县木塔、五台山大白塔、洪洞广胜寺飞虹塔、永祚寺双塔、永济普救寺莺莺塔等。

山西佛寺的建筑随着佛教在中国的传播也经历了漫长的演变过程，由此形成了丰富的佛教寺院文化，而寺院中的建筑、雕塑、绘画以及金石碑文等都成为了中国古代珍贵的文化遗产。山西著名的佛寺有大同华严寺、浑源悬空寺，五台山显通寺、菩萨顶、佛光寺，平遥镇国寺等。

山西著名的石窟有云冈石窟、天龙山石窟、龙山石窟等。三大关隘为雁门关、宁武关和偏头关，现存遗址均属于明朝遗迹，有着明朝建筑的风格。境内保存完好的晋商大院有王家大院、常家庄园、曹家大院、渠家大院等。

山西省被列入《世界遗产名录》的有平遥古城(1997年)、大同云冈石窟(2001年)、五台山(2009年)。有国家级地质公园共9处,分别为黄河壶口瀑布国家地质公园、山西壶关太行山大峡谷国家地质公园、山西宁武万年冰洞国家地质公园、五台山国家地质公园、山西陵川王莽岭国家地质公园、山西大同火山群国际地质公园、山西平顺天脊山地质公园、山西永和黄河蛇曲地质公园、山西榆社古生物化石地质公园。国家级风景名胜区共6处,分别为五台山风景名胜区、恒山风景名胜区、黄河壶口瀑布风景名胜区、北武当山风景名胜区、五老峰风景名胜区、碛口风景名胜区。国家级历史文化名城有6处,分别为太原市、大同市、平遥县、代县、祁县和新绛县。

第五章
内蒙古自治区基本概况

内蒙古自治区地域辽阔,物产丰富,草原、森林和人均耕地面积居全国第1位,稀土金属储量居世界首位,同时也是中国最大的草原牧区。内蒙古自治区简称"蒙",首府呼和浩特。

【地理环境】

内蒙古自治区位于中国的北部边疆,由东北向西南斜伸,呈狭长形。东起兴安岭,西至阿拉善戈壁,东部与黑龙江、吉林、辽宁三省毗邻,南部、西南部与河北、山西、陕西、宁夏四省区接壤,西部与甘肃省相连,北部与蒙古国为邻,东北部与俄罗斯交界,国界线长达4221千米。东西直线距离2400多千米;南北直线距离170千米。全区总面积118.3万平方千米,是中国第三大省区。

内蒙古自治区的地形以高原为主,高原从东北向西南延伸3000千米,地势由南向北、由西向东缓缓倾斜。一般地区海拔1000~1500米。内蒙古自治区的地貌以蒙古高原为主体,具有复杂多样的形态,包括高原、山地、沙漠和平原。除东南部外,基本是高原,占自治区总土地面积的50%左右,由呼伦贝尔高平原、锡林郭勒高平原、巴彦淖尔—阿拉善及鄂尔多斯平原等高平原组成。平均海拔1000米左右,海拔最高点贺兰山主峰3556米。高原四周分布着大兴安岭、阴山、贺兰山等山脉,构成内蒙古高原地貌的脊梁。内蒙古高原西端分布有巴丹吉林、腾格里、乌兰布和、库布齐、毛乌素等沙漠,总面积15万平方千米。在大兴安岭的东麓、阴山脚下和黄河岸边,有嫩江西岸平原、西辽河平原、土默川平原、河套平原及黄河南岸平原。

内蒙古自治区境内共有大小河流千余条,包括黄河、额尔古纳河、罕诺河和老哈河等。有近千个大小湖泊,主要有呼伦湖、贝尔湖、乌梁素海、居延海等。

【气候特征】

内蒙古自治区地域广袤,所处纬度较高,高原面积大,距离海洋较远,边沿有山脉阻隔,气候以温带大陆性季风气候为主。有降水量少而不匀、风大、寒暑变化剧烈的特点。大兴安岭北段地区属于寒温带大陆性季风气候,巴彦浩特—海勃湾—巴彦高勒以西地区属于温带大陆性气候。总的特点是:春季气温骤升,多大风天气;夏季短促而炎热,降水集中;秋季气温剧降,霜冻往往早来;冬季漫长严寒,多寒潮天气。

全年太阳辐射量从东北向西南递增,降水量由东北向西南递减。年平均气温为0℃~8℃,气温年差平均为34℃~36℃,日差平均为12℃~16℃。年总降水量50~450毫米,东北降水多,向西部递减。

内蒙古自治区晴天多,阴天少,日照时数普遍都在2700小时以上,长时达3400小时。冬春季多大风,全年大风日数平均为10~40天,70%发生在春季。蕴藏着丰富的光热、风能资源。

【行政区划】

内蒙古自治区现设呼和浩特、包头、乌海、赤峰、通辽、鄂尔多斯、呼伦贝尔、乌兰察布、巴彦淖尔9个市;兴安、阿拉善、锡林郭勒3个盟;另外有满洲里、二连浩特2个计划单列市;52个旗(其中包括鄂伦春、鄂温克、莫力达瓦达斡尔3个少数民族自治旗),17个县,11个盟(市)辖县级市,23个区。

【历史沿革】

春秋战国之前,一些北方的游牧民族,如匈奴和东胡人在今天的内蒙古地区游牧生活。战国后期,燕国、赵国、秦国的领土已经拓展到今天的内蒙古地区,中原的华夏民族开始在阴山山脉南部定居。赵国国君赵武灵王推广"胡服骑射",打败林胡、楼烦这两个游牧民族之后,在今呼和浩特托克托县建云中城。汉朝全盛时,在今天的漠南地区置五原郡、朔方郡,辖境相当于今巴彦淖尔市、包头市和鄂尔多斯市一带。439年拓跋鲜卑人建立的北魏统一北方,之后时常与柔然发生冲突。而后北魏经历六镇之乱后分裂成东魏、西魏,东魏、西魏随后也分别被北齐、北周所吞并。最后北周统一华北,于581年因杨坚篡位而亡。称霸塞北的柔然汗国也于552年为突厥汗国所灭。唐安史之乱后,内蒙古地西部为回鹘国控制,以明教为国教。东部为兴起的契丹人的势力范围。五代十国初,柔然人的一支后裔契丹人耶律阿保机于907年创立了契丹部族政权,916年建立契丹国,947年更国号为辽国,期间在今内蒙古赤峰市巴林左旗附近建立了蒙古草原上的第一个都城上京。1206年成吉思汗建立了大蒙古国,54年之后元世祖忽必烈在中原建立了元朝。忽必烈迁都大都前的上都(开平城)就在今内蒙古的锡林郭勒盟正蓝旗境内,多伦县西北闪电河畔。由于忽必烈的政治、军事和经济力量的基础都在漠南地(今内蒙古),因此不再以和林为都城,而迁都于燕京,并改称大都。由于政治中心南移,漠北置和林宣慰司都元帅府镇守。后改为岭北等处行中书省,省会和林,管辖范围大概为今内蒙古北部、蒙古国全境、西伯利亚南部。漠南蒙古16个部49个封建主在1636年前后归属于清朝。清朝雍正十三年(1735年)至乾隆四年(1739年)在今呼和浩特东部新建军事驻防城,命名为"绥远城",后将"归化"、"绥远"两城合并为归绥县。清朝时漠南蒙古没有统一的行政区划,内札萨克49旗分属于6个盟,同时呼伦贝尔地区隶属黑龙江。清亡之后喀尔喀蒙古走向独立,而内蒙古则在中华民国的统治下,分属于若干省。1913年,国民政府改今呼和浩特为归绥县,1928年,绥远建省,以归绥县城区设立归绥市,作为省会。内蒙古地仍然没有统一的行政区划,分属于绥远省、热河省、察哈尔省、宁夏省、黑龙江省等。1947年5月1日成立了内蒙古自治政府,包含了察哈尔省、兴安省以及宁夏省、热河省、黑龙江省和绥远省的部分地区。1955年,撤销热河省。赤峰、乌丹、宁城3县及敖汉旗、喀喇沁旗、翁牛特旗3旗划归内蒙古自治区昭乌达盟。1969年、1979年两次大幅度政区调整,确定了今天内蒙古自治区的范围。

【人口民族】

根据2015年内蒙古1%人口抽样调查数据推算,2015年全区常住人口为2511.04万人。

内蒙古自治区共有蒙古、汉、回、满、达斡尔、朝鲜、鄂伦春、鄂温克等40多个民族。

全区常住人口中,汉族人口为1965.07万人,占常住人口的79%;蒙古族人口为422.61万人,占常住人口的17%;其他民族人口为82.95万人,占常住人口的4%。

【宗教信仰】

内蒙古自治区是一个多民族多宗教的少数民族地区,现有7种宗教:喇嘛教(藏传佛教)、汉传佛教、道教、伊斯兰教、天主教、基督教和东正教。喇嘛教于13世纪初叶开始传入内蒙古地区。汉传佛教在东汉初年逐渐传入。道教于南北朝时传入。元朝统治者对伊斯兰教上层较重视,伊斯兰教在内蒙古有一定发展。基督教传入内蒙古约在元代,13世纪欧亚交通贯通,基督教聂斯脱利派传入内蒙古,当时称景教。元朝把这些基督教派统称为也里可温教(蒙古语,意为福缘之人)。约于1245年,罗马教皇派遣传教士持书前来内蒙古,天主教传入内蒙古。东正教传入内蒙古约于10世纪中叶。

目前,内蒙古自治区信教群众约80万人。在内蒙古各民族中,信仰伊斯兰教的民族主要是回族,还有维吾尔、哈萨克、柯尔克孜族;信仰天主教的民族主要是汉族;信仰东正教的主要是俄罗斯族;信仰汉传佛教的主要是汉族;信仰喇嘛教的主要是蒙古族,藏、土、裕固、门巴等民族也有信仰喇嘛教的。

内蒙古著名的喇嘛教寺庙有呼和浩特的大召、席力图召,包头的五当召、美岱召、梅力更庙,锡林郭勒盟的贝子庙,达尔罕茂明安旗的百灵庙,赤峰的荟福寺、善福寺,喀喇沁旗的龙泉寺,库伦旗的兴源寺,鄂尔多斯市的准格尔召、乌审召,阿拉善盟的延福寺等。呼和浩特市佛教、道教、伊斯兰教、天主教、基督教著名的寺庙和教堂有观音庙、太清宫、清真大寺、天主教堂、基督教堂等。

【交通状况】

内蒙古自治区的交通包括公路、铁路、民航运输。

截至2016年,内蒙古自治区公路总里程突破19万千米,其中高速公路5153千米、一级公路6685千米、二级公路16912千米,高级、次高级路面达到14.17万千米,实现了全部乡镇(苏木)通油路,96%行政村(嘎查)通沥青水泥路。

由于内蒙古自治区地域辽阔,且草原沙漠区域较为广阔,所以铁路线并不密集,但大多数的地级市主城区以及主要的县旗之间都通有火车。现有19条国有铁路干线、12条铁路支线、5条地方铁路,与北京、西安、海拉尔、兰州、银川等数十个城市均有火车通行。

内蒙古自治区境内的主要机场有:呼和浩特白塔机场、包头机场、赤峰机场、海拉尔机场、锡林浩特机场、乌兰浩特机场、通辽机场等。目前,内蒙古机场集团共运营航线150余条(其中国际航线8条,地区航线1条),通航城市50多个,参与运营的航空公司24家(外航4家)。2016年内蒙古自治区实现了主要城市的机场全覆盖。

呼和浩特作为自治区政治文化和经济中心,也是中国北方重要的航空枢纽,白塔机场的航线覆盖全国各省主要城市,同时也是北京首都机场的备降机场。

【自然资源】

内蒙古自治区是全国矿产资源大省(区)之一,其矿产资源在品种、数量、储量、规模等方面均具有一定的优势。能源矿产煤炭资源十分丰富,品种齐全,煤质优良,分布广泛,埋藏浅,开采条件优越;石油、天然气的储藏量也十分可观;稀土、稀有金属资源得天独厚;化工原料矿产和部分非金属矿产分布广、藏量大,资源潜力较大。铌、稀土、煤、铬、锌、铅、砷、锡、珍珠岩、铁、铜、银、钨等储量居全国前 10 位,特别是稀土资源储量居世界之首。

内蒙古农业区和半农半牧区主要分布在大兴安岭和阴山山脉以东和以南,主要农作物有小麦、玉米、水稻、谷子、莜麦、高粱、大豆、马铃薯、甜菜、胡麻、向日葵、蓖麻、蜜瓜等许多独具内蒙古特色的品种,其中莜麦、荞麦、华莱士瓜颇具盛名。

内蒙古天然草场辽阔而宽广,总面积位居中国五大草原之首,是中国重要的畜牧业生产基地。著名的三河马、三河牛、草原红牛、乌珠穆沁肥尾羊、敖汉细毛羊、鄂尔多斯细毛羊、阿尔巴斯绒山羊等优良畜种在区内外闻名遐迩。

内蒙古自治区是国家重要的森林基地之一。全区森林总面积占全国森林总面积的 11%,居全国第 1 位。树木种类繁多,全区乔灌树种达 350 多种,既有寿命长、材质坚硬的优良用材林树种,又有耐旱耐风沙作防护林的树种,还有经济树种和列入国家保护的珍贵树种。

内蒙古自治区植物种类繁多,被列为第一批国家保护的珍稀野生植物有 24 种。野生植物以山区植物最为丰富。

内蒙古自治区野生动物种类繁多,被列入国家一、二、三类保护的兽类和鸟类共 49 种。其中蒙古野驴和野骆驼是世界上最珍贵的兽类,驯鹿是内蒙古特有的动物,百灵鸟是自治区区鸟。

【文化艺术】

蒙古族是能歌善舞的民族。蒙古族舞蹈产生于民间,然后被搬上舞台。蒙古族舞蹈的特点是节奏明快、热情奔放、语汇新颖、风格独特。女子的动作多以抖肩、翻腕来表现蒙古族姑娘欢快、热情开朗的性格。男子的舞姿造型挺拔豪迈,步伐轻捷洒脱,表现出蒙古族男性剽悍英武、刚劲有力之美。主要有"安代舞""筷子舞""马刀舞""驯马舞""盅碗舞"等。

安代舞有着"蒙古族舞蹈活化石"的美誉,是主要流行于内蒙古通辽市四周地区的一种传统的民间舞蹈。安代舞通常会在节庆或是闲暇的时候进行,其动作简捷明快,歌声流畅自然,由众人边唱边舞,气氛和谐而热烈。安代舞最初是由萨满教巫者领唱,众人齐唱齐舞,用以医治病人,所以早期安代舞的歌词有宗教色彩。新中国成立后,安代舞越来越生活化,成为群众性的娱乐活动,也常常被搬上舞台。由于简单易学,参加者能很快融入其中,深受旅游者的喜爱。

蒙古族民歌主要分为两大类：礼仪歌和牧歌。礼仪歌用于婚宴等喜庆场合，以歌唱纯真的爱情、歌唱英雄、歌唱夺标的赛马骑手为主要内容。牧歌多在放牧和搬迁时唱，内容以赞美家乡、状物抒情居多。蒙古族民歌节奏自由，装饰音多而细腻，并具有较强的朗诵性，曲调高亢悠扬。其内容丰富，有描写爱情和娶亲嫁女的，有赞颂马、草原、山川、河流的，也有歌颂草原英雄人物的，这些民歌反映了当地的风土人情。

蒙古民歌从音乐特点来讲，大致分为"长调"和"短调"两大类。其中长调民歌是反映蒙古族游牧生活的牧歌式体裁，有较长的篇幅，节奏自由，情感深沉，并有独特而细腻的颤音装饰。长调民歌用蒙古语歌唱，其节奏舒缓自由，字少腔长，且因地区不同而风格各异。

"呼麦"是蒙古族特有的单人发出多声部唱法的高超演唱形式，是一种"喉音"艺术。"呼麦"是运用特殊的声音技巧，一人同时唱出两个声部，形成罕见的多声部形态。"呼麦"发声原理特殊，有时声带振动，有时不振动，是用腔体内的气量产生共鸣。"呼麦"是蒙古族杰出的创造，它传递着蒙古族人民对自然宇宙和世界万物深层的哲学思考和体悟，表达了蒙古族人民追求和谐生存发展的理念和健康向上的审美情趣。

"乌力格尔"是一种集蒙古说唱艺术之大成的曲艺形式，蒙语意为"说书"，民间称为"蒙古书""蒙古说书"或"蒙古琴书"，主要流传于今内蒙古自治区以及相邻的黑龙江、吉林和辽宁等蒙古族聚集的地区。

【特产美食】

内蒙古自治区地大物博，物产丰盈。营养丰富的山珍野果包括发菜、黑木耳、猴头蘑、黄花菜、蕨菜、口蘑、苦杏仁、黑瓜子、莜麦、笃斯、松茸、榛子、沙棘等。内蒙古自治区还是中国中草药生产基地之一。现已发现药用植物500多种，有甘草、黄芪、肉苁蓉、赤芍、麻黄、桔梗、知母、柴胡、苍术、远志、车前子、龙胆草等药材几十种。鸟兽类有雁鸭类和雉鸡类，紫貂、马鹿和驼鹿等。犴鼻、熊掌、鹿尾被誉为大兴安岭佳肴中的三大珍品。内蒙古自治区是牛、羊、驼、马之乡，盛产驼峰、驼掌、牛鞭、牛黄、马宝等。

蒙古族人的传统饮食比较粗犷，以羊肉、奶、野菜及面食为主要原料。烹调方法相对比较简单，以烤最为著名。饮食崇尚丰满实在，注重原料的本味。传统食品分为白食和红食两种。白食蒙古语叫"查干伊德"，是牛、马、羊、骆驼的奶制品。红食蒙古语叫"乌兰伊德"，即牛、羊等牲畜的肉制品。白食是蒙古族的敬客食品，按照蒙古族的习惯，白色表示纯洁、吉祥、崇高，因此白食是蒙古人待客的最高礼遇。

特色美食有烤全羊、全羊席、手抓羊肉、奶酪、马奶酒、莜麦面、哈达饼、烧卖等。

【民俗风情】

蒙古族敬酒:蒙古族斟酒敬客考究,酒是最能表达朋友之忠诚的珍贵食品。主人将酒斟在银碗或金杯中,托在哈达上,唱起祝酒歌,表达自己的真诚与感情。此时客人应立即接过酒,能饮则饮,不能饮则品尝少许,然后将酒碗(杯)归还主人,万不可推推让让、拉拉扯扯,谢绝主人的敬酒,否则会被认为你瞧不起主人,不愿交朋友、不能以诚相待。

祭敖包:蒙古族传统宗教活动。敖包是在草原、山坡或沙丘高地上用石头、土块、柳条等垒筑而成的。敖包最早是在茫茫无边草原上建立起来的能识别方向、道路、边界的标志,后成为祭祀山神、路神之地。祭敖包多在七八月举行。祭祀时敖包上插树条,上面挂有五颜六色的布条或纸旗。在蒙古族人民心中,"敖包"是神圣的净地。

那达慕大会是蒙古族历史悠久的传统节日,在蒙古族人民的生活中占有重要地位。每年7月牲畜肥壮的季节举行的那达慕大会,是人们为了庆祝丰收而举行的文体娱乐大会。"那达慕",蒙语的意思是"娱乐"或"游戏"。"那达慕"大会上有惊险刺激的赛马、摔跤,有令人赞赏的射箭,有争强斗胜的棋艺,有引人入胜的歌舞。每年农历六月初四开始为期5天的那达慕,是蒙古族人民的盛会。那达慕大会的内容主要有摔跤、赛马、射箭、套马、下蒙古棋等民族传统项目,有的地方还有田径、拔河、篮球等体育项目。

内蒙古自治区还推出了国际草原文化节、蒙古族服装服饰艺术节、昭君文化节、8·18哲里木赛马节、阿拉善金秋胡杨节、呼伦贝尔冰雪节等100多个大型节庆活动。

【旅游资源】

内蒙古旅游资源较为丰富,不仅有独特的草原文化、浓郁的民俗风情、悠久的历史古迹和边境口岸,还有大草原、大沙漠、大森林、大湖泊、大湿地、大温泉、大口岸、大民俗、大冰雪等壮美的自然风光,对发展旅游业有着得天独厚的优势和条件。

内蒙古有4处5A级旅游景区:鄂尔多斯市达拉特旗响沙湾旅游景区、鄂尔多斯市伊金霍洛旗成吉思汗陵旅游区、呼伦贝尔市满洲里市中俄边境旅游区、兴安盟阿尔山·柴河旅游景区。国家级风景名胜区1处:扎兰屯风景名胜区;中国历史文化名城1座:呼和浩特;国家地质公园6处:四子王地质公园、鄂尔多斯地质公园、二连浩特国家地质公园、阿拉善沙漠国家地质公园、阿尔山国家地质公园、克什克腾国家地质公园。

　　内蒙古四大品牌旅游区域：敕勒川现代草原文明核心区（呼包鄂巴）、环京津冀草原风情旅游区（乌锡赤）、大兴安岭全生态旅游区（呼伦贝尔、兴安盟、通辽）、阿拉善秘境探险旅游区（乌海、阿拉善）。内蒙古的三级品牌旅游线路：一级品牌线路是国家统筹推介的丝绸之路、万里茶道、黄河、长城等旅游线路；二级品牌线路是基本贯穿自治区全境或大部分盟市的旅游线路，如万里北疆风景线（东西大通道）、草原马道、黄河"几"字湾大漠风情线、蒙古源流黄金线；三级品牌线路是从万里草原天路各节点引出、可以对接周边客源地、有文化或景观支撑、有望推广成为品牌的旅游线路，如阿海满"金三角"四季游、红山文化游、科尔沁文化游、"两个文明"（农耕文明与游牧文明）体验游、"三都"草原图腾狼道、蒙医康体游、藏传佛教研学游、鲜卑溯源、匈奴探秘等。

东北地区

第六章
辽宁省基本概况

辽宁省是中国重要的重工业基地和全国工业门类最为齐全的省份,也是中国近代开埠最早的省份和中国最早实行对外开放政策的沿海省份之一。辽宁省陆地总面积14.8万平方千米。辽宁,简称"辽",省会驻地沈阳市。

【地理环境】

辽宁省位于中国东北地区的南部,南濒浩瀚的黄海和渤海,辽东半岛斜插于两海之间,隔渤海海峡与山东半岛遥相呼应;西南与河北省接壤;西北与内蒙古自治区毗连;东北与吉林省为邻;东南以鸭绿江为界与朝鲜民主主义人民共和国隔江相望。

辽宁省地形概貌大体是"六山一水三分田"。辽宁省地势大致为自北向南,自东西两侧向中部倾斜,山地丘陵分列东西两厢,向中部平原下降,呈马蹄形向渤海倾斜。辽东、辽西两侧为平均海拔800米和500米的山地丘陵;中部为平均海拔200米的辽河平原;辽西渤海沿岸为狭长的海滨平原,称"辽西走廊"。

辽宁省境内有大小河流300余条,其中辽河、浑河、大凌河、太子河、绕阳河及鸭绿江为辽宁省的主要水系。辽河全长1390千米,境内河道长约480千米,流域面积6.92万平方千米,为省内第一大河流。境内大部分河流自东、西、北三个方向往中南部汇集注入海洋,其水文特点为河道平缓,含沙量高,泄洪能力差,易生洪涝。东部河流水清流急,河床狭窄,适于发展中小水电站。

辽宁省境内山脉分列东西两侧。东部山脉为长白山支脉哈达岭和龙岗山的延续部分,由南北两列平行山地组成,海拔为500~800米。东部山脉最高山峰为位于抚顺市与吉林省交界处的钢山,海拔1347米,为省内最高点,号称"辽宁屋脊"。

辽宁省海域广阔,海域(大陆架)面积15万平方千米,其中,近海水域面积

6.4万平方千米,沿海滩涂面积2070平方千米。陆地海岸线东起鸭绿江口,西至绥中县老龙头,全长2292.4千米,占全国海岸线长的12%,居全国第5位。

辽宁省有海洋岛屿266个,面积191.5平方千米,占全国海洋岛屿总面积的0.24%,岛岸线全长627.6千米,占全国岛岸线长的5%。主要岛屿有长山列岛、石城列岛、大鹿岛、觉华岛(菊花岛)和长兴岛等。

【气候特征】

辽宁省地处中纬度的南半部,欧亚大陆东岸,属温带大陆性季风气候,雨热同季,日照丰富,四季分明。冬季以西北风为主,漫长寒冷;夏季多东南风,炎热多雨;春季少雨多风;秋季短暂晴朗。年阳光辐射数为每平方厘米100~200卡,年日照时数为2100~2900小时,全年平均气温为5.2℃~11.7℃,最高气温30℃左右,最低气温-30℃左右。年平均降水量400~970毫米,平均无霜期130~200天,一般无霜期均在150天以上。

【行政区划】

截至2016年年底,辽宁省下设14个省辖市、16个县级市、25个县(其中8个少数民族自治县)、59个市辖区。

【历史沿革】

辽宁历史源远流长。考古发现,早在50万—40万年以前,辽宁已是古人类活动的场所,营口金牛山遗址为中国东北地区最早的旧石器时代古人类遗址。新石器时代,在辽宁地区居住的有汉族、东胡和肃慎等民族的先人。在各民族祖先的共同开发建设下,辽宁形成了与"中原古文化"既有内在联系,又有自身特点的"北方古文化"区系。

东汉末期,辽宁为公孙氏占据,高句丽族也曾一度在此称雄。唐朝"安史之乱"后,松花江流域渤海政权兴起,辽宁成为其势力范围。契丹族兴起后,吞并渤海,建立辽政权。不久,女真族起兵抗辽,建立金朝。元朝建立时,辽宁地区已发展为"边户数十万,耕垦千余里"的富庶农业区。明朝中叶,女真首领努尔哈赤征服东北各族和部落,建立后金政权。其子皇太极最终统一中原,建立清王朝。辽宁因被视为清王朝的"发祥地",划归盛京特别行政区管辖。

民国期间,辽宁沿袭清制,为奉系军阀张作霖所辖。1928年12月29日张学良通电全国,宣布东北易帜,服从国民政府。1931年9月18日,日本关东军发动"九一八事变",东北沦为日本殖民地。解放战争中,中国人民解放军发动了著名的"辽沈战役",历时52天,歼灭国民党军47万人,取得了解放东北全境的重大胜利。从此,辽宁的历史翻开了走向新中国的辉煌篇章。

【人口民族】

2010 年第六次全国人口普查数据显示,辽宁全省常住人口 4374.6 万人。其中,城镇人口 2716.8 万人,占全省总人口数的 62.15%;乡村人口 1657.8 万人,占全省总人口数的 37.85%。

辽宁全省共有 56 个民族,汉族人口 3710.3 万人,占全省总人口的 84.8%;少数民族人口 664.3 万人,占全省总人口的 15.2%。辽宁省是全国少数民族人口较多的省份之一。全省除汉族以外,还有满族、蒙古族、回族、朝鲜族、锡伯族等少数民族。

【宗教信仰】

辽宁省是一个多民族省份,因每个民族各不同,其信奉的宗教也不尽相同。满族和锡伯族因在古代同属女真人,一度信奉萨满教。萨满教是一种比较原始的宗教,以自然万物多神崇拜与家族祖先崇拜为特点,祭祀以跳神为主。今天的满族和锡伯族也多有信佛教的。蒙古族主要信奉藏传佛教,也有少数信仰蒙古萨满教。回族信仰伊斯兰教。朝鲜族老人多信仰佛教与儒教。

【交通状况】

辽宁省交通资源较为丰富,现已形成陆海空三位一体的交通网络。截至 2015 年年底,辽宁省铁路营运里程达 5319 千米,密度居全国第一;水运方面,已形成以大连港为中心,以丹东、营口、锦州港为两翼,同国内沿海港口以及世界五大洲 70 多个国家和地区 140 多个港口通航的水路运输体系;公路方面,2015 年年底全省公路总里程达到 119 362 千米,其中国道 6709 千米、省道 9092 千米、县道 12 531 千米、乡道 31 291 千米、专用公路 887 千米、村道 58 852 千米。截至 2015 年年底,全省高速公路通车里程已达 4195 千米,已形成以沈阳为中心枢纽、向四周辐射状的交通格局。航空方面,辽宁省主要的机场包括沈阳桃仙国际机场、大连周水子国际机场、营口兰旗机场、鞍山腾鳌机场、丹东浪头机场、锦州湾国际机场、朝阳机场、长海机场、大连金州湾国际机场。轨道交通方面,辽宁省城市轨道交通主要由沈阳地铁、沈阳有轨电车、大连轻轨、大连有轨电车、沈抚城际铁路、大连地铁、沈铁城际铁路等组成。

【自然资源】

辽宁省自然资源丰富。辽宁省矿产资源的地质成矿条件优越,矿产资源丰富。目前已发现各类矿产110种,其中已获得探明储量的有66种,矿产地672处。

辽宁省有耕地面积409.29万公顷,80%左右分布在中部平原区和辽西北低山丘陵河谷地带;园地面积59.85万公顷;林地面积569.07万公顷;牧草地面积35.01万公顷。

辽宁省的动物资源有两栖、哺乳、爬行、鸟类等动物。其中,国家1类保护动物6种,主要有白鹳、丹顶鹤、蝮蛇、爪鲵、赤狐、海豹、海豚等,具有重要的科学价值和经济意义。有鸟类400多种,占全国鸟类种类的31%。

辽宁省生物资源资源丰富,近海生物资源有三大类520多种。主要有蛤、蚶、鲍鱼、海胆、牡蛎、海参、扇贝等。

辽宁的植物资源丰富。辽宁省有植物161科、2200余种。其中药用类830多种,如人参、细辛、五味子、党参、天麻、龙胆等;野果、淀粉酿造类70余种,如山葡萄、猕猴桃、山里红、山梨等;芳香油类89种,如月见草、薄荷、蔷薇等;油脂类149种,如松子、苍耳等。

【文化艺术】

辽宁省是一个文化大省,有着悠久的文化传统与深厚的文化底蕴。

伯夷、叔齐的《采薇歌》是辽宁最早有文字记载的文学作品。辽宁最早的文人箕子在他的寓言《纣为象箸》、诗歌《箕子操》《麦秀歌》等中表达了对纣王的忧愤和对江山社稷的伤感。曹操北征乌桓后写下的《步出夏门行》直接反映了辽海地区的社会生活,尤以《观沧海》《龟虽寿》两章最为后人所熟悉。唐太宗征辽东时留下了《辽城望月》《辽东山夜临秋》等诗篇。清代,康熙、雍正、乾隆、嘉庆等皇帝的东巡诗描绘了当时辽沈大地的风土人情。

辽宁省戏曲艺术种类齐全,特色鲜明。沈阳京剧院为"国家十大重点京剧院团"之一,沈阳唐派(唐韵笙)也是京剧的重要流派。评剧表演艺术家韩少云创立的韩派、花淑兰创立的花派和筱俊亭创立的筱派为沈阳评剧三大流派。辽剧,又称辽南戏,原为营口盖州农村祭祀娱人的一种主要演出形式,现有营口盖州辽剧团、大连瓦房店市辽剧团。辽宁二人转享誉全国,最为知名的是铁岭民间艺术团和锦州黑山县的二人转。沈阳相声名家王志涛、杨振华在20世纪70—80年代的中国相声舞台上具有较大影响。著名评书表演艺术家袁阔成、刘兰芳、田连元、单田芳等,不仅在辽宁家喻户晓,就是在全国也具有较高的知名度。小品也是辽宁曲艺的一大特色,每年央视春晚上都有来自或成名于辽宁的演员,如黄宏、巩汉林、潘长江等。

目前,辽宁省共有艺术表演团体54个,演出团体528家,演出场所45处,其中以辽宁歌剧院、辽宁人民艺术剧院、辽宁芭蕾舞团、辽宁交响乐团、辽宁民间艺术团、辽宁民族乐团、沈阳爱乐乐团、大连爱乐乐团、沈阳杂技团、大连杂技团等最为著名。辽宁歌剧院的歌剧《苍原》，辽宁人民艺术剧院的话剧《父亲》《凌河影人》《矸子山上的男人女人》以及辽宁芭蕾舞团的芭蕾舞剧《二泉映月》入选国家舞台艺术十大精品工程。

【特产美食】

辽宁省的特产种类丰富，数量众多，其中林中特产主要有人参、鹿茸、五味子、辽细辛、中国林蛙、柞蚕等；海中珍品主要有刺参、鲍鱼、扇贝和对虾"四大海珍"，久负盛名；名酒与饮料主要有凤城老窖、阜新三沟窖酒、沈阳老龙口白酒、锦州道光廿五酒、葫芦岛九门口酒、沈阳雪花啤酒、大连新动啤酒、喀左塔城陈醋等；辽宁水果主要有苹果、梨（鞍山南果梨、北镇鸭梨、绥中白梨、辽阳香水梨）、山楂和葡萄四大品种。此外，大连的黄金桃，本溪、抚顺等地的猕猴桃，丹东东港市大孤山镇的孤山杏梅，盛产于辽宁东部山区的板栗以及主要分布在辽西、辽南山区的大扁杏等也是省内果品中的佼佼者。工艺美术制品方面，抚顺煤精雕、岫岩玉雕和辽西玛瑙雕为辽宁三大雕刻工艺品。此外，喀左紫砂陶器、本溪辽砚和沈阳胡魁章毛笔等也是辽宁省著名的工艺美术制品。

辽菜是根据辽宁地区民族和区域特点、饮食习俗，使用烧、炖、扒、爆、熘、拔丝、酱等烹调方法创建的一种地方菜系。因其具有满族特色、朝鲜族特色、农家特色、海鲜特色等，美名盛传。

满族特色食品包括满族民间和宫廷许多特色食品。满族菜肴最为著名的是民国以来流行的"满汉全席"，包括干果、鲜果、冷拼、热炒、汤类和十几道主食等上百个品种，成为中华饮食文化高层次体现。

朝鲜族特色类美食重"山珍""海味"。"山珍"主要有山菜、山果、山药等，也包括一些野禽、山兽；"海味"主要指贝类和海菜、紫菜等。米肠、冷面、打糕、大酱汤、辣白菜、拌菜、烤肉、狗肉是朝鲜族人民喜欢吃的食品。

农家特色类主要包括东北大炖菜、大锅炖鱼、小笨鸡炖蘑菇、猪肉炖粉条、酸菜血肠五花肉等，大盘大碗，味道纯正，乡野气息浓厚，深受游人喜欢。

海鲜特色类主要包括鱼类、贝类等。作为中国最北的沿海省份，"寒冷"使得辽宁省的海鲜生长周期长、沉睡时间久，肉质细腻，韧性强，胶质蛋白含量高，成为深受游客喜欢的"最好吃"的海产品。

【民俗风情】

辽宁省民族众多，民俗风情别具一格。在传统习俗方面，较有代表性的有满族"三大怪"(窗户纸糊在外、大姑娘叼烟袋、养活孩子吊起来)、"尊老敬上"、请安和打千以及蒙古族"三餐不离茶"等。满族婚姻习俗历史悠久,包括相看、合婚、放定、婚礼等程式。辽宁民俗活动种类丰富,主要有金州龙舞、建昌落子、本溪社火、辽西高跷秧歌等。色彩缤纷的朝鲜族、蒙古族民族服饰也构成辽宁民俗风情的一大亮点。在节庆活动方面,满族的药香节、锡伯族的西迁节、抹愚节、蒙古族的敖包节以及大连迎春会、服装节等都凸显了地方民俗风情、文化特色。除此之外,辽宁省还拥有多项国家非物质文化遗产,如海城高跷秧歌、海城喇叭戏、抚顺地秧歌、医巫闾山满族剪纸、复州皮影戏、辽西木偶戏、辽宁鼓乐、东北大鼓、朝鲜族农乐舞·乞粒舞、千山寺庙音乐等。

【旅游资源】

辽宁省历史悠久,人杰地灵,自然风光秀美,山海景观壮丽,文化古迹别具特色,旅游资源十分丰富。辽宁沈阳是国家历史文化名城。辽宁已有世界遗产6项:九门口长城、沈阳故宫、昭陵、福陵、永陵和五女山城。拥有3处国家地质公园:本溪国家地质公园、朝阳古生物化石国家地质公园、锦州古生物化石和花岗岩地质公园。9处国家级风景名胜区:鞍山千山风景名胜区、鸭绿江风景名胜区、金石滩风景名胜区、兴城海滨风景名胜区、大连海滨—旅顺口风景名胜区、凤凰山风景名胜区、本溪水洞风景名胜区、青山沟风景名胜区、医巫闾山风景名胜区。12处国家森林公园:旅顺口国家森林公园、海棠山国家森林公园、大孤山国家森林公园、首山国家森林公园、朝阳凤凰山国家森林公园、桓仁国家森林公园、本溪国家森林公园、盖州国家森林公园、仙人洞国家森林公园、长山群岛国家海岛森林公园、普兰店国家森林公园、大黑山国家森林公园。另有中苏友谊纪念塔、奉国寺、沈阳故宫等全国重点文物保护单位35处。

山岳风景区有千山、凤凰山、医巫闾山、龙首山、辉山、大孤山、冰峪沟等;湖泊风景区有萨尔浒、汤河、清河等;海岸风光有大连滨海、金州东海岸、大黑山风景区、兴城滨海、笔架山、葫芦岛、鸭绿江等;岩洞风景有本溪水洞、庄河仙人洞;泉水名胜有汤岗子温泉、五龙背温泉、兴城温泉等;独特景观有金石滩海滨喀斯特地貌景观,蛇岛、鸟岛、怪坡、响山等;人文景观有以沈阳的陵、庙、寺、城为主的50余处;旅游度假区有大连金石滩、葫芦岛碣石、沈阳辉山、庄河冰峪沟、瓦房店仙浴湾、盖州白沙湾等。

第七章
吉林省基本概况

吉林省位于中国东北地区的中部,是中国重要的工业基地和商品粮生产基地,可谓中国的粮仓和工业摇篮。吉林地处享誉世界的"黄金玉米带",农业生产条件得天独厚,吉林省粮食商品率、人均粮食占有量以及人均肉类占有量居全国第1位。吉林简称"吉"。省会长春市是全国著名的汽车城、电影城、科教文化城。

【地理环境】

吉林省位于日本、俄罗斯、朝鲜、韩国、蒙古国与中国东北部组成的东北亚几何中心地带。北接黑龙江省,南邻辽宁省,西接内蒙古自治区,东与俄罗斯接壤,东南部与朝鲜隔江相望。吉林省地处边境近海,边境线总长1438.7千米,陆地面积18.74万平方千米。

吉林省地貌形态差异明显,地势由东南向西北倾斜,呈现出明显的东南高、西北低的特征。以中部大黑山为界,吉林省可分为东部山地和中西部平原两大地貌区,山地约占全省面积的3/5,平原约占2/5。山地之间为盆谷地,著名的有珲春、汪清、延吉、和龙、松江、通化、白山、敦化、蛟河、吉林、辽源等盆地及鸭绿江、图们江、辉发河、松花江谷地等。

吉林省地形自东向西可以分为五个地形区:长白熔岩高原与中山、吉东低山丘陵、东部山前冲积洪积台地、松嫩冲积平原、辽河沙丘覆盖的冲积平原。长白山最高峰,是我国境内天池西侧的白云峰,海拔2691米,为东北地区第一高峰。长白山也是松花江、鸭绿江、图们江等水系的发源地。

吉林省的河流众多,长度在30千米以上的河流有200多条,10千米以上的多达千条。这些河流分属松花江、图们江、鸭绿江、辽河和绥芬河五大水系。其中,松花江水系面积最大,主要河流有松花江、嫩江及其支流。主要的湖泊有长白山天池、松花湖（吉林省最大的人工湖泊）、雁鸣湖、查干湖和月亮泡。

【气候特征】

吉林省位于中纬度欧亚大陆的东侧，属于温带大陆性季风气候，四季分明，雨热同季。春季干燥风大，夏季高温多雨，秋季天高气爽，冬季寒冷漫长。从东南向西北由湿润气候过渡到半湿润气候再到半干旱气候。

吉林省气温、降水、温度、风以及气象灾害等都有明显的季节变化和地域差异。冬季平均气温在-11℃以下。夏季平原平均气温在23℃以上。吉林省气温年较差为35℃~42℃，日较差一般为10℃~14℃。2015年无霜期为100~160天。吉林省多年平均日照时数为2259~3016小时。年平均降水量为400~600毫米，但季节和区域差异较大，80%集中在夏季，以东部降雨量最为丰沛。正常年份，光、热、水分条件可以满足作物生长需要。

【行政区划】

吉林省辖1个副省级城市（长春市）、7个地市级城市（吉林市、四平市、白山市、通化市、辽源市、白城市和松原市）、1个少数民族自治州（延边朝鲜族自治州）和长白山保护开发区管理委员会。吉林省有21个县级市、19个县（其中有3个少数民族自治县，分别为伊通满族自治县、长白朝鲜族自治县和前郭尔罗斯蒙古族自治县）及20个市辖区。

【历史沿革】

早在远古时期，就有人类在吉林省这块土地上繁衍生息。距今约5万~1万年前出现的"寿山仙人洞""榆树人""安图人""青山头人"，是吉林省古人类文明形成的重要标志。

舜、禹至夏商周时期，吉林省境内的古代民族就开始与中原王朝建立了具有隶属性质的贡纳关系并逐渐成为中华民族的重要组成部分。这一时期形成了肃慎、秽貊、东胡、山戎、夫余等各民族地方政权。

公元前37—公元668年，高句丽活跃于吉林省，曾定都于集安丸都山和国内城，与东汉、曹魏、隋朝等中央政权时战时和，鼎盛时期其势力范围包括吉林东南部、辽河以东和朝鲜半岛北部。清康熙十二年（1673年），清廷建吉林城，命名"吉林乌拉"，吉林由此得名。1757年，"吉林"由原来城邑名称扩大为行政区称谓。吉林将军辖区大体包括松花江、绥芬河、牡丹江、图们江流域，西起开原威远堡边门，东至乌苏里江两岸和包括库页岛在内的沿江及海中诸岛，北起外兴安岭至日本海及黑龙江下游，南至长白山区。1800年，增设长春厅，为长春建制之始。1860年,中俄签订了《中俄北京条约》,原属吉林省的沿海地区被割让给俄国,吉林变成了内陆省。1907年,正式建吉林行省,设吉林巡抚(吉林省第一任巡抚为顾肇熙),省会设于吉林市。光绪帝尝试通过政治改革挽回清朝内忧外患的局面,他首先发布谕旨:裁撤东北三将军,设立奉天(今辽宁)、吉林、黑龙江三省;改盛京将军为东三省总督。1908年,吉林省组成巡抚衙门,吉林将军、吉林分巡道随之废除,吉林巡抚成为吉林省最高民政长官,并兼理旗务。1912年吉林省作为南京临时政府的22行省之一,区划沿清旧制不变。同年2月12日,清朝末代皇帝爱新觉罗·溥仪下诏退位,268年的清朝统治与2000多年的封建帝制宣告结束。同年4月15日,袁世凯下令各省督抚均改称都督。

1926年,中共北满地委在吉林省建立长春支部。1930年,于和龙县药水洞成立东北地区第一个农村苏维埃政权。1932—1945年期间,吉林省为东北抗日义勇军和东北抗日联军的游击战场,这一时期有杨靖宇、魏拯民、王德泰、王德林等抗日英雄。

1931年9月18日,日本帝国主义悍然发动"九一八事变",侵占了中国东北,吉林沦为日本的殖民地。同年9月19日,日军占领长春、四平等地。同年9月21日,吉林城沦陷。1932年3月9日,伪满洲国傀儡政权正式建立,以溥仪为执政,年号"大同",定都"新京"(今长春)。1934年,日本改"满洲国"为"满洲帝国",改"执政"为"皇帝",改年号"大同"为"康德"。1945年8月8日,苏联对日宣战。同年9日零时,苏军向日本关东军发动全面进攻。同年8月15日,日本天皇宣布无条件投降,吉林光复。同年8月18日,溥仪在通化宣布退位,伪满洲国灭亡。

1945年10月25日,中共中央东北局决定在长春成立吉合区党委,同时成立吉合区行政委员会,主任委员周保中。辖区包括吉林、合江以及松江之珠河以东地区。这是吉林省建立的第一个省级人民政权。1946年5月,我人民军队从吉林市撤出,国民党在此成立了吉林省政府。1945年4—5月,我人民军队发起了4次"四平战役"。1948年3月9日,我军占领吉林市。同年3月10日,中共吉林省政府迁至吉林市。1948年10月19日,驻长春国民党守军起义投诚,长春解放,自此吉林省全境解放。1954年9月27日,长春直辖市改为省辖,省会迁往长春。

【人口民族】

截至2015年年末,吉林省总人口为2753.3万人,其中城镇常住人口1522.9万人,占总人口比例(常住人口城镇化率)为55.31%。2015年出生人口16.16万人,出生率为5.87‰;死亡人口15.23万人,死亡率为5.53‰;自然增长率为

0.34‰。人口性别比为 101∶77（以女性为 100）。

吉林省是多民族省份，有朝鲜族、满族、蒙古族、回族和锡伯族等少数民族，少数民族人口 218.57 万人，占全省总人口的 7.96%。其中，朝鲜族 1 040 167 人，满族 866 365 人，蒙古族 145 039 人，回族 118 799 人，锡伯族 3113 人。除了以上 5 个少数民族，其他少数民族人口 12 222 人，人口最少的是独龙族，只有 1 人。满族、蒙古族、回族和锡伯族为世居民族，朝鲜族为清末时期和东北沦陷时期从朝鲜半岛迁移过来的难民。

吉林省有 4 个民族自治地方，即延边朝鲜族自治州和前郭尔罗斯蒙古族自治县、长白朝鲜族自治县、伊通满族自治县。吉林省少数民族人口数和占总人口比例，分别居于全国第 9 位和第 11 位。

【宗教信仰】

吉林省现有佛教、道教、伊斯兰教、天主教和基督教五种宗教。截至 2014 年年末，全省信教群众 191.6 万人，占全省人口总数的 6.98%。以信仰佛教、基督教者居多。宗教活动场所 2384 处，宗教教职人员 2765 人，以佛教、基督教占多数。

佛教于东晋咸安二年（372 年）传入今吉林省集安境内，此后逐渐传播到吉林省各地，距今已有 1600 余年的历史。佛教主要以禅宗和净土宗为主，宗派特点已不明显。全省现有寺庙主要分布在长春、吉林、辽源、松原、白城等地区。著名的佛教寺院为长春般若寺，占地 7200 平方米，是长春市最大的佛教寺庙；长春万寿寺是为乾隆皇帝祈寿的寺院，万寿寺始建于清朝嘉庆二年（1797 年），距今已有 220 年的历史；敦化市正觉寺是远近闻名的亚洲最大的尼众道场；前郭县妙因寺是吉林唯一一处藏传佛教活动场所。

道教传入吉林省是在公元 6 世纪下半叶，到元明两朝时中断，清康熙三年（1664 年）又传入。吉林省重要的道教宫观有通化市的玉皇阁和辽源市的福寿宫。享誉东北的吉林省道教祖庭通化市玉皇阁坐落于浑江北岸山水雄奇、园林秀色的玉皇山之巅，是吉林省境内规模最大的弘道基地；福寿宫坐落于辽源市龙首山南麓，是东北最大的道观之一，被誉为"华夏玄门第一楼"的辽源市魁星楼便矗立于此。

伊斯兰教传入吉林省已有 300 多年的历史。伊斯兰教清真寺在中国多采用宫殿式建筑。其中，长春市长通路清真寺和吉林市北清真寺在省内最为著名。位于长春市南关区长通路的清真寺，是长春创建最早、规模最大的伊斯兰教寺院，为吉林省和长春市伊斯兰教协会所在地，该寺是长春市现存最早的宗教建筑，每逢伊斯兰教盛大节日，各族穆斯林都会来到这里举行庆祝活动。北清真寺始建于清乾隆二十五年(1760年),位于吉林市船营区致和街道,它完全采用了阿拉伯式的建筑风格。大殿建筑面积为520平方米,能同时容纳500人做礼拜。

天主教于清道光二十年(1840年)传入吉林省,距今已有170多年的历史。由于历史原因,吉林省天主教信教群众大部分分布在农村。著名教堂有长春市天主教堂、吉林市天主教堂等。

基督教(新教)于清光绪十二年(1886年)传入吉林省,距今有130多年的历史。基督教堂一般为钟楼式建筑。长春西五马路基督教堂为吉林省最大的一座基督教堂。

吉林省内还存留有较为原始的萨满教习俗。九台市是中国萨满文化的重要遗存地,特别是石氏、关氏两大家族更是国内仅有的"萨满活化石"。

【交通状况】

吉林省位于东北地区中部,是重要的南北通道。吉林省的航空、铁路、公路和内河航运等交通比较发达,基本形成了以铁路为主、公路为辅,内河航运、航空运输和管道运输居次要地位的一个比较完善的交通运输体系。

吉林省的铁路网大体可分为西北—东南和西南—东北两个走向。全国主要铁路干线京哈线贯穿吉林南北。从吉林省内可直达哈尔滨、沈阳、大连、北京、天津、西安、石家庄、武汉、济南、南京、广州、上海等全国主要城市。截至2015年年末,吉林省铁路营运里程达到4877.4千米。目前吉林省已运营的高速铁路有哈大高速铁路(扶余—四平段)和长珲城际铁路。

截至2015年年末,吉林省公路总里程9.7万千米,其中等级公路总里程8.98万千米。吉林省公路总里程中,有高速公路2629千米。有"四纵二横"的102、201、202、203、302、303等国道。

吉林省主要通航河流有松花江、嫩江、图们江和鸭绿江。一般4月中旬至11月下旬为通航期。吉林省内河航道1789千米,有内河港口三个(大安港、吉林港、扶余港),年吞吐能力140万吨。

航空以长春为中心,以延吉、白山为补充,可直达北京、上海、广州、海口、宁波、大连、昆明、香港、深圳和韩国首尔、日本仙台等地。长春龙嘉国际机场和长白山机场是最重要的旅游机场,承担着绝大部分游客的中转集散功能。长春龙嘉国际机场距长春环城高速公路21千米,距吉林市外环公路62千米。这是我国目前唯一一个由两个中心城市共用的民航机场。长白山机场是中国第一个森林旅游机场。

【自然资源】

吉林省素有"黑土地之乡"之称。现有耕地面积553.78万公顷,人均耕地0.21公顷(3.05亩),是全国平均耕地面积的2.18倍;土地肥沃,盛产玉米、水稻、大豆、油料、杂粮等优质农产品,具有发展高效农业、绿色农业的有利条件。

吉林省是中国的重要林业基地,吉林省森林覆盖率达44.2%,东部地区达到70%以上,是国家生态建设试点省。长白山区素有"长白林海"之称,是中国六大林区之一,有红松、柞树、水曲柳、黄菠萝等树种。"长白松"为长白山特有的珍稀树种,因其树干挺拔、树皮鲜艳、树形娇美而被称作"美人松",并列入1999年国务院公布的《国家重点保护野生植物名录》。

吉林省是中国八大牧区之一。全省草地总面积69.1万公顷,占全省土地面积的3.6%,主要分布在东部山区丘陵和西部草原。东部草地零散、产草量高;西部草场辽阔,集中连片,草质好,尤以盛产羊草驰名中外,是适宜发展畜牧业的重要地区。

吉林省已探明储量的矿产资源有89种。其中油页岩、硅藻土、硅灰石、火山渣等11种矿产储量居全国首位,另有钼、锗、镍等41种矿产储量居全国前10位。其中,油页岩已查明储量占全国储量的54%,开发潜力十分巨大,集中在松原地区。长白山区拥有全国最大最好的矿泉水资源,是世界三大优质矿泉水水源地之一。

吉林省有野生植物3890种,东部长白山区野生药用植物资源丰富,吉林通化与云南的西双版纳和四川的峨眉山,并称为中国"三大天然药库"。

吉林省有陆生野生动物445种,占全国野生动物种类的17.66%,其中吉林省珲春市有"中国东北虎之乡"称号。国家一级保护动物品种有东北虎、豹、梅花鹿、东方白鹳、丹顶鹤、白鹤、大鸨等。

吉林省水资源总量为404.25亿立方米,每亩耕地可供水量503立方米。东部的地表水水资源大于西部,东部水资源多为地表水;西部地表水贫乏,而以地下水为多。以大黑山为界限,东部为足水区,西部为缺水区。

【文化艺术】

早期的吉林文学包括渤海文学、辽代文学、金代文学和清代文学。现存的渤海文学主要是诗歌与散文。辽代文学主要表现了契丹族的生产生活情景。金代文学主要表现了北方民族独特的游猎文化。清代文学表现了乌拉地区满族人民的渔猎、田园生活。著名的《松花江放船歌》就是玄烨(康熙)在康熙二十一年(1682年)巡视吉林时所赋。

新中国成立后,吉林文学获得空前发展。诗歌、小说、散文、报告文学、民间文学、儿童文学等各类文学创作以及文学理论批评等均硕果累累。吉林民间文学有着悠久的历史,并且流传广泛,既有浓郁的关东风情,又蕴含着各民族历史文化传统。特别是过去长白山区的挖参、放排、狩猎、淘金等活动演绎着层出不穷的民间故事。吉林当代蒙古族文学、朝鲜族文学和满族文学创作均走在全国前列。

吉林省戏曲艺术地方色彩浓郁,文化积淀深厚。主要表演艺术有二人转、东北秧歌、吉剧、新城戏和黄龙戏等。二人转,亦称"蹦蹦",是东北地区喜闻乐见的、具有浓郁地方色彩的民间艺术。二人转以唱为主,有舞有做又有"说口",其幽默热闹,粗犷泼辣,有浓厚的东北色彩。二人转常演节目有《打鸟》《卖线》等。东北秧歌,亦称"扭大秧歌",是北方诸民族盛行的娱乐舞蹈形式。它原为模仿稻作劳动的一种原始舞蹈,后来成为农闲或年节时间的化妆表演;又和古代祭祀农神祈求丰收、祈福禳灾时所唱的颂歌、禳歌有关,并在发展过程中不断吸收农歌、菱歌、民间武术、杂技以及戏曲的技艺与形式,从而由一般的演唱秧歌发展到今天广大群众喜闻乐见的一种民间歌舞。北方秧歌有两种:一种是绑着高木腿的表演,称为"踩高跷";另一种是在平地扭演的,称为"地蹦子"。吉剧是在东北二人转基础上发展形成的。吉剧的表演技巧是在二人转的五功,即唱、扮、舞、说(口说)、绝(手绢儿、扇子等绝活)的基础上,采撷其他剧种的长处逐渐形成的。手绢功是吉剧的特长。吉剧中长水袖的甩法也吸收了二人转的手绢和长绸子舞的技巧。其代表作为《包公赔情》《燕青卖线》《桃李梅》。

【特产美食】

白山市是东北三宝(人参、貂皮、鹿茸)的主要产地之一,市内有亚洲最大的长白山山货市场,商场集中了品种最齐全的长白山山货。

吉林盛产野生中药材,多达70余种,有党参、黄檗、贝母等。当地著名的土特产品还有红景天、林蛙、不老草、灵芝、蕨菜、薇菜、黑木耳等。红景天、不老草、林蛙一起被称为东北"新三宝"。

吉林当地的手工艺品有松花湖浪木根雕、松花湖奇石、树皮画、满族剪纸、吉林彩绘雕刻葫芦、黄柏木刻象棋、泥玩具、绢花、吉林手工彩绘木雕等。

吉林自古就有满、朝鲜、蒙古等民族繁衍生息,各民族文化和饮食习惯不同,如满族人喜食炖菜和面点,朝鲜族酷爱冷面和狗肉,蒙古族爱吃烤肉,这些特有的饮食习惯,形成了独特的多元饮食文化。伪满统治时期,宫中御膳房除北京的清宫御厨外,山东名厨也纷至沓来,使山东菜、宫廷菜与吉林民间菜肴相互交融,形成了精烹山珍野味,重刀工、勺工,以炸、熘、爆、炖、拌、酱为技法特点的吉林风味美食。

吉林用当地物产烹制的长白山珍宴、松江水味宴、江城蚕宝宴、参芪药膳席、梅花鹿全席等名扬四海。吉林名菜有清蒸白鱼、人参鸡、烧鹿尾、满族八大碗等,著名小吃有李连贵熏肉大饼、黏豆包、蘸酱菜和朝族泡菜、冷面、打糕等。

【民俗风情】

吉林省主要少数民族为朝鲜族、满族、蒙古族,分别有着各自不同的民俗风情。

朝鲜族。吉林省是朝鲜族的主要聚居地。朝鲜族有自己的语言文字,具有吃苦耐劳、坚强勇敢的优良品质。朝鲜族人爱穿素白服,注重礼仪,尊老爱幼,能歌善舞。

满族。吉林省是满族的发源地之一。满族有自己的语言文字,现已通用汉语文。旗袍已成为中国传统女装。满族传统的礼俗、祭俗、婚俗、葬俗等,现在还影响着很多地区。满族饮食独具特色,"满汉全席"闻名遐迩。

蒙古族。蒙古族有自己的语言文字,能歌善舞。每逢自治县、民族乡成立纪念日和蒙古族的传统节日,都会举办那达慕大会,开展赛马、叼羊、摔跤等民族体育活动和歌舞表演。

吉林乡间民俗风情被概括为"窗户纸糊在外、土坯房子篱笆寨、黄土打墙墙不倒、烟囱安在山墙边、索勒杆子戳门外"。

【旅游资源】

吉林省具有丰富、优越和独特的旅游资源,自然景观千姿百态,人文景观独具特色,此外,吉林东南与朝鲜接壤,省内有多个朝鲜族聚居地,常举办独具特色的朝鲜民俗会。

吉林省主要自然景观有长白山景区、吉林雾凇、长春净月潭国家森林公园、吉林松花湖风景名胜区、向海湿地自然保护区等。

长白山是中华十大名山之一,"雄山托天池,林海藏珍奇""一山有四季,十里不同天",是世人瞩目的神奇之地。天池是中国最大的火山口湖。长白山天池"怪兽"的传说,更增添了其神秘色彩。长白山瀑布从天池一角,如玉带从天坠下,是松花江、图们江、鸭绿江之源。

吉林雾凇冰清玉洁,以其"冬天里的春天"般的诗情画意,同桂林山水、云南石林、长江三峡一起被誉为中国四大自然奇观。

长春净月潭国家森林公园,位于长春市东南部,距市中心仅18千米,堪称"大都市中难得的一块净土"。净月潭绿荫如盖,潭水清澈,森林浩瀚,其规模为亚洲人工林之最。

吉林松花湖风景名胜区,位于吉林省吉林市境内的松花江上。松花湖是吉林省最大的湖泊,也是1937年拦截松花江水、建设丰满水电站形成的人工湖。

向海湿地自然保护区位于吉林省通榆县境内,是以保护丹顶鹤等珍稀水禽和蒙古黄榆等稀有植物群落为主要目的的内陆湿地与水域生态系统类型的自然保护区。

吉林省主要人文景观有伪满皇宫博物院(长春伪皇宫)、高句丽王城文化遗址、长影世纪城等。

伪满皇宫博物院位于长春市光复路北侧,是建立在伪满皇宫旧址上的宫廷遗址博物馆,是中国现存的三大宫廷遗址之一。伪满皇宫是中国清朝末代皇帝爱新觉罗·溥仪充当伪满洲国"皇帝"时居住的宫殿,是日本帝国主义武力侵占中国东北推行法西斯殖民统治的历史见证。

高句丽王城文化遗址位于集安市,由国内城、丸都山城、王陵(14座)及贵族墓葬(261座)组成,是公元1—7世纪奴隶制国家高句丽王朝的遗迹。在集安市周围的平原上,分布着1万多座高句丽时代的古墓,这就是闻名海内外的"洞沟古墓群"。其中太王陵、将军坟和千秋墓等,规模宏大。将军坟外观呈截尖方锥形,故有"东方金字塔"之称。

长影世纪城位于长春市净月潭西畔,是中国独有的世界级特效电影主题公园,被人们誉为"世界特效电影之都"。园区娱乐项目都设在室内,四季对外开放。

截至2016年年底,吉林省有世界文化遗产1处,即高句丽王城、王陵及贵族墓葬;国家级5A级旅游景区6处,分别是长白山景区、长春市宽城区伪满皇宫博物院、长春市南关区净月潭景区、长春市南关区长影世纪城景区、延边朝鲜族自治州敦化市六鼎山文化旅游区、长春市南关区世界雕塑公园景区。有吉林市、集安市2个国家历史文化名城。有国家级地质公园5处,分别是吉林靖宇火山矿泉群国家地质公园、吉林长白山火山国家地质公园、吉林乾安泥林国家地质公园、吉林抚松地质公园、吉林四平地质公园。有国家级风景名胜区4处,分别是松花湖风景名胜区、八大部—净月潭风景名胜区、仙景台风景名胜区、防川风景名胜区。吉林省有国家级旅游度假区1处,即长白山旅游度假区。

第八章
黑龙江省基本概况

黑龙江省位于中国的东北部,是中国位置最北、最东的省份。因境内最大的河流黑龙江而得名,简称"黑"。省会驻地哈尔滨市。哈尔滨有代表世界多种建筑风格的建筑物近百处,素有"东方小巴黎""东方莫斯科"之称。

【地理环境】

黑龙江省的北部和东部以黑龙江和乌苏里江主航道与俄罗斯为界,北至漠河以北的黑龙江主航道,东至抚远县东北黑龙江与乌苏里江主航道交汇处,是亚洲与太平洋地区陆路通往俄罗斯远东和欧洲大陆的重要通道;西部与南部分别与内蒙古和吉林省相邻,面积47.3万平方千米(含加格达奇区和松岭区)。

黑龙江省地形的自然特点大致是西北部、北部和东南部高,东北部、西南部低。主要由逶迤起伏的山地、台地、平原和水面构成。整个地形特征可以概括为"五山一水一草三分田"。山地占全省总面积的58%,海拔多为300~1000米。西北部为大兴安岭山地,北部为小兴安岭山地,东南部主要由张广才岭、完达山、老爷岭等山区构成。兴安山地与东部山地的山前为台地,台地海拔高度为200~350米,面积占全省总面积的14%;平原海拔高度为50~200米,面积占全省总面积的28%。有黑龙江、乌苏里江、松花江、绥芬河四大水系。主要湖泊有兴凯湖、镜泊湖、连环湖、五大连池等。山地、平原、河流、湖泊交叉分布,是黑龙江省地形地貌的主要特征。

东北部的三江平原、西部的松嫩平原,是中国面积最大的平原——东北平原的一部分。省内最高点是位于黑龙江省五常市东南,海拔1690米的大秃顶子山。

【气候特征】

黑龙江省属于寒温带与温带大陆性季风气候。全省从南向北,依温度指标可分为中温带和寒温带;从东向西,依干燥度指标可分为湿润区、半湿润区和半干旱区。全省气候的主要特征是春季低温干旱,夏季温热多雨,秋季易涝早霜,冬季寒冷漫长,无霜期短,气候地域性差异大。

全省年平均气温为-5℃~5℃,由南向北降低,大致以嫩江、伊春一线为0℃等值线。无霜期全省平均介于100~150天,南部和东部为140~150天。大部分地区初霜冻在9月下旬出现,终霜冻在4月下旬至5月上旬结束。由于冬季低温,江河湖所形成的结冰厚度一般为0.8~1.5米,因此,冬季江河湖冰面上行人、车马来往犹如坦途,载重汽车也通行无阻。漠河曾出现过-52.3℃的极端低温记录(1969年2月3日)。

黑龙江省的降水表现出明显的季风性特征。黑龙江省大气降水主要来源是夏季东南季风所带来的暖湿空气。全省年降水量多介于400~650毫米,中部山区多,东部次之,西、北部少。全省的降水多集中在夏季各月,雨量丰沛,占全年降水量的60%左右。冬季在中高纬度大陆气团控制下,空气干燥,降水稀少,而且全为降雪,占全年降水量的4%。特别是1月降水最少,而7月最多,秋雨多于春雨。

黑龙江省太阳光热资源比较丰富,全省年日照时数为2400~2800小时,其中生长季日照时数占总时数的44%~48%,西多东少。平原地区一般光热条件较好,但水分条件差。如松嫩平原西部,光热成为全省最充足的地区,但这里树木较少,降水量较少,故旱情较为频繁。山区则热量条件不足,低温、冷寒,影响农业发展。

漠河县是我国最北部的边陲县城,每年夏至时,白天长达21小时,是我国白天最长的地方。

【行政区划】

截至2015年,黑龙江省下辖13个地级市行政辖区(辖12个地级市、1个地区),分别是哈尔滨、齐齐哈尔、牡丹江、佳木斯、大庆、鸡西、双鸭山、鹤岗、绥化、七台河、伊春、黑河和大兴安岭地区。65个市辖区、19个县级市、43个县、1个自治县(合计128个县级行政区划单位)。其中,副省级城市一座:哈尔滨;区域性中心综合型城市4座:哈尔滨、齐齐哈尔、牡丹江、佳木斯。

【历史沿革】

在黑龙江这块肥沃的黑土地上,远古时期就有人类活动,据史学家考证,最早期的人类活动出现在 17.5 万年前,1996 年在阿城出土的旧石器时代的骨制工具揭示了黑龙江省有人类活动的历史,之后旧石器时代晚期人类的活动更加频繁。考古工作者在许多地方相继发现旧石器时代晚期的文化遗存,其中最有代表性的是"哈尔滨人"遗址。

"哈尔滨人"遗址位于哈尔滨市西南郊阎家岗机场附近,1982 年考古工作者开始对该遗址进行发掘,发现了丰富的第四纪动物群化石,出土猛犸、披毛犀、东北野牛、鹿、野猪、羚羊等化石千余件,同时还伴随出土一块人类头骨化石和石片、石杵、砍砸器等打制石器。据专家鉴定,出土的动物化石和人类头骨化石的年代距今约 2.3 万年,出土的人类头骨化石被定名为"哈尔滨人"。"哈尔滨人"的体质特征已和现代人大体一致,已经进入母系氏族公社的早期阶段,处于旧石器时代晚期。

在"哈尔滨人"之后,又过了 1 万多年,黑龙江地区的古人类进入新石器时代。主要带有浓厚的渔猎和狩猎文化特色,包括分布在东部地区的新开流文化、西部地区的昂昂溪文化,掌握了原始的锄耕农业并开始定居生活的东南部地区的莺歌岭下层文化等。

商周时期黑龙江地区的古代先民由西向东,形成了东胡、秽貊、肃慎三大族系,并分别由原始社会末期向文明时代过渡。

战国以后,属于秽貊族系的夫余人在黑龙江地区建立了第一个国家政权。先后隶属汉朝、晋朝,494 年归降高丽国,夫余至此亡国。

秦以后,在黑龙江地区生息活动的先后有挹娄人、夫余人、鲜卑人、勿吉人和靺鞨人等。

698 年,粟末靺鞨首领大祚荣建立渤海国,最盛时辖 5 京 15 府 62 州,地跨今黑龙江东部和南部。定都上京(今宁安)。

1115 年,金太祖完颜阿骨打定都会宁府(今阿城),直至海陵王贞元元年(1153 年)。

元设开元路、水达达路,隶属辽阳行省。

明设奴儿干都司。

清设黑龙江将军和吉林将军,管辖黑龙江地区。

1858 年和 1860 年,沙俄通过不平等的《中俄瑷珲条约》和《中俄北京条约》,强行割占了黑龙江以北,乌苏里江以东 100 多万平方千米的土地,使黑龙江省和吉林省的行政区域大为缩小。

1949年中华人民共和国成立后,黑龙江地区在中华人民共和国成立之初仍设松江、黑龙江两省。1954年8月,松江省建制撤销与黑龙江省合并为新的黑龙江省,省会由齐齐哈尔市迁往哈尔滨市。

在历史上,黑龙江省第一个省会是黑河市(黑龙江城、瑷珲城),第二个省会是嫩江(墨尔根),第三个省会是齐齐哈尔,第四个省会是哈尔滨。

东北抗日联军是在中国共产党领导下的一支英雄部队,在黑龙江彪炳史册的抗联英雄有杨靖宇、赵尚志、赵一曼;"八女投江"英雄冷云、胡秀芝、杨贵珍、郭桂琴、黄桂清、李凤善、王惠民、安顺福8烈士;李兆麟、周保中等。

【人口民族】

2015年年末全省常住总人口为3812万人,人口密度(含加格达奇区和松岭区)为81人/平方千米。全年出生人口22.87万人,出生率为6.0‰;死亡人口25.16万人,死亡率为6.6‰;自然增长率为-0.6‰。

常住人口中城镇人口为2241.5万人,占全省总人口的58.8%;乡村人口为1570.5万人,占全省总人口的41.2%。

常住总人口中0~14岁的人口为423.1万人,占总人口的11.1%;15~64岁的人口为2973.4万人,占总人口的78.0%;65岁及以上人口为415.5人,占总人口的10.9%。

黑龙江省是一个多民族、散杂居的边疆省份。截至2015年,少数民族人口近200万人,占全省总人口的5.26%。其中世居黑龙江省的有满、朝鲜、蒙古、回、达斡尔、锡伯、赫哲、鄂伦春、鄂温克和柯尔克孜10个少数民族。10个世居少数民族中,满族、朝鲜族、蒙古族、回族4个民族人口超过10万人,达斡尔族人口4.3万人,其余5个民族人口不足万人。赫哲族有3910人,是黑龙江省独有民族。鄂伦春族3871人。

【宗教信仰】

黑龙江地区是一个多民族多宗教的地区。主要的宗教形式有三种:萨满教,是通古斯语系的所有少数民族都信仰的原始宗教;从中原及周围地区传入的佛教、道教和伊斯兰教;19世纪末传入的以东正教为主的西方宗教。这些宗教形式先后在白山黑水之间,在不同的民族之中和不同的区域范围内广泛存在,并历经了漫长的历史演变。

在通古斯语言中,巫师称作"萨满",萨满教由此而来。萨满教没有成文的经典,没有宗教组织者或创始人,没有庙宇,没有统一的宗教礼仪。巫师的职位通常是口头承认的。但它仍在民间具有很大的影响力。

佛教传入黑龙江地区始于唐代渤海国时期。同时,来自西藏的佛教(喇嘛教)开始在黑龙江地区西部传播。清初在肇源县建立的衍福寺如今仅幸存的东西白塔是黑龙江地区喇嘛教的唯一建筑。华严寺坐落于哈尔滨市南岗区,始建于1922年,是哈尔滨最古老、保存最完整的尼僧寺院。极乐寺位于哈尔滨市南岗区,建于民国十二年(1923年),与长春般若寺、沈阳慈恩寺、营口楞严寺并称为"北方四大佛教丛林"。

道教唐代传入黑龙江地区,兴盛于金朝,在清代至民国时期流传较广,其后渐衰,今略有复兴。目前,黑龙江地区著名的道教庙宇有阿城松峰山海云观、虎林市虎头镇关帝庙和牡丹江天仙庙等。

伊斯兰教传入黑龙江地区是随着信仰伊斯兰教民族人口迁徙而来。历史考证说明,回族从清朝初年开始大批迁徙到黑龙江地区的齐齐哈尔、呼兰、阿城等城镇和农村。黑龙江地区最早、最大的伊斯兰教寺院是齐齐哈尔的卜奎清真寺。

东正教清初传入黑龙江地区,与沙俄侵华密切相关。1898年以后,随着中东铁路的修筑,东正教开始大规模进入黑龙江地区,并成为外来宗教的主导势力。1898年建于哈尔滨香坊区香政街的圣·尼古拉教堂是黑龙江地区出现的第一座东正教教堂,哈尔滨市的圣·索菲亚大教堂曾是远东地区最大的东正教教堂。

【交通状况】

黑龙江省铁路以哈尔滨为中心,向四周辐射,并以齐齐哈尔、牡丹江和佳木斯为主要枢纽。主要铁路有京哈铁路、滨绥铁路、滨洲铁路、滨北—北黑铁路、平齐铁路、哈佳铁路、富西铁路、牡佳铁路等。哈大高速铁路是中国严寒地区设计建设标准最高的一条高速铁路,北起黑龙江省哈尔滨市,南抵滨海城市大连,线路纵贯东北三省,途经哈尔滨、长春、沈阳、大连四个副省级城市。哈齐高速铁路,简称哈齐高铁,又名哈齐客运专线,是黑龙江省省会哈尔滨市至齐齐哈尔市之间的高速铁路客运专线,也是黑龙江省第一条省内城际间客运专线。哈齐高速铁路起自哈尔滨市,止于齐齐哈尔市,途经哈尔滨、绥化、大庆和齐齐哈尔等4个地级市,线路全长为282千米。

黑龙江省拥有哈尔滨太平国际机场、齐齐哈尔三家子机场、牡丹江海浪机场、佳木斯东郊机场、大庆萨尔图机场、伊春林都机场等。哈尔滨太平国际机场是黑龙江省的枢纽机场,地处东北亚中心位置,是东南亚至北美航线的经停点,是中国东北地区最繁忙的三大国际航空港之一,也是全国通航俄罗斯航线最多的机场。据统计,截至2015年年底,共有37家国内外航空公司在哈尔滨太平国际机场投入运营,开通国内、国际航线142条,其中国内航线120条,国际及港、澳、台地区航线22条,通航城市86个。航线网络覆盖全国主要省会城市、重点旅游城市及俄罗斯、韩国、日本等国家。

公路交通在黑龙江省占有很大比例。由于铁路主要在以哈尔滨为中心的南部,只有几条主要干线,铁路密度小,广大北部、东部地区仍以公路运输为主,主要线路有301、111、221、102、221、202等国道。

【自然资源】

黑龙江省全省耕地面积居全国第1位,人均耕地面积0.416公顷(合6.24亩),居全国第1位;农业人口人均占有粮食居全国第1位,大豆产量居全国第1位,甜菜产量居全国第1位,大中型拖拉机拥有量居全国第1位。黑龙江省每年为国家提供商品粮约900万吨。

农垦系统在黑龙江省农业中占有重要地位,共有9个农场管理局,垦区主要集中在东部的佳木斯地区。

黑龙江省山地森林茂密,是我国森林资源最丰富的省份,木材蓄积量占全国1/4,居全国首位。全省森林覆盖率46.14%,主要树种为红松和落叶松,可以划分为三大林区。大兴安岭的主要树种有兴安落叶松、樟子松、云杉、白桦、山杨、栎等;小兴安岭的主要树种有红松、云杉、冷杉、紫椴等;东南山地的主要树种有红松、水曲柳、黄菠萝等。伊春为我国著名的林业城市之一。

黑龙江省植物资源丰富,全省共有高等植物2400余种。其种类数量居东北地区首位。其中种子植物176种,占全国总种数的72%。

黑龙江省野生动物资源十分丰富。其特殊的气候和地理环境使动物门类比较齐全,其中,国家一级重点保护野生动物有东北虎、丹顶鹤、白鹤等17种;国家二级重点保护野生动物有黑熊、马鹿、天鹅等67种。

全省多年平均水资源量为810.3亿立方米,人均水量2160立方米,均低于全国平均水平。

黑龙江省的矿产资源以石油、煤炭、黄金、石墨最为著名。大庆油田是继新中国第一座大油田——克拉玛依油田被发现后,于1959年发现的又一个大油田,而后发展成为中国最大的油田,世界级特大砂岩油田。主要煤矿分布地有鸡西、鹤岗、双鸭山、七台河。

【文化艺术】

黑龙江地区文学起步较晚,7世纪渤海国时期出现了杨师泰、王孝廉等贵族诗人,黑龙江大地呈现出一线文学的曙光。清代后期各方流民冲破清廷对东北的封禁,大批涌入黑龙江地区,形成谋生存、闯关东的浩大洪流。至清末,以汉族为主体的流寓人士创造的流寓文化、流人文化,自然地上升到黑龙江地区历史文化的主导地位。在众多的流人文化遗存中,有第一部诗集《何陋居集》、第一部散文集《域外集》、第一部山水志《宁古塔山水记》、第一部戏剧作品《龙沙剑传奇》与第一部书信集《归来草堂尺牍》,这些作品均出自流放到黑龙江的清代流人方拱乾、张缙彦、吴兆骞等人之手。张缙彦还曾建立了黑龙江地区第一个诗社——"七子诗会"。20世纪30年代,涌现出萧红、萧军、白朗、罗烽、舒群等著名作家。萧红(1911—1942),中国近现代女作家,与吕碧城、石评梅、张爱玲并称"民国四大才女",被誉为"20世纪30年代的文学洛神"。萧红学名张秀环,后由外祖父改名为张廼莹,笔名萧红、悄吟等。1933年,以悄吟为笔名发表第一篇小说《弃儿》。1935年,在鲁迅的支持下,萧红发表成名作《生死场》。著有散文《孤独的生活》、长篇组诗《砂粒》、中篇小说《马伯乐》、长篇小说《呼兰河传》等。20世纪80年代,一批知青作家闪耀文坛,以知青文学成名的代表作家有张抗抗、梁晓声等。张抗抗,黑龙江省作家协会名誉主席,已发表小说、散文共计600余万字,出版各类文学专著80余种,代表作有长篇小说《隐形伴侣》《赤彤丹朱》《情爱画廊》《作女》《张抗抗自选集》(5卷)等,知青题材的小说《淡淡的晨雾》《北极光》等,普通青年和大学生题材的小说《我要的不是这些》《飞走了,鸽子》等。梁晓声,创作出版过大量有影响的小说、散文、随笔及影视作品。他创作的北大荒知青题材的系列小说有《这是一片神奇的土地》《今夜有暴风雪》《雪城》《师恩难忘》《年轮》等。

黑龙江省美术以版画闻名。冰雕艺术自20世纪60年代初在哈尔滨发展起来,至今已产生广泛影响。赫哲族人的鱼皮画表现出了极高的艺术水准,具有非常高的审美价值与收藏价值。赫哲族、鄂伦春族艺人以原始森林的桦树皮为原材料,利用桦树皮的自然纹理,经过巧妙加工的桦树皮工艺品,给人以返璞归真、回归自然之感。

黑龙江省喜闻乐见的文艺形式主要有龙江剧、二人转、大秧歌等。二人转是在东北秧歌、民歌基础上,吸收借鉴了莲花落、评剧、皮影等艺术逐渐发展起来的,流传于东北三省,在黑龙江省形成北路的特点——表演细腻,唱腔优美,以唱功取胜。龙江剧是新中国成立以来在二人转基础上形成的新剧种,乡土味浓郁。

【特产美食】

黑龙江省的土特产有:东北大米、哈尔滨红肠、酒糖;大马哈鱼、鱼子酱、林蛙、鲟鳇鱼;野生蘑菇(元蘑、榛蘑、猴头蘑被人们称做东北"三大蘑菇";还有桦树蘑、松茸等)、黑木耳;蕨菜、薇菜;北五味子、龙胆草、刺五加;貂皮、鹿茸、灵芝、人参;野樱桃、都柿、黑加仑;松子、榛子等。

黑龙江省物产丰富,烹调原料门类齐全,人们称它"北有粮仓,南有渔场,西有畜群,东有果园,一年四季食不愁"。习惯上多食杂粮,副食品种多,喜食鱼虾和野味,口味以咸鲜为主。食法多蘸、拌,喜食渍酸菜和火锅,菜码大,分量足。

黑龙江省菜品炖菜较多,有小鸡炖蘑菇、酸菜白肉炖粉条、得莫利炖鱼、鲶鱼炖茄子、牛肉炖柿子(源于俄罗斯的苏波汤)、氽白肉血肠、排骨炖豆角、东北乱炖等。种类不限、搭配方式多样,其他菜品有地三鲜、锅包肉、烧茄子、虎皮肘子、黄瓜拉皮等。主食有当地大米、黏豆包、炸三角、大列巴等。

【民俗风情】

以农耕为主的满族、朝鲜族,以捕鱼为生的赫哲族,以狩猎为生的鄂伦春族和以牧业为主的蒙古族、达斡尔族,这些民族保留着北方少数民族所特有的民俗风情。

黑龙江人在过去有"关东三大怪":"窗户纸糊在外,大姑娘叼着个大烟袋,养活孩子吊起来。"

【旅游资源】

黑龙江省地域辽阔,四季分明,文化厚重,物产丰富。旅游资源特色鲜明。

冰雪旅游:黑龙江省大部分区域处于中温带,山区冬季雪量大,雪期长(120天左右),雪质好,适于滑雪旅游。滑雪资源主要集中在四大区域:哈尔滨市、伊春市、牡丹江市和大兴安岭地区。著名景点有哈尔滨亚布力滑雪场、海林雪乡、中国雪谷、哈尔滨冰雪大世界等。

避暑旅游:黑龙江省夏季凉爽,众多的江河湖泊和浩瀚的林区是避暑的好去处。著名景点有五大连池、镜泊湖、太阳岛、明月岛、晨星岛、兴凯湖、莲花湖等。

湿地旅游:中国46个世界重要湿地,黑龙江省就有8个。黑龙江省湿地景观类型丰富而独特。著名湿地景区是2016年获评的"黑龙江十大最美湿地":哈尔滨万顷松江湿地、珍宝岛东方红湿地国家级自然保护区、南瓮河国家级自然保护区、兴凯湖国家级自然保护区、五大连池国家级自然保护区、挠力河国家级自然保护区、扎龙国家级自然保护区、三江国家级自然保护区、大沽河湿地国家级自然保护区和富锦国家湿地公园。

边境旅游:黑龙江省与俄罗斯接壤,有25个开放口岸,其中17个已经成为旅游口岸,绥芬河、黑河、东宁、抚远的边境出入境游客量排在前4位。

森林旅游:黑龙江省境内有大小兴安岭、张广才岭和完达山脉等林区,森林覆盖率达 42.9%,可开发系列森林旅游产品。著名景点有五营国家森林公园等。

截至 2016 年年底,黑龙江省境内被列入国家级、世界级的资源情况如下:

黑龙江省有哈尔滨市松北区太阳岛景区、黑河市五大连池市五大连池景区、牡丹江市宁安市镜泊湖景区、伊春市汤旺河区林海奇石景区、大兴安岭地区漠河县北极村旅游景区 5 处国家级 5A 级旅游景区。

黑龙江省有哈尔滨市、齐齐哈尔市 2 座国家历史文化名城。

黑龙江省有世界地质公园 2 处,分别是五大连池世界地质公园、镜泊湖世界地质公园;国家地质公园 5 处,分别是黑龙江嘉荫恐龙国家地质公园、黑龙江伊春花岗岩石林国家地质公园、黑龙江伊春小兴安岭国家地质公园(由原茅兰沟和桃山地质公园两个省级地质公园组成)、黑龙江凤凰山国家地质公园、黑龙江山口国家地质公园。

黑龙江省有国家级风景名胜区 4 处,分别是镜泊湖风景名胜区、五大连池风景名胜区、太阳岛风景名胜区、大沾河风景名胜区。

黑龙江省有国家级自然保护区 29 处,其中扎龙国家级自然保护区是我国第一个大型水禽保护区。

华东地区

第九章
上海市基本概况

上海是中华人民共和国直辖市、国际经济、金融、贸易、航运中心。简称"沪",别称"申"。面积6340.5万平方千米。

【地理环境】

上海市位于太平洋西岸,亚洲大陆东沿,中国南北海岸中心点,长江和黄浦江入海汇合处。北界长江入海口,东临东海,南接杭州湾,西与江苏和浙江两省接壤。

上海是长江经年累月携带泥沙在河口附近形成的冲积平原一部分,境内除西南部有少数丘陵山脉外,多为坦荡低平的平原,平均海拔为4米。境内有崇明、长兴、横沙三个岛屿,其中崇明岛是中国的第三大岛。大金山为上海最高点,海拔仅103.4米。

上海市境内江、河、湖、塘相间,水网交织,河道长度2万余千米,上海河网大多属黄浦江水系,主要有黄浦江及其支流苏州河、川扬河、淀浦河等。黄浦江流经市区,终年不冻,是上海的水上交通要道。黄浦江干流全长113.5千米,河宽大多为300~700米,其上游在松江区米市渡处承接太湖、阳澄淀泖地区和杭嘉湖平原来水,贯穿上海至吴淞口汇入长江口。吴淞江发源于太湖瓜泾口,在市区外白渡桥附近汇入黄浦江,全长125千米,其中上海境内54千米,俗称苏州河,为黄浦江主要支流。上海的湖泊集中在与苏、浙交界的西部洼地,最大的湖泊为淀山湖,面积为62平方千米。

【气候特征】

上海属北亚热带季风性气候,四季分明,日照充分,雨量充沛。上海气候温和湿润,春秋较短,冬夏较长。2015年全市平均气温17.1℃,无霜期269天,降水量1649.1毫米。全年60%以上的雨量集中在6—9月的汛期。汛期又分春雨、梅雨、秋雨三个雨季。

【行政区划】

上海市辖有16个区：黄浦区、徐汇区、长宁区、静安区、普陀区、虹口区、杨浦区、闵行区、宝山区、嘉定区、浦东区、金山区、松江区、青浦区、奉贤区、崇明区。

【历史沿革】

相传春秋战国时期，上海曾经是楚国春申君黄歇的封邑，故上海别称为"申"。四五世纪时的晋朝，以捕鱼为生的居民创造了一种竹编的捕鱼工具叫"扈"，又因为当时江流入海处称"渎"，因此松江下游一带被称为"扈渎"，以后又改"扈"为"沪（沪）"。

唐天宝十年（751年），上海地区属华亭县（现今的松江区）。两宋间因松江上游不断淤浅，海岸线东移，大船出入不便，外来船舶只得停泊在松江的一条支流"上海浦"（其位置在今外滩以东至十六铺附近的黄浦江中）上。南宋咸淳三年（1267年）在上海浦西岸设置市镇，定名为上海镇。元至元二十九年（1292年），元朝中央政府把上海镇从华亭县划出，批准上海设立上海县，标志着上海建城之始。

明代中叶（16世纪），上海已成为全国棉纺织手工业中心。清康熙二十四年（1685年），清政府在上海设立海关。鸦片战争以后，最早开辟了英租界，上海被殖民主义者辟为"通商口岸"，逐渐发展成为亚洲最繁华的大都市，并有"十里洋场""东方巴黎"等称号。1921年7月23日中国共产党13人在今兴业路76号召开第一次全国代表大会。1923年上海商业储蓄银行旅行部成立，标志着中国旅游业的诞生。1949年5月27日上海解放，获得新生。

新中国成立后，揭开了上海发展的新篇章。上海市1996年被评为国家历史文化名城，2001年6月浦东新区成立，2010年成功举办了上海世博会，2013年9月29日中国（上海）自由贸易试验区正式成立，成为人们心目中的"魔都"。

【人口民族】

截至2015年年末，全市常住人口2415.27万人，其中外来常住人口981.65万人，户籍常住人口1433.62万人。上海是全国第一个出现人口自然变动负增长的省级行政区。2015年，全市户籍常住人口出生率为7.25‰，死亡率为8.03‰，自然增长率为-0.78‰。

据第六次全国人口普查，上海市少数民族有55个，人口27.56万人，占全市总人口的1.2%。其中回族、土家族、苗族、满族、朝鲜族等5个少数民族人口均在 2 万人以上。

上海已逐渐成为全国境外人员最集聚的地区之一。据第六次全国人口普查，2010 年，居住在上海并接受普查登记的境外人员共有 20.83 万人。其中，外籍人员 14.32 万人，占境外人员的 68.7%；港澳台居民 6.51 万人，占境外人员的 31.3%。

【宗教信仰】

和中国内地其他地方一样，上海有 5 种宗教是得到中国政府承认的合法宗教：道教、佛教、伊斯兰教、天主教和新教。上海有宗教信仰群众 88.76 万人，已登记开放的宗教活动场所有 394 个，有宗教团体 85 个，在沪宗教院校 4 所。历史上上海还曾经存在过许多其他宗教，例如犹太教、东正教、锡克教等。

【交通状况】

上海市交通四通八达，是中国铁路枢纽、民用航空运输中心及邮轮母港。上海国际航运中心建设取得重大突破，建成了外高桥码头、洋山深水港和吴淞口国际邮轮码头；航空运输方面，上海有虹桥、浦东两大机场，建成了 4 座航站楼、6 条跑道；铁路方面，上海拥有上海站、上海南站、上海虹桥站三个铁路主客运站，坐高铁实现了从上海出发，5 小时可到武汉，7 小时可到广州，9 小时可到贵阳，12 小时可到哈尔滨，据统计，目前，上海铁路局所开行的动车组列车一日可抵的省、直辖市、自治区达 20 个左右。

上海市内交通已形成了由地面道路、高架道路、越江隧道和大桥以及地铁、高架式轨道交通组成的立体型市内交通网络，城市内部轨道交通基本成网。

【自然资源】

上海境内缺乏金属矿产资源，20 世纪 70 年代以来开始在近海寻找油气资源，据初步估算，东海大陆架油气资源储量约有 60 亿吨，是中国近海海域最大的含油气盆地。附近的南黄海，经过调查和勘探，也发现油气资源，估算有 2.9 亿吨储量。东海海水中化学资源丰富，在长江口浅海底下，还发现一些矿物异常区，有锆石、钛铁砂、石榴石、金红石等重要矿物。

上海市境内天然植被残剩不多，绝大部分是人工栽培作物和林木。动物资源主要是畜禽品种，野生动物种类已十分稀少。水产资源丰富，共有鱼类 177 属 226 种，其中淡水鱼 171 种，海水鱼 55 种。

【文化艺术】

上海的海派文化氛围，为作家们提供了多元创作空间。鲁迅、茅盾、巴金等著名的作家都曾经在上海定居生活,并留下了著作,如茅盾先生的小说《子夜》就以20世纪30年代的上海为原型创作,巴金在上海创作了长篇小说《寒夜》和《随想录》,张爱玲和王安忆是上海独特文化孕育的著名女作家。鲁迅先生的墓地就在今天上海鲁迅公园内。

电影传入中国从上海开始。从1896年到1898年,一个美国商人先后在上海短期放映美、法等国的短片,并在当时《申报》上刊登电影广告,引起轰动。1931年华光片上有声电影公司在日本完成中国第一部片上发音影片《雨过天晴》。1949年前,中国的电影业基本集中于上海,而在上海有过制片活动的电影企业,总数约200家,培育了田汉、夏衍等著名的剧作家和周璇、胡蝶和阮玲玉等电影明星。上海国际电影节创办于1993年,是国际九大A类电影节之一,最高奖项为"金爵奖"。上海也是话剧的首创地,出现了洪深、欧阳予倩等代表性人物。

上海也是中国著名的近现代绘画文化基地,特别是20世纪30年代,以上海为中心的现代主义艺术呈现国际化和大众化,绘画及其他视觉艺术形态丰富,上海与巴黎、纽约、东京等城市,形成了文化传播互动交流。刘海粟1912年创立中国第一家美术学校,著名漫画家张乐平、国画大师黄宾虹都是著名代表人物,1996年创办的上海美术"双年展"成为一个亮丽的名片。

上海非物质文化遗产类列入国家级非物质文化遗产名录的有55项,包括沪剧、滑稽戏、南翔小笼馒头制作技艺、豫园灯会等。

【特产美食】

上海的特产工艺品有上海牙雕、上海玉雕、嘉定竹刻、上海玉器等;烟酒有熊猫香烟、中华香烟、红双喜香烟、大前门香烟、枫泾黄酒、崇明老白酒等;特产美食有大白兔奶糖、高桥松饼、全蛋萨其马、枫泾豆腐干、状元糕(有金泽和枫泾的)、城隍庙的五香豆、梨膏糖等。

上海菜是我国主要的地方风味菜之一,清代初期至中期,随着五方杂处,人口大流动,上海菜兼容并蓄,取长补短,形成了自己的特色,即取用鱼虾和蔬菜特产作为原料,烹调上以红烧、蒸、煨、炸、糟、生煸见长,菜肴浓油赤酱、汤卤醇厚不腻,咸淡适中。2016年9月米其林正式发布首版2017上海《米其林指南》,26家星级餐厅中新天地朗廷酒店内的唐阁荣获唯一的三星餐厅。著名的特色小吃有南翔馒头店的南翔小笼包,湖滨美食楼的开阳葱油面、蟹壳黄,绿波廊酒楼的眉毛酥、枣泥酥、萝卜丝酥饼、桂花拉糕,王家沙的生煎馒头,五味斋的绉纱小馄饨。

【民俗风情】

上海是一座工商业与金融业高度发达的大都市,独特的海派建筑已成为上海风情的象征。从老上海的万国建筑群，到现代金融业象征的陆家嘴金融城，从上海新天地，到纯粹体现居住意义的上海高端居住社区，以建筑角度来看，这些都或多或少体现了海派建筑一脉相承的元素。万国建筑群融合了哥特式、巴洛克式等多种风格，而矗立于陆家嘴金融城的金茂大厦则利用了我国古代的设计理念。作为上海石库门住宅的典型代表，上海新天地则经过改造和设计，加进了新的内容，外古朴、内舒适。可以说，外滩万国建筑博览群代表的是一种兼容并包的人文精神，而陆家嘴金融城则代表了现代上海的发展方向和开拓精神，新天地的石库门代表的则是海派建筑的更高品位，三者的融合集中体现了海派建筑典型的包容、含蓄、大度、创新的风格。

上海经济繁荣，有关财神的民俗风情尤受重视。上海人把农历正月初五称作是"路头神"，即"五路财神"的生日，民间初四夜和初五有接财神之俗。初四夜半子时，家家祭供鲤鱼、羊头（谐音"利"和"洋头"），满堂香纸蜡烛，壁上高挂财神像，合家老小跪拜祈求今年财神爷送财降福，各商铺店肆也都在这时举行仪式迎接"财神"。初五商界各家店主在清晨将新制的旗帜挂在财神位前，待祭好财神后才算新的一年开始营业。店主在这天要设"利市"宴请全体伙友，凡红账报造、职业进退、当年营业大计，都在酒宴上宣布，所以往往有不少雇员在这天被解雇。20世纪50年代后此俗渐废，80年代后，上海地区又出现燃放爆竹迎接财神的现象。

【旅游资源】

上海是世界著名的港口城市和产业城市，是中国历史文化名城，也是世界旅游名城，有着丰富多彩而独具特色的旅游资源。其水系发达、岛屿毗邻；古今延续，以近现代为主；往往以建筑为载体，显示辉煌的城市文化；兼容并蓄、敢为天下先——这些独特的资源成为上海旅游资源的凭借，形成了上海都市型旅游的魅力。

优秀历史建筑是历史的佐证也是城市旅游的重要资源。上海在这方面旅游资源存量极为丰富且独具特色。被列为全国重点文物保护单位的有9处，优秀近代历史建筑632处，纪念地95处。外滩建筑群南起延安东路，北至外白渡桥，在这段1.5千米长的外滩西侧，矗立着26幢风格迥异的大楼，素有"外滩万国建筑博览群"之称，一直以来被视为上海的标志性建筑和城市历史的象征，被联合国教科文组织授予"2006年亚太地区文化遗产保护奖"。

与外滩建筑隔江相望的就是上海著名的东方明珠游览区，是上海改革开放的缩影和典型代表，是上海现代化摩天大楼最为集中的地区。"摩天览胜"成为上海新沪上八景之一。

石库门里弄住宅是上海近现代诸多居民建筑形式中最典型的建筑。石库门建筑始于19世纪60—70年代,采用欧式联排式的木结构,后来演变成整齐排列的砖木结构的"老式石库门"。从20世纪20年代起,新式石库门应运而生。总体上里弄规模愈增大,房屋空间愈缩小,形式花样日益增多。石库门里弄建筑营造艺术已被列入国家非物质文化遗产名录。上海的时尚地标新天地就属于典型的石库门建筑类型。

上海都市型旅游资源种类丰富,具有以下特点:

融都市观光、都市文化、都市商业为一体。上海商业旅游资源分为商业街区、商城、休闲街和专业特色街四大类。著名商街有南京东路商业街、淮海中路商业街等,著名商城有豫园旅游商城、徐家汇商城等,休闲街有新天地、上海老街等。

旅游与相关产业日趋融合。上海是中国工业发祥地之一,创业工业园区大致可以分为近代产业遗存的著名单位,现代工业主要基地和国家级开发区,现代创意产业典型,其他传统工业项目,现代农业、林业和度假区等类型,如英商怡和纱厂、卢湾区八号桥工业创意园区、孙桥现代农业开发区、崇明前卫村农家乐等。

旅游观光与休闲度假相结合。上海大型休闲娱乐场(区)有:上海迪斯尼乐园、上海佘山国家旅游度假区、上海马戏城、上海国际赛车场、"热带风暴"水上乐园等。

现代旅游节庆日益国际化和现代化。上海作为世界著名城市,每年举办各种各样丰富多彩的活动,大致可以分为会展、节庆和赛事三类,如上海旅游节、"迎新春·撞龙华晚钟"、F1赛车和国际网球大师杯赛等。

邮轮旅游快速崛起。上海已形成上海港国际客运中心和吴淞口国际邮轮港"一港两码头"的国际邮轮组合母港,上海成为世界第八大邮轮母港。

上海是一个临海城市,水景资源丰富。黄浦江、朱家角古镇成为中外游客喜爱的旅游景区。上海拥有中国第三大岛崇明岛,崇明东滩成为亚太地区候鸟迁徙路线上的重要"驿站"和水禽重要的繁殖地、越冬地,1999年就被湿地国际亚太组织接纳为"东亚澳大利亚涉禽保护区网络"成员单位,2005年被列为国家级自然保护区。

上海5A级景区(点)有东方明珠、上海科技馆和上海野生动物园。国家级旅游度假区一处:上海佘山旅游度假区,上海还成立了以上海迪斯尼乐园为主体的上海国际旅游度假区。

第十章
江苏省基本概况

江苏省位于中国大陆东部沿海,地跨长江、淮河南北,京杭大运河从中穿过,拥有楚汉文化、淮扬文化、金陵文化、吴文化四大多元文化,是中国古代文明的发祥地之一。江苏简称"苏",省会南京,内陆面积10.72万平方千米。

【地理环境】

江苏省地处中国大陆东部沿海地区中部,长江、淮河下游,东濒黄海,北接山东,西连安徽,东南与上海、浙江接壤,是长江三角洲地区的重要组成部分。

江苏地形以平原为主,是中国地势最低的一个省(区),平原面积占江苏省面积的68.8%,比例居全国各省(区)首位,主要由徐淮平原、里下河平原、滨海平原、长江三角洲平原组成。所有平原海拔都在45米以下,且半数以上不足5米。

江苏省的低山丘陵和岗地集中分布在西南部和北部,其面积占全省总面积的14.3%,比例之小,在全国各省(区)中仍居首位。江苏西南部有宁镇山脉、茅山山脉、宜溧山脉以及盱眙、江浦、仪征和六合等地的丘陵。北部低山丘陵为山东山地丘陵向南延伸的侵蚀残丘,海拔大多在200米。连云港市郊的云台山玉女峰为江苏最高峰,海拔625米。

江苏省河湖众多、水网密布,素有"水乡江苏"之称,内陆水域面积达1.73万平方千米。全省共有大小河流和人工河道2900多条,长江横穿江苏省境内400多千米,大运河纵贯境内约700千米。全省有大小湖泊290多个,著名的有属"中国五大淡水湖"之列的太湖、洪泽湖,另外较著名的还有阳澄湖、滆湖、固城湖、高邮湖、骆马湖、大纵湖、微山湖等。全省有水库、塘、坝1100多座,著名的天目湖就是其中之一。

【气候特征】

江苏省属于温带向亚热带的过渡性气候,气候温和,雨量适中,四季气候分明,以淮河、苏北灌溉总渠一线为界,以北属暖温带湿润、半湿润季风气候,以南属亚热带湿润季风气候。

江苏省受季风影响显著。冬季,受来自北方大陆的冬季风控制,气候寒冷干燥;夏季,则盛行来自低纬度太平洋的偏南风,气候炎热多雨。因受冬、夏季风交替影响,江苏冬寒夏热的气候特征非常突出。

江苏东临黄海,全省各地距离黄海不超过 350 千米,因此,海洋对全省的气候特征的形成有比较明显的影响,全年降水量比较丰富,年降水量为 715~1280 毫米。

【行政区划】

截至 2016 年年底,江苏省辖 13 个地级市:南京市、苏州市、无锡市、常州市、镇江市、扬州市、泰州市、南通市、徐州市、淮安市、宿迁市、连云港市、盐城市;55 个市辖区、21 个县级市、20 个县。其中南京市为副省级城市。

【历史沿革】

江苏省是我国人类较早活动的地区之一,1993 年发现的南京汤山直立猿人化石表明,早在 50 万年前就有古人类在此活动。在泗洪双沟镇东下草湾发现的人类化石,古人类学界称之为"下草湾人",属于旧石器时代晚期。江苏及相邻地区的新石器时代文化遗址约有上千处。

春秋时期,现江苏主要属宋、吴等国;战国时期,为越、楚等国的一部分。

秦代现江苏为东海郡、泗水郡和会稽郡的一部分。汉代为徐州刺史部和扬州刺史部的一部分。三国时期,现苏北大致属魏之徐州,苏南属吴之扬州。前秦占据现江苏淮河以北时,淮河以南则属东晋的徐、扬二州。南北朝时期,现江苏在刘宋时全属南朝;大部分在齐、梁时归属南朝,北方先后属魏和东魏;陈时仅江南为南朝,江北属齐。

唐代时江苏分属河南道、淮南道及江南东道。北宋时,现江苏分属江南东路、两浙路、淮南东路、京东东路和京东西路。到南宋时,金人据有淮北,南宋据有江南和淮南。元代,现苏北主要属于河南江北行省,苏南属于江浙行省。明代现江苏全属南京(南直隶)。清康熙六年(1667 年)设江苏省,范围大致和现在相似。民国元年(1912 年),中华民国临时政府在南京成立。民国十六年(1927 年),国民政府定都南京。

【人口民族】

2015年年末江苏省常住人口为7976.3万人。在常住人口中,0～14岁人口1064.09万人,15～64岁人口5912.89万人,65岁及以上人口999.32万人。

江苏省绝大部分人口为汉族,占比99.7%。江苏省是少数民族散居省份,55个少数民族齐全,江苏省98个县(市、区)都有少数民族居住,其中高邮市菱塘回族乡是江苏省唯一的少数民族乡。江苏省少数民族中人口较多的有蒙古族、回族、苗族、彝族、壮族、布依族、满族、侗族、土家族、水族等。

【宗教信仰】

江苏省是全国宗教工作重点省份之一,佛教、道教、伊斯兰教、基督教四大宗教齐全。

江苏的佛教始于东汉。南北朝时,江苏寺庙林立,有"南朝四百八十寺,多少楼台烟雨中"之说。隋唐年间,丛林四布,高僧辈出,扬州鉴真和尚不畏艰险,东渡日本,传播佛教律宗和中国文化。元、明、清期间,江苏佛教仍十分盛行。东汉时,太平道创立不久,徐州和扬州即为其主要活动地之一。江苏为道教文化发源地之一,茅山道派影响深远。江苏是伊斯兰教最早传入中国的地区之一,早期伊斯兰教从海路传入江苏。基督教传入江苏则始于1840年第一次鸦片战争以后。

江苏全省有信教群众592万多人,全省经过登记的宗教活动场所有6100多处,其中寺观、教堂940多处。有五星级宗教活动场所39处,经国务院批准的佛教全国重点寺庙13处,包括南京灵谷寺、栖霞寺、苏州西园寺、寒山寺、句容隆昌寺、常州天宁寺、南通狼山广教寺、扬州大明寺等。道教全国重点宫观1处:句容县茅山道院。全省有宗教院校9所,其中基督教的金陵协和神学院是基督教唯一的全国性院校,佛教的中国佛学院栖霞山佛学分院、灵岩山佛学分院,省基督教圣经专科学校等院校在全国都有一定影响。

【交通状况】

截至2016年年底,江苏全省公路里程15.9万千米。高速公路里程为4657.4千米。高速公路密度居全国各省区之冠,全省已实现"县县通高速",已形成"五纵九横五联"的高速公路网。

江苏省铁路交通发达,现已覆盖全省,截至2015年年底,全省铁路总里程达2755千米,其中高铁里程1533千米。京沪铁路、陇海铁路两条铁路干线经过境内。南京和徐州是江苏省也是全国的重要铁路枢纽。沪宁、津浦、宁合、宁赣等铁路在南京接轨,津浦、陇海、徐滩等铁路在徐州交会。

江苏省水路交通发达著称全国。目前已形成以长江、京杭大运河为骨干和江河湖泊相连的水运网,截至 2015 年年底,全省共有内河航道总里程 24 371 千米,占全国航道总里程的 1/5,内河通航里程居全国第 1 位。南京港、镇江港、南通港和由张家港港、常熟港、太仓港三港合一组建成的苏州港是长江沿岸的重要港口。连云港港是我国的重要海港,亦是欧亚大陆桥的"东桥头堡"。

江苏省最大的航空港为南京航空港,南京现拥有南京禄口国际机场和马鞍国际机场。此外,徐州、连云港、南通、无锡、盐城、常州、淮安等地都建有民用机场。

【自然资源】

截至 2013 年,江苏省矿产资源发现的有 133 种,其中查明资源储量的有 67 种,铌钽矿、方解石、泥灰石、凹凸棒石黏土、二氧化碳气体等 8 种矿产保有储量列中国第 1 位,连云港市东海县被称为"中国水晶之都"。

江苏省植物资源非常丰富,有 850 多种,尚可利用和有开发前景的野生植物资源有 600 多种。

江苏省野生动物资源为数较少,鸟类主要是野鸡、野鸭,沿海有丹顶鹤、白鹤、天鹅等珍稀飞禽,沿海地区还建有世界上第一个野生麋鹿保护区。

江苏省渔业资源丰富。沿海有吕四、海州湾、长江口、大沙等四大渔场,盛产黄鱼、带鱼、鲳鱼、虾类、蟹类及贝藻类等水产品。内陆水面有 2.7 万多平方千米,养殖面积 7600 平方千米,河蟹、虾类、河豚等养殖闻名全国。

江苏省地处江、淮、沂沭泗流域下游和南北气候过渡带,河湖众多,水系复杂,特殊的地理位置和水系特点,给江苏省带来了丰富的水资源优势。江苏省本地水资源量 321.6 亿立方米;多年平均过境水量 9492 亿立方米,其中长江径流占 95%以上。

【文化艺术】

江苏省的地域文化大致可以分为楚汉文化、吴文化、金陵文化、淮扬文化。楚汉文化是以徐州为中心的区域性文化,融合先秦黄河、长江两大文化体系,是两汉文化的先声。吴文化的地域通常指靠近太湖的苏、锡、常地区。金陵文化以国家历史文化名城南京为中心,主要包括六朝文化、明文化和民国文化,而这三大块历史文化又同属于"都城文化"。淮扬文化的中心城市是国家历史文化名城扬州。淮扬地区河多水多,船多桥多,呈现"古、文、水、绿、秀"的地域风貌,在南北文化交流中形成清新优雅与豪迈超俊相结合的显性特征。

文学方面,西汉淮阴枚乘是汉大赋的开山祖师,被后人推崇为"文章领袖"。

南北朝时期,刘勰在南京完成中国第一部系统文艺理论巨著《文心雕龙》。唐江都人张若虚的《春江花月夜》韵律和谐婉转,也是出于此处。南唐后主李煜词作极富感染力。长篇小说《水浒传》《西游记》享誉世界,和它们并称中国四大古典名著的《三国演义》《红楼梦》,也与江苏有割舍不断的联系。近代以来,这里还涌现出了朱自清、叶圣陶、钱钟书等著名文学家。

江苏绘画艺术以山水画、水印木刻画和水彩水粉画见长,被称为"江苏三水"。著名画家包括东晋无锡的顾恺之、南朝苏州的陆探微、梁吴县的张僧繇,元代山水画四大家为常熟的黄公望、无锡的倪瓒和王蒙、吴镇;清代有王时敏等"四王"、龚贤等"金陵八家"、郑燮等"扬州八怪"。著名书法家有唐苏州"草圣"张旭、晚唐苏州"塑圣"杨惠之。近现代则涌现出了以吴大澂、吴湖帆、徐悲鸿、刘海粟、陈之佛、李可染、傅抱石等为代表的一批书画艺术大师。

江苏素有"二胡之乡"的美誉,"江南丝竹"是最富代表性的民间音乐,二胡演奏曲《二泉映月》是其中代表作。古琴艺术在全国具有突出地位,先后形成常熟虞山琴派、扬州广陵琴派、南京金陵琴派等重要的地方性音乐流派。全省流传下来的民歌有12 800余首,收入《江苏民歌集成》1399首,苏南民歌《好一朵茉莉花》、苏北民歌《拔根芦柴花》广为流传。

江苏戏曲艺术传统深厚,品种繁多,名家迭出。昆曲是中国最古老的剧种之一,被誉为"百戏之祖",2001年被联合国教科文组织列为《人类非物质文化遗产代表作名录》。江苏地方戏种现存20余种,影响比较大的有昆曲、锡剧、扬剧、淮剧、淮海戏、柳琴戏、梆子等。全省各地大小曲种现尚存20余种,影响较大的有苏州评弹(苏州评话、苏州弹词)、扬州评话、扬州清曲、苏北大鼓、南京白局等。

江苏省民间舞蹈种类多,拥有秧歌舞、花鼓舞、龙舞、狮舞、灯舞、傩舞、高跷等,都具有突出的文化内涵和鲜明的地域特点。已入选国家级非物质文化遗产名录的有高淳的东坝大马灯、邳州跑竹马、溧水的骆山大龙。

明清时期,江苏教育水平便臻于极盛。如今,江苏省教育资源雄厚,截至2016年5月30日,江苏省在各省(市)中普通高校数量最多,经教育部审批或备案的高校数量高达166所,其中中央部属高校9所,省属高校157所。

江苏省博物馆数量众多,门类齐全。江苏省文物局编制成《2016年度博物馆名录》,统计全省有285家博物馆。其中南京博物院、侵华日军南京大屠杀遇难同胞纪念馆、南通博物苑、苏州博物馆、扬州博物馆、常州博物馆、南京市博物总馆为国家一级博物馆。

【特产美食】

江苏省传统工艺品历史悠久、工艺精美、文化内涵丰富,包括南京云锦、苏州宋锦、扬州漆器、宜兴紫砂、苏州刺绣、苏州缂丝、苏州桃花坞木版年画、常州梳篦、扬州剪纸、南京剪纸、金坛刻纸、徐州剪纸、苏州玉雕、无锡留青竹刻、常州留青竹刻、惠山泥人等。名酒包括洋河大曲、双沟大曲、今世缘酒等。名茶有洞庭碧螺春、宜兴阳羡茶、溧阳白茶等。食品、果品包括南京板鸭、镇江香醋、扬州酱菜、常州萝卜干、溧阳风鹅、长江刀鱼、太湖银鱼、无锡水蜜桃、阳澄湖大闸蟹、东山杨梅、泰兴白果等。

江苏菜即淮扬菜,与鲁菜、川菜、粤菜并称为中国四大菜系。苏菜擅长炖、焖、蒸、炒,重视调汤,保持菜的原汁,风味清鲜,浓而不腻,淡而不薄,酥松脱骨而不失其形,滑嫩爽脆而不失其味,素有"东南第一佳味,天下之至美"的美誉。特色菜有金陵盐水鸭、清炖蟹粉狮子头、三套鸭、大煮干丝、松鼠鳜鱼、叫花鸡等;特色小吃有奥灶面、富春点心、蟹黄汤包、常州大麻糕、黄桥烧饼、苏式月饼、鱼汤小刀面等。

【民俗风情】

江苏民俗风情南北特色不同。苏北人重农事,安土重迁,纯朴可爱;苏南人重工商,缫丝织布,心灵手巧。饮食民俗方面,苏南人口味偏甜,嗜品茶;苏北人口味偏辛辣,好饮酒。江南注重观赏性、娱乐性,江北注重观赏性、娱乐性的同时也重视实用性。例如江南无锡惠山泥人、苏州虎丘捏相都是栩栩如生的艺术珍品,而江北盐城、海安等地的面塑及东台等地的糖塑既可观赏也可食用。

江苏省传统节日文化富有鲜明的地域特色,苏州端午习俗、南京秦淮灯会、姜堰溱潼会船分别代表了中国民族传统节日端午节、元宵节和清明节等地域特色的文化习俗,被列入国家级非物质文化遗产名录。太仓七夕节、金坛柚山放灯节、宜兴观蝶节等形式独特的民俗活动被列入省级非物质文化遗产名录。江苏省目前仍然比较活跃、列入省级非物质文化遗产名录的庙会有:南京地区祠山庙会、妈祖庙会、薛城花台会,苏州"轧神仙"庙会,无锡泰伯庙会、惠山庙会、镇江金山寺水陆法会等。

【旅游资源】

江苏省拥有丰富的旅游资源,自然景观与人文景观交相辉映,有小桥流水人家的古镇水乡,有众口颂传的千年名刹,有精巧雅致的古典园林,有烟波浩渺的湖光山色,有规模宏大的帝王陵寝,有雄伟壮观的都城遗址,纤巧清秀与粗犷雄浑交汇融合,可谓是"吴韵汉风,各擅所长"。

江苏省风景名胜以"青山衬秀水、名园依古城"而驰名中外,自然景观具有"山水组合、以水见长"的鲜明地方特色。截至目前,江苏省拥有国家级风景名胜区5处,分别是太湖(虞山省级风景名胜区列为太湖国家级风景名胜区的景区之一)、南京钟山、扬州蜀冈—瘦西湖、连云港云台山和镇江三山(金山、焦山、北固山)风景名胜区。国家地质公园4处:江苏苏州太湖西山国家地质公园、江苏省南京市六合国家地质公园、江苏江宁汤山方山国家地质公园、江苏连云港花果山地质公园。3个国家级旅游度假区,分别是江苏省汤山温泉旅游度假区、江苏省天目湖旅游度假区、江苏省阳澄湖半岛旅游度假区。

江苏省人文资源丰富,自然景观和人文历史的相互依托与融合,形成了江苏省风景名胜所独有的艺术魅力。

江苏园林有着悠久的历史和深厚的文化底蕴,在千百年的发展演进中,江苏风景园林逐渐形成其鲜明的艺术风格与独特的造园技艺。苏州和扬州完好地保存着数量众多、艺术品位极高的古典园林。1997年,拙政园、留园、网师园和环秀山庄作为苏州古典园林的代表被列为世界文化遗产。2000年,沧浪亭、狮子林、耦园和退思园作为苏州古典园林的扩展项目被列为世界文化遗产。

2003年,南京明孝陵被增补列入世界文化遗产"明清皇家陵寝"项目。2014年,中国大运河被列为世界文化遗产,其中江苏段是最重要组成部分,扬州是申遗牵头城市。截至目前,江苏全省共有世界文化遗产3项。非物质文化遗产9项:高邮民歌、昆曲、古琴、南京云锦织造技艺、中国雕版印刷技艺、中国剪纸、中国传统木结营造技艺、中国传统桑蚕丝织技艺、端午节。

江苏省其他建筑景观有明清城墙(南京城墙)、江南水乡古镇(甪直镇、木渎镇、同里镇、震泽镇、黎里镇、沙溪镇、周庄镇、千灯镇、锦溪镇、凤凰镇、惠山镇、荡口镇、孟河镇)、无锡惠山祠堂群文化景观等。江南水乡的传统民居建筑粉墙黛瓦、朴素淡雅,与水系结合,极具特色。

江苏省宗教建筑众多,现存著名的有:佛教的南京栖霞寺、苏州寒山寺、苏州西园寺、南京灵谷寺、镇江甘露寺、扬州大明寺等,道教的句容茅山道院、苏州玄妙观等,伊斯兰教的扬州仙鹤寺、南京净觉寺、镇江清真寺等,基督教的南京石鼓路天主教堂。

全省共有12座国家级历史文化名城,分别是南京市、徐州市、淮安市、镇江市、常熟市、苏州市、扬州市、无锡市、南通市、宜兴市、泰州市、常州市。有中国历史文化街区5个、中国历史文化名镇27座、中国历史文化名村10个、中国传统村落26个。有全国重点文物保护单位226处。

江苏省的主要景点有:南京城垣、中山陵、明孝陵、秦淮风光带、夫子庙、总统府、汤山温泉,镇江北固山、茅山,扬州瘦西湖、个园、何园,苏州拙政园、留园、狮子林、网师园、沧浪亭、虎丘,无锡太湖鼋头渚风景区、蠡园、灵山圣境、无锡影视基地,泰州凤城河风景区等。

第十一章
浙江省基本概况

浙江省地处中国东南沿海长江三角洲南翼,东临东海,南接福建,西与江西、安徽相连,北与上海、江苏接壤。境内最大的河流钱塘江,因江流曲折,称"之江",又称"浙江",省以江名,简称"浙",省会杭州。浙江省素有"鱼米之乡""丝茶之府""文物之邦"之称。

【地理环境】

浙江省陆域面积10.55万平方千米,占全国陆域面积的1.1%,是中国面积较小的省份之一。东西和南北的直线距离均为450千米左右。全省陆域面积中,山地占74.63%,水面占5.05%,平坦地占20.32%,故有"七山一水两分田"之说。龙泉市境内海拔1929米的黄茅尖为浙江最高峰。

浙江省海域面积26万平方千米,面积大于500平方米的海岛有2878个,大于10平方千米的海岛有26个,是全国岛屿最多的省份,其中面积502.65平方千米的舟山岛为中国第四大岛。在"2015中国海洋宝岛榜"中,浙江省有21个海岛上榜,占总数的1/5。

浙江省地势南高北低,由西南向东北倾斜,山地多呈东北、西南走向,按地形大致可分为浙北平原、浙西中山丘陵、浙东丘陵、中部金衢盆地、浙南山地、东南沿海平原及海滨岛屿6个地形区。

水系主要有钱塘江、瓯江、灵江、苕溪、甬江、飞云江、鳌江、曹娥江八大水系和京杭大运河浙江段。钱塘江是浙江省内第一大江,有南、北两源:北源从源头至河口入海处全长668千米,其中在浙江省境内425千米;南源从源头至河口入海处全长612千米,均在浙江省境内。湖泊主要有杭州西湖、绍兴东湖、嘉兴南湖、宁波东钱湖四大名湖,以及新安江水电站建成后形成的全省最大人工湖泊——千岛湖。

【气候特征】

浙江省地处亚热带中部,属亚热带季风性湿润气候,气温适中,四季分明,光照充足,雨量充沛。年平均气温15℃~18℃,极端最高气温33℃~43℃,极端最低气温-17.4℃~-2.2℃;年日照时数1100~2200小时;年均降水量为1100~2000毫米。1月、7月分别为全年气温最低和最高的月份,5月、6月为集中降雨期。因受海洋影响,浙江省温、湿条件比同纬度的内陆季风区优越,是我国自然条件较优越的地区之一。

由于浙江省位于中、低纬度的沿海过渡地带,加之地形起伏较大,同时受西风带和东风带天气系统的双重影响,各种气象灾害频繁发生,是我国受台风、暴雨、干旱、寒潮、大风、冰雹、冻害、龙卷风等灾害影响最严重地区之一。

【行政区划】

截至2016年,浙江省下辖11个地级市,依次是杭州市、宁波市、温州市、嘉兴市、湖州市、绍兴市、金华市、舟山市、台州市、衢州市和丽水市,下分90个县级行政区,包括36个市辖区、20个县级市、34个县(其中1个自治县)。

【历史沿革】

浙江历史悠久,早在5万年前的旧石器时代,浙江先民就开始在这里繁衍生息。1963年在建德市乌龟洞发现的5万年前的"建德人"化石,是迄今为止发现的浙江省最早的古人类化石。

此后在浙江境内又陆续发现了萧山湘湖的跨湖桥遗址、余姚河姆渡遗址、嘉兴马家浜遗址、余杭良渚遗址等新石器时代的文化遗址。跨湖桥遗址中发现了七八千年前的"独木舟";河姆渡遗址是母系氏族社会繁荣时期的代表性文化遗址,距今已有六七千年的历史,遗址中发现了我国木结构建筑中最早的榫卯构件,出土了大量保存完好的稻米,这证明当时浙江先民已能人工栽培水稻。良渚遗址属于父系氏族时期的文化遗址,遗址中发现了黑陶和玉琮、玉璧等大量玉器。湖州市区南部钱山漾遗址出土的一批珍贵的丝麻织物,证明了四五千年以前,浙江先民已开始养蚕缫丝。

浙江春秋时分属吴、越两国,战国时属楚;秦时分属会稽郡、鄣郡、闽中郡;汉时属扬州刺史部;三国时入东吴版图,仍属扬州;唐朝时先属江南道,后属江南东道,又分置浙江东道、浙江西道两节度使,"浙江"作为行政区名称自此始;五代十国时临安人钱镠建立吴越国,属江南道;北宋时属两浙路;南宋建都临安(即今杭州),分置两浙西路和两浙东路;元代时属江浙行中书省;明初置浙江行中书省,简称浙江省,省名自此出现,后改为浙江承宣布政使司,辖11府、1州、75县,省界区域基本定型;清康熙初年改为浙江省,沿袭至今。

【人口民族】

根据浙江全省5‰人口变动抽样调查推算,截至2016年年末,全省常住人口为5590万人。2016年年末全省常住人口中,城镇人口为3745.3万人,农村人口为1844.7万人,城镇人口占总人口的比重(即城镇化率)为67.0%。男性为2867.7万人,占总人口的51.3%;女性为2722.3万人,占总人口的48.7%。性别比(以女性为100,男性对女性的比例)为105.3。0~14岁的人口为749.1万人,占总人口的13.4%;15~64岁的人口为4186.9万人,占总人口的74.9%;65岁及以上的人口为654万人,占总人口的11.7%。

浙江省主要的民族成分为汉族,占浙江省人口的99%,少数民族人口总量不多,但民族成分较多。据第五次全国人口普查统计,浙江省少数民族达53个(仅缺德昂族和保安族)。少数民族人口总数达39.97万人。人口数在万人以上的少数民族有7个,分别是畲族(170 993人)、土家族(55 310人)、苗族(53 418人)、布依族(21 457人)、回族(19 609人)、壮族(18 998人)、侗族(17 960人)。其中世居浙江省的少数民族有畲族、回族和满族等,其他少数民族大多是在中华人民共和国成立后,特别是改革开放以来因工作、经商或婚嫁而落户浙江省的。浙江省少数民族以畲族人口为多数,农村人口为主体,具有大分散和小聚居结合的特点,主要分布在温州、丽水、杭州、金华、宁波等市。丽水市设有全国唯一的畲族自治地区——景宁畲族自治县,辖18个畲族乡(镇)。

【宗教信仰】

浙江省有佛教、道教、伊斯兰教、天主教、基督教五种宗教。各宗教历史悠久,信徒众多。佛教、道教传入浙江有1800余年历史,伊斯兰教传入浙江有1400余年历史,天主教传入浙江有400余年历史,基督教传入浙江有150余年历史。浙江有全国重点佛教寺院13座,普陀山是四大佛教名山之一,天台山国清寺被日本、韩国佛教信众奉为天台宗祖庭,宁波天童寺被日本佛教信众尊为曹洞宗祖庭。在全国道教"十大洞天福地"中,浙江省占了三个:台州黄岩区的委羽山洞、台州天台县的赤城山洞和台州临海市的括苍山洞。杭州凤凰寺是我国东南沿海伊斯兰教四大古寺之一。全省共有可统计信徒180多万人,宗教教职人员2.5万余人,宗教活动场所1万余处,省、市、县三级宗教团体225个,宗教院校4所。

【交通状况】

浙江省交通已形成陆、海、空三维立体式交通网络。

陆路交通方面,铁路有沪杭、浙赣两条干线和萧甬、宣杭、金千、金温等支线,其中杭州、宁波、温州为主要始发站,杭州东站、金华西站为主要中转站。现已开通杭沪、杭宁、杭甬、杭温等高铁。

高速公路有沪杭、杭甬、上三、金丽温、甬台温、杭金衢、宁杭、杭徽等线路。另有104国道和320国道经过浙江全境,省内有329国道(杭州—舟山沈家门)和330国道(寿昌—温州)。杭州湾跨海大桥是一座横跨杭州湾海域的跨海大桥,北起浙江嘉兴海盐郑家埭,南至宁波慈溪水路湾,全长36千米,是世界上最长的跨海大桥。

海运方面,宁波、上海、舟山群岛之间每天都有多班客轮往返,形成了中国最为繁忙的海上客运"金三角";还有杭州湾、象山湾、台州湾、温州湾等深水港湾。建有万吨级以上泊位的港口有北仑港、乍浦港、舟山港、海门港和温州港,其中以北仑港最大。

航空方面,全省有杭州、宁波、温州、义乌、黄岩、衢州、舟山7个民用机场,其中杭州萧山机场和宁波栎社机场为国际机场。

【自然资源】

浙江省是我国高产综合性农业区,杭嘉湖平原、宁绍平原是著名的粮仓和丝、茶产地,舟山渔场是中国最大的渔场,茶叶、蚕丝、水产品、柑橘、竹制品等在全国占有重要地位。

浙江省森林面积604.99万公顷,森林覆盖率达60.91%,活立木总蓄积量3.14亿立方米,居全国前列。浙江省植被资源有3000种以上,属国家重点保护的野生植物有45种。树种资源丰富,素有"东南植物宝库"之称。全省野生动物种类繁多,有123种动物被列入国家重点保护野生动物名录。

矿产方面,以非金属矿产为主,石煤、明矾石、叶蜡石、水泥用凝灰岩、建筑用凝灰岩等储量居全国首位,萤石居全国第2位。

浙江省海洋资源十分丰富,海岸线总长6486.24千米,占中国海岸线总长的20.3%,居中国首位。东海大陆架盆地有着良好的石油和天然气开发前景。海域辽阔,气候温和,水质肥沃,饵料丰富,适宜多种海洋生物的栖息生长与繁殖,素有"中国鱼仓"美誉。

浙江省多年平均水资源总量为937亿立方米,但由于人口密度高,人均水资源占有量只有2008立方米,最少的舟山等海岛人均水资源占有量仅为600

立方米。

【文化艺术】

浙江文学是中国文学的重要组成部分。浙江的文人创作起步较晚,六朝以后浙江文学逐步兴起。谢灵运开创了中国古代山水诗派,对后世影响深远。南宋时期,陆游的作品不仅量大而且质优,史所罕见。陈亮、吴文英、王沂孙、周密、张炎等均为南宋词坛大将。元明清时期,赵孟頫、杨维桢、张岱、徐渭、袁枚、朱彝尊等为代表的诗文影响很大。清初洪昇的《长生殿》是戏剧瑰宝,晚清龚自珍、王国维等皆为一代大家。进入民国后,浙江省的现代文学可谓洋洋大观。1918年5月鲁迅在《新青年》上发表《狂人日记》,开创了现代小说的先河,他的《呐喊》《彷徨》是非常重要的白话小说集。郁达夫的《沉沦》是中国现代文学史上的第一本白话短篇集。茅盾是著名的现代长篇小说作家,他的《子夜》《腐蚀》《霜叶红似二月花》等鸿篇巨制影响巨大。1922年在杭州成立的湖畔诗社是我国第一个新诗社;徐志摩、戴望舒、夏衍、施蛰存、艾青、穆旦等都是中国新诗史上的重要诗人。新中国成立初期,浙江省作家许钦文、陈学昭、冀汸等均有建树。改革开放后,浙江省的中、长篇小说创作成就显著,王旭烽和麦家的小说先后获得茅盾文学奖。

浙江是"中国戏曲的摇篮",人才辈出,佳作迭出。高则诚、徐渭、王骥德、李渔等一批杰出的浙江籍剧作家、戏曲理论家,彪炳史册。《琵琶记》《长生殿》和四大南戏——《荆钗记》《白兔记》《拜月亭》《杀狗记》等一批不朽的传世之作至今仍流播舞台。越剧在戏曲百花园中一枝独秀,随着越剧"小百花"的崛起和《西厢记》《五女拜寿》等艺术精品的涌现,浙江省戏剧舞台生机勃勃。

浙江省是中国电影的发源地。盛行于宋、元时期浙江的灯影戏(皮影戏),被世界电影历史学家认定为电影发明的先导。清朝末年,外国人开始在杭州、宁波、温州等地放映西洋影戏,并开办西洋影片店,放映电影。在中国早期知名的电影人士中,浙江籍的占了1/3,如电影实业家张石川、张元济、邵醉翁和电影艺术家夏衍等。宁波人张石川与广东人郑正秋合作于1913年导演拍摄了《难夫难妻》,这是中国人拍摄电影故事片的开端。1922年,张石川等在上海创办的明星影片公司拍摄了中国第一部正剧长故事片——《孤儿救祖记》。1931年,张石川等拍摄制作了中国第一部蜡盘配音有声电影——《歌女红牡丹》,成为中国电影艺术的奠基之作。15年间,张石川的公司共拍摄了200多部影片,并培养了一大批电影事业专业人才。1925年,宁波人邵醉翁与其兄弟邵屯人、邵仁枚、邵逸夫一起创办了天一影片公司,12年间拍摄故事片60多部,直至1937年抗战爆发,迁移香港成立南洋影业公司,并于1950年改为邵氏公司。这些电影实业家为中国早期民族电影事业的发展做出了重要贡献。

浙江也是美术大省,最早的美术遗存发现于萧山跨湖桥遗址,其彩陶纹样有条纹、曲折纹、十字形纹、太阳纹等。彩陶和苇编是迄今为止浙江发现最早的工艺美术品。民国初年,许多青年学子出国留学,带回了西方的绘画艺术,中国美术形态由古典转为现代。绍兴人蔡元培于1917年在《新青年》杂志上提出"以美育代宗教"的主张,并发表了《美术的起源》《美术的进化》《美术与科学的关系》等理论文章,为现代美术启蒙提供了思想指导。1928年,蔡元培亲自主持建立杭州国立西湖艺术院(中国美术学院前身)。从此,杭州再次成为中国美术重镇。

【特产美食】

浙江省气候温润,四季分明,雨量充沛,物产极为丰富。名茶有西湖龙井、径山香茗、湖州熏豆茶、普陀佛茶、开化龙顶茶和景宁惠明茶等。名酒以黄酒为最,其中绍兴的加饭酒与女儿红、金华的寿生酒以及建德的致中和五加皮都是酒中珍品。中药以"浙八味"驰名中外,包括杭白菊、浙贝、白术、白芍、元胡、玄参、麦冬、郁金八味中药材。果品、蔬菜、畜禽与水产品等特产,品种多样,如昌化山核桃、楚门文旦、黄岩蜜橘、金华火腿、太湖银鱼、太湖蟹、千岛湖淡水鱼及沿海地区的各种海鲜产品等。

浙菜历史悠久。南宋时都城临安的饮食业就相当繁荣,浙菜就是在此基础上逐渐发展起来的。浙菜主要由杭帮菜、宁波菜、绍兴菜、温州菜和金华菜等地方菜组成。杭帮菜为浙菜的代表菜,口味浓淡适中,略带甜味,具有清鲜、爽脆、淡雅的特点,传统名菜有西湖醋鱼、龙井虾仁、东坡肉、宋嫂鱼羹、干炸响铃、蜜汁火方和西湖莼菜汤等。宁波菜取料以海鲜为主,注重"鲜咸合一",口味较重,讲究鲜嫩、软滑,传统名菜有冰糖甲鱼、薹菜拖黄鱼、雪菜大黄鱼等。绍兴菜取料以鱼虾河鲜与鸡鸭家禽及豆、笋、霉干菜为主,烹饪上常用鲜料配腌腊食品同蒸或炖,且多用绍兴黄酒烹制,香味浓烈,传统名菜有霉干菜焖肉、清汤越鸡、清蒸鳜鱼等。温州菜以海鲜为主,烹饪上讲究"二轻一重"(轻油、轻芡、重刀工),传统名菜有三丝敲鱼、爆墨鱼花、炸蛏子筒等。金华菜以火腿为原料是其最大特色,各种菜肴多达四五百种,名菜有火腿荷花爪、蜜汁火腿和金华同骨煲等。

【民俗风情】

浙江民俗内容丰富,底蕴深厚,既有淳朴的山地文化性格,又有浓郁的海洋文化气息,还有鲜明的商贸文化特色,风俗风情已经成为浙江现代旅游活动中的重要特色。

浙江省的生产民俗有：象山县的中国开渔节、湖州含山的蚕花节、德清的"扫蚕花地"、乌镇的香市等。

浙江省的节日民俗有：绍兴祝福、海宁市硖石灯会、泰顺百家宴、缙云祭祀黄帝大典、萧山祭星乞巧、武义接仙女、西湖赏月、开化苏庄舞草龙、永康方岩庙会等。

浙江省的游艺民俗有：海宁观潮、金华斗牛、磐安赶茶场、浦江迎会等。

浙江的婚嫁民俗有：宁海"十里红妆"婚俗、新安江九姓渔民的"水上婚礼"等。

景宁是畲族迁入浙江省的最早落脚点，也是全国唯一的畲族自治县和华东地区唯一的民族自治区域。畲族多为明朝初年从福建迁来，保留着其独特的民俗风情。畲民自称"山哈"，意为山里的客人。畲族人崇拜祖先，重视祭祖。盘瓠为其祖先，育有三男一女，三子分别姓盘、蓝、雷，女婿姓钟。畲族女性的传统服装"凤凰装"十分精致美观。三月三是畲族最为重要的民族传统节日，其内容包括赶场对歌、吃乌米饭、民间体育竞技等，另外还有二月二盛装打扮回到祖地的"会亲节"，以及农历五月祈求风调雨顺、五谷丰登的"封龙节"等。

【旅游资源】

诗画江南，山水浙江，自然风光与人文景观交相辉映。以杭州西湖为中心，辐射全省的风景名胜纵横交错。

浙东区块，可以游水乡、谒佛国。西湖、东湖、东钱湖、溪口、普陀，一路行来，水网交织，阡陌纵横，山水绵延，直通大海，沿途有中国最典型的水乡风貌。杭州灵隐寺、净慈寺、宁波天童寺、阿育王寺、保国寺、雪窦寺、天台国清寺、普陀普济寺、慧济寺、法雨寺，以及新昌大佛寺等寺庙佛学深厚，慈航普渡；西子湖畔、山阴道上、穿岩十九峰、谢灵运古游道、天姥石城、石梁飞瀑等地，李白、杜甫、刘长卿、宋之问、元稹、王勃、贺知章、温庭筠、杜牧等400多位唐代诗人留下了一处处行址和上千首诗作。

浙南区块，北接括苍，东临大海，以奇山异水、飞瀑流泉著称海内。温州雁荡山、楠溪江、洞头岛、台州天台山、神仙居、古长城、丽水仙都峰、石门洞、南明山，山水雄奇，名胜众多，目不暇接。

浙西区块，集天地之灵气，聚山川之精华。从杭州出发一路西行，西湖与钱塘江、富春江、新安江连成一线。富阳鹳山、桐庐瑶琳洞、建德小三峡、淳安千岛湖、金华双龙洞、衢州江郎山、浙西大峡谷、开化钱江源等，山水如画，美不胜收。

浙北区块，著名的京杭大运河纵贯杭嘉湖平原，这里是著名的蚕乡，是丝绸文明的发祥地之一,也是丝绸之路的起点。南浔、西塘、乌镇、新市等江南古镇,保存完好,风物犹存;莫干山、龙王山、南北湖等避暑胜地,环境独特,景色宜人;海宁钱江潮、安吉竹种园、天荒坪抽水蓄能电站等,气象万千,蔚为大观。

截至2016年年底,浙江省有西湖、江郎山、中国大运河(杭州段)3处世界遗产;有西湖风景区、雁荡山风景区、普陀山风景区、千岛湖风景区、乌镇古镇旅游区、溪口—滕头旅游景区、横店影视城景区、嘉兴南湖旅游区、西溪湿地旅游区、鲁迅故里—沈园景区、开化根宫佛国文化旅游区、南浔古镇景区、天台山景区、神仙居景区、西塘古镇旅游景区、江郎山·廿八都旅游区等16处国家5A级旅游景区;有国家级旅游度假区3处,分别是东钱湖旅游度假区、太湖旅游度假区、湘湖旅游度假区。

浙江省国家级历史文化名城有9座,分别是杭州市、绍兴市、宁波市、衢州市、临海市、金华市、嘉兴市、湖州市、温州市。

浙江有世界地质公园1处,即雁荡山世界地质公园。

浙江有国家地质公园4处,分别是雁荡山国家地质公园、新昌硅化木国家地质公园、常山国家地质公园、临海国家地质公园。

浙江有国家级风景名胜区22处。

第十二章
安徽省基本概况

安徽,简称皖,始建于清康熙六年(1667年),省名以当时安庆、徽州两府的首字组成。从清乾隆二十五年(1760年)至1937年日军侵占安庆之前,安庆一直作为安徽省会。1952年,经中央人民政府批准,合肥成为安徽省省会。

【地理环境】

安徽地处长江、淮河中下游,华东腹地,居中靠东,襟江通海,东连江苏、浙江,西接湖北、河南,南邻江西,北靠山东,东西宽约450千米,南北长约570千米,总面积13.94万平方千米,占全国总面积的1.45%,居第22位。

安徽地跨长江、淮河、新安江三大流域,称为江淮大地。长江流经安徽境内416千米,淮河流经省内约430千米,新安江流经省内242千米。长江、淮河横贯东西,将全省分为淮北、江淮、江南三大自然区域。境内巢湖是全国五大淡水湖之一,面积约800平方千米。

【气候特征】

安徽地处暖温带与亚热带过渡地区,以淮河为分界线,北部属暖温带半湿润季风气候,南部属亚热带湿润季风气候。主要特征是:气候温和,日照充足,季风明显,四季分明。全年无霜期200~250天,全年平均气温为14℃~17℃,1月平均气温为-1℃~4℃,7月平均气温为28℃~29℃。全年平均降水量773~1670毫米,有南多北少,山区多、平原丘陵少的特点。夏季降水丰沛,占年降水量的40%~60%。

【行政区划】

截至2017年4月,安徽有16个地级市、55个县、6个县级市和44个县级区。

【历史沿革】

安徽省是中国史前文明的重要发祥地之一。在繁昌县人字洞发现了距今约 250 万年的人类活动遗址;在和县龙潭洞发现了 40 万—30 万年前旧石器时代的"和县猿人"遗址;在蚌埠发现的距今约 7000 年的双墩遗址,是目前淮河中游地区已发现的年代最早的新石器时代文化遗存,是淮河流域早期文明的有力证据。这些文化遗址表明,远古时期已有人类生息繁衍在安徽这块土地上。夏商周时期,安徽分属不同的部落和诸侯国。春秋时期(公元前 770 年—前 476 年),分属宋国、楚国、蔡国、徐国。西汉,安徽先后分属淮南国、庐江国、衡山国、六安国、荆国、淮阳国、梁国。东汉,省境长江以南属扬州,以北属徐州、豫州。隋曾分置淮南、宣城、新安等。唐代,安徽分属河南道、淮南道、江南东道。北宋政和元年(1111 年),分属江南东路、京西北路、京东西路、淮南西路、淮南东路 5 路。元代,安徽先后分属江浙行省、河南江北行省、江淮行省。明朝,安徽分属庐州府(今合肥)、凤阳府、安庆府、太平府、池州府、宁国府、徽州府、徐州府、滁州府、和州府、广德府。康熙六年(1667 年),设安徽省,辖庐州府、安庆府、徽州府、宁国府、池州府、太平府、凤阳府、徐州府、广德府、和州府、滁州府,这是安徽建省之始,取安庆、徽州二府的首字而得名。因境内有皖山、春秋时期有古皖国而简称"皖"。

1949 年 4 月 20 日,安徽全境解放,设皖北、皖南行署区两个省级行政区。1952 年 8 月,皖北行署区与皖南行署区合并成立安徽省政府,并将省会设在合肥。1983 年,安徽实行市管县体制,设立合肥、蚌埠、安庆等 8 个地级市。1987—2000 年,增设黄山、滁州、阜阳、宿州、六安、巢湖、亳州、池州、宣城 9 个地级市。2011 年,撤销地级巢湖市。

【人口民族】

截至 2016 年年末,安徽省户籍人口 7027 万人,常住人口 6195.5 万人,人口总数排序居中国第 8 位,其中男性占总人口的 52%,女性占总人口的 48%。

安徽省少数民族人口约 39.6 万人,占总人口的 0.66%。

安徽省属于汉族聚居区,少数民族散居省内各地,其中回族、满族、畲族为世居少数民族。全省现有 9 个民族乡、135 个民族村、39 个民族社区。

【宗教信仰】

据安徽宗教研究学者的统计,安徽现有宗教徒超过 700 万人,占全省总人口的 1/10 以上。其中绝大多数人信仰佛教(大乘佛教),其余的信仰基督教(包括新教、天主教、东正教)、道教、伊斯兰教等。宗教信仰是人类历史上一种普遍的社会现象,目前全省各地都有佛寺、道观、清真寺、教堂。四大佛教名山之一的九华山,更是宝刹林立、香火鼎盛。道教名山之一的齐云山,香客络绎不绝,与青城山、龙虎山、武当山并称为中国的"四大道教名山"。

【交通状况】

安徽的地理位置在中国交通干线网中具有承东启西的作用,铁路密度居华东前列。随着合宁、合武高速铁路的建成,合肥已实现40分钟到南京、3小时到武汉的目标。京沪高速铁路(经停蚌埠)使合肥到北京的时间缩短到4小时左右。2016年,全省新增高速公路294千米、一级公路667千米、铁路营运里程62.3千米。截至2016年年末,全省高速公路达4543千米,一级公路达3833千米,铁路营运里程达4124.4千米,其中高速铁路营运里程1354千米。合宁高速公路东达宁沪,芜宣高速公路南连杭州,合安高速公路西接武汉,合徐高速公路北通徐州,一个四通八达的高速公路网络已基本形成。合肥新桥国际机场是国内4E级枢纽干线机场,于2013年5月投入运营。黄山屯溪国际机场、池州九华山机场为皖南重要的旅游机场。长江安徽段已建成5座跨江大桥,另有5座跨江大桥在建,江南、江北日益融为一体。淮河安徽段已建成12座跨河大桥,另有1座在建,淮河两岸畅通无阻。

【自然资源】

安徽资源条件优越,土地资源、生物资源、水资源和矿产资源等自然资源丰富。全省现有耕地约408万公顷,水面约105万公顷,其中水产养殖面积约48万公顷。共有生物资源10 917种,其中国家重点保护的木本植物有30种;珍稀野生动物54种;国家一、二级保护动物分别有18种和368种,以扬子鳄、白鳍豚最为珍贵。水资源蕴藏总量约为680亿立方米,居全国第20位。安徽省是矿产资源大省,矿产种类较全,储量丰富。全省已发现的矿种有128种(计算到亚矿种为160种),查明资源储量的矿种124种(含亚矿种),其中能源矿种6种、金属矿种22种、非金属矿种94种、水气矿种2种。煤、铁、铜、硫、磷、明矾、石灰岩等38种矿产储量居全国前10位。现已探明煤炭储量250亿吨,铁矿储量29.9亿吨,铜矿储量384.9万吨,硫铁矿储量5.64亿吨,分别居全国第7位、第5位、第5位和第2位。2016年地质勘查部门启动开展各类地质(科研)项目(省级)158项,新增查明资源储量的大中型矿产地10处,新增探明储量矿种1种(镍矿)。

安徽省省树为黄山松,省花为皖杜鹃(别称映山红),省鸟为灰喜鹊。

【文化艺术】

安徽是中国史前文明的重要发源地之一,文化底蕴深厚,源远流长,曾培育出道教文化、建安文学、桐城派、北宋理学、徽文化等,涌现出老子、庄子、管子等一批著名历史人物。产生于淮河流域的老庄道家学派,与儒家学说一起构成我国传统文化两大支柱;徽文化是明清时期最有影响的文化流派。新安理学是中国思想史上具有重大影响的学派,其奠基人程颢、程颐、朱熹的祖籍均在安徽新安江畔。朱熹亦自称"新安朱熹"。桐城派的形成,始于方苞,经刘大櫆、姚鼐而发展成为一个声势显赫的文学流派,有1200余位桐城派作家,2000多部著作。

安徽是名人辈出的省份。其中有:当代的党和国家领导人胡锦涛、吴邦国、李克强等;现代的文化名人陈独秀、胡适、陶行知、朱光潜、吴作人等;晚清的李鸿章、丁汝昌、刘铭传、詹天佑等。

安徽被称为中国戏曲之乡,地方戏种现存30余种,影响较大的有黄梅戏、徽剧等。黄梅戏,旧称黄梅调或采茶戏,是中国五大戏曲剧种之一。徽剧是京剧的主要源流之一。池州的傩戏号称"戏剧活化石"。淮河两岸流行的花鼓灯被誉为"东方芭蕾"。

安徽的商帮文化一向发达。徽商,是指以乡族关系为纽带所结成的徽州商人群体,又称新安商人。徽州人经商的历史非常悠久,早在东晋时期就有新安商人活动的记载,此后各朝代均有发展。明朝成化、弘治年间,徽州商人的经济实力逐渐增强,规模日益庞大,形成徽州商帮,其商业资本之巨,从商人数之众、活动区域之广、经营行业之多、经营能力之强,都是其他商帮所无法匹敌的,其强盛势头一直持续到清朝中叶,引领中国商业发展潮流300余年,对当时的社会经济、政治、文化等方面产生了深远影响。道光之后,徽商逐渐趋于衰落,虽然还有为数甚多的徽商奔波于全国各地,但是他们在商界的影响力已大不如前,徽州商帮遂成为历史名词。徽商名人很多,其中以胡雪岩最为著名。胡光墉(1823—1885),清代著名徽商,字雪岩,绩溪县湖里村人。胡光墉早年家境贫苦,经同乡引荐,前去杭州阜康钱庄当学徒,由于工作勤恳、言行稳重,而且善于经营,颇受钱庄主人赏识。庄主临死之前,考虑到自己没有后代,决定将钱庄赠送给胡光墉,他于是一变而成富商。此后,胡光墉开始以商人身份涉足政治活动。1861年,当太平军与杭州清军激战时,他组织一批人从上海采运军火和粮食运往杭州。1862年,他协助左宗棠与法国人联组"常捷军"。1866年,又协助左宗棠创办了福州船政局,并为左宗棠办理采运事务,代借内外债白银1250多万两。由于胡光墉为左宗棠及湘军竭心尽力,因而在左宗棠等人的推荐下,被授予江西候补道职务,并且依靠湘军的势力,在全国广设当铺和银号,成为富甲江南的特大官商。

【特产美食】

安徽省特产类型多样,数量丰富,其中不乏闻名于世的精品。许多传统工艺品做工考究,不仅实用,更体现了浓郁的地方文化特色。宣笔、宣纸、徽墨、歙砚被称为安徽的"文房四宝"。芜湖的铁画,黑白分明,虚实相间,苍劲凝重,豪放潇洒,既有国画之意境,又有雕塑的立体感,深受各界人士的青睐。许多土特产品也名扬八方,如黄山毛峰、祁门红茶、六安瓜片、太平猴魁、古井贡酒、砀山酥梨、萧县葡萄、怀远石榴、广德板栗、巢湖银鱼、胡玉美蚕豆辣酱等。

徽菜为中国八大菜系之一,起源于歙县,绩溪的徽帮厨师将其发扬光大。据《歙县志》记载,宋代以来,徽菜在徽州府已成雏形;南宋以后,随着徽商势力的崛起和向外拓展,徽菜日渐名声远扬;明清两代,长江中下游的城镇大都设有徽菜馆。徽州人把徽菜作为一种商品,大规模、有组织地向外输出。

徽菜素以重油、重色、重火功、色香味形俱全而盛行于世。徽菜在烹调方法上擅长烧、炖、蒸。烧菜讲究软糯可口,味美隽永;炖菜讲究汤醇味鲜,熟透酥嫩;蒸菜着重原汁原味,爽口宜人。

徽菜能够成为一种区域性菜系,它的风格特征与其他菜系不同,其立足本地优势,善于发挥原料本身的滋味,保持原汁原味;常用火腿佐料,冰糖提鲜,料酒除腥提香。同时,徽菜以烹饪山珍河鲜而著称。徽州地处皖南山区,山高林密,河水清澈,山珍河鲜十分丰富,盛产石鸡、竹笋、香菇、木耳、蕨菜、甲鱼、桃花鳜、汪丫鱼等,因而徽菜品种繁多,沙地马蹄鳖、雪天牛尾狸、问政山笋、臭鳜鱼、清蒸石鸡、毛豆腐、一品锅等都是徽菜中的佼佼者。

安徽省知名的特色食品有符离集烧鸡、无为熏鸭、采石矶茶干、八公山豆腐、铜陵冰姜、芜湖虾籽面、淮南牛肉汤等。

【民俗风情】

安徽省属于汉族聚居区,自古以来,汉族的民俗风情在这里也得以延续,如春节、元宵节、清明节、端午节、中秋节、赶集、庙会等。如今随着城镇化的步伐日益加快,许多古老的民俗风情正在悄悄地淡出人们的视野。保留至今并值得一提的尚有:黄山茶道,包括烹汤、涤器、投茶、注汤、敬茶、闻香、论茶等15道程序;九华庙会,每年农历七月的最后一天举行,包括佛像开光仪式、水陆法会、讲经法会等佛事活动;淮北相山庙会,每年农历三月十八日举行,除拜佛祈福外,周边民众还进行商品交流。近年来,赶相山庙会已逐渐发展成为当地人们的一项休闲、踏青的旅游活动。

【旅游资源】

安徽省旅游资源丰富,是中国旅游资源最丰富的省份之一。黄山、西递和宏村古民居群被联合国教科文组织分别列入世界自然与文化遗产、世界文化遗产名录。

安徽省拥有黄山、九华山、天柱山、琅琊山、齐云山、采石矶、巢湖、花山谜窟—渐江、太极洞和花亭湖等10处国家级风景名胜区;拥有歙县、寿县、亳州、安庆和绩溪5座国家级历史文化名城;拥有宣城扬子鳄、铜陵淡水豚等7处国家级自然保护区;拥有黄山、九华山、敬亭山等30处国家级森林公园;拥有凤阳明中都皇故城及皇陵石刻等130处国家重点文物保护单位;拥有黄山、天柱山2处世界地质公园;拥有休宁县齐云山、淮南市八公山等11处国家地质公园;拥有泾县桃花潭、望江县古雷池等34处国家水利风景区;拥有合肥市三河古镇、金寨县天堂寨等11处5A级景区;拥有合肥、马鞍山等10座中国优秀旅游城市;拥有1处国家级旅游度假区(环巢湖国家旅游休闲区);拥有九华山庙会、凤阳花鼓等72项"国家级人类口述与非物质文化遗产";拥有合肥明教寺、九华山月身宝殿等14座全国重点寺院。

2014年2月,皖南国际文化旅游示范区,经国务院批准成立,形成以黄山为中心、辐射周边的山水文化旅游圈,推动徽州文化与青山秀水、美好乡村的联动,打造"美丽中国建设先行区""世界一流旅游目的地"。

第十三章
福建省基本概况

福建位于中国东南沿海,是中国大陆重要的出海口,也是中国与世界交往的重要窗口。福建简称"闽",因境内有福州、建州两府,各取其首字而得名,省会福州。

【地理环境】

福建省地处中国东南部、东海之滨,东北与浙江省毗邻,西、西北与江西省接壤,西南与广东省相连,东隔台湾海峡与台湾省相望。北南最长为530千米,西东最宽为480千米。全省陆域面积12.4万平方千米,海域面积13.6万平方千米。

福建省的地理特点是"依山傍海",九成陆地面积为山地丘陵地带,被称为"八山一水一分田"。地势总体上西北高东南低,横断面略呈马鞍形。在西部和中部有闽西大山带和闽中大山带。两大山带之间为互不贯通的河谷、盆地,东部沿海为丘陵、台地和滨海平原。

山地主要分布在两列山脉及其支脉盘踞的地区,丘陵分布在山地外侧的沿河两岸和沿海地区。福建有四大平原,最大的是漳州平原,以下依次为福州平原、兴化平原、泉州平原。福建盆地多,镶嵌在山地中,一般面积不大,高差相距很大。

福建水系密布,河流众多,主要河流有闽江、九龙江、晋江、交溪、汀江5条。闽江为全省最长河流,全长577千米。

福建的海岸线长度居全国第2位,海岸曲折,陆地海岸线长达3752千米。福建以侵蚀海岸为主,岛屿众多,星罗棋布,共有岛屿1500多个,海坛岛现为全省第一大岛,其次有金门岛、琅岐岛、南日岛、三都岛等。由于福建位于东海与南海的交通要冲,由海路可以到达南亚、西亚、东非,是历史上海上丝绸之路和郑和下西洋的起点,也是海上商贸集散地。

【气候特征】

福建靠近北回归线,背山面海,受季风环流和地形的影响,形成暖热湿润的亚热带海洋性季风气候。福建冬季盛行偏北风,夏季盛行偏南风,是全国受台风影响最严重的省份之一。

福建夏长冬短,气温较高,热量丰富,全省各地年平均气温多在17℃~21℃;雨量充沛,全省大部分地区年降水量为1400~2000毫米,是中国雨量最丰富的省份之一;气候区域差异较大,闽东南沿海地区属南亚热带气候,闽东北、闽北和闽西属中亚热带气候。气候条件优越,适宜人类聚居以及多种作物生长。

【行政区划】

福建省辖9个地级市、28个市辖区、13个县级市、44个县(含金门县)。其中地级市包括:厦门市、福州市、泉州市、莆田市、漳州市、宁德市、南平市、三明市、龙岩市。

【历史沿革】

早在上古时期,福建就有远古人类活动。福建社会的发展进程与中原地区相比较为缓慢。到西周时期,福建才进入青铜时代。战国末年,闽越国建立。秦始皇统一六国后,废闽越国设置闽中郡,福建从此成为一个正式的行政区域。汉高祖时闽越国复国。汉武帝派兵征伐闽越,灭闽越国后,将大批闽越人迁移到江淮一带。

魏晋南北朝时期,北方汉人大量入闽,带来了先进的技术与文化,福建经济得到较快发展,但发展水平仍然较低。

隋灭南陈后,福建归隋;唐取代隋后,福建归唐。唐朝,福建属岭南道。唐景云二年(711年),立闽州都督府,领有闽、建、泉、漳、潮五州。唐开元十三年(725年),闽州都督府改称福州都督府,隶属于江南东道,为福州名称出现之始。唐开元二十一年(733年),为加强边防武装力量,设立军事长官经略使,从福州、建州各取一字,名为福建经略军使,与福州都督府并存,这是福建名称出现之始。

宋朝建立,福建的割据势力降宋。宋代在全国分15路,福建路是其中之一。宋朝在福建的统治比前朝有明显的改善,使福建社会相对稳定,经济文化有较大发展。宋朝推进海外贸易,泉州刺桐港成为对外贸易的最大港口和海上丝绸之路的起点。

元代设"福建行中书省",福建设省由此开始。元代福建民族矛盾和阶级矛盾尖锐,多次爆发反元起义。

明朝建立,福建归明。明朝设"福建承宣布政使司"。戚继光曾入闽抗倭。

清军攻占福州,福建归清。郑成功领导抗清斗争。1661年,郑成功挥师东渡,击败荷兰殖民者,收复台湾。1863年清政府派水师攻台,郑氏战败,归附清廷。清王朝在福建设置闽浙总督和福建巡抚,为全省最高军事、民政长官。

近代福建在帝国主义、封建主义的压迫下,灾难深重,贫穷落后。福建人民为救亡图存、振兴中华,同全国人民一道,进行了前赴后继的英勇斗争。

1949年,人民解放军解放福建,福建历史翻开了新篇章。

【人口民族】

截至2015年年末,福建全省常住人口3839万人,全年出生人口53.13万人,死亡人口23.32万人。从性别结构看,男性人口1949万人,女性人口1890万人,总人口性别比为103.12(以女性为100)。从年龄构成看,15周岁以上至65周岁以下(不含65周岁)的人口2892万人,65周岁及以上人口324万人。从城乡结构看,城镇常住人口2403万人,乡村常住人口1436万人。

福建省常住人口中,汉族人口为3609.74万人,占总人口的97.84%;各少数民族人口为79.69万人,占总人口的2.16%。畲族为最主要的少数民族,占总人口的1%,还有少量回族、满族等,其他民族人口多为近现代迁居而来,比重极小。福建汉族内部语言文化高度多元,分化成多个族群。

【宗教信仰】

福建省是宗教大省,现有5种宗教:佛教、道教、天主教、基督教和伊斯兰教。福建省宗教文化发达,许多古刹名寺蜚声海内外。福建省各教派之间互相渗透、互相影响的现象,是世界宗教史上的一大奇观。其中福建的泉州有"世界宗教博物馆"之称。

西晋之际佛教传入福建,南北朝时期有了进一步发展。隋唐时期佛教在福建广泛传播,其发展持续不衰,对福建文化产生深远的影响。福建省目前共有寺庙4300多座,僧尼12 000人,居士约13万人。福建省经国务院批准的全国汉族地区佛教重点寺庙有20座。

道教于东汉就开始传入福建地区,魏晋时得到发展。道教在福建的早期发展与福建名山大川的关系极为密切。宋代,道教在福建发展达到鼎盛。福建道教目前共有宫观600多座,道士2600多人。

元朝,意大利人在泉州设立剌桐教区,该教区教民大多数为外国侨民。元末,剌桐教区毁于战火。明朝,天主教再度传入。目前福建天主教共有教堂300

多座,神职人员130多人,教徒近30万人。

1839年基督教传入福建,由于制度和文化等方面冲突,发展比较缓慢。目前福建基督教共有教堂1700多座,教牧人员1200多人,教徒47万人。

唐朝伊斯兰教传入泉州。元代是福建伊斯兰教的鼎盛时期。目前伊斯兰教在福建有代表性的清真寺5座,最有名的是泉州清净寺。目前全省教徒有3000人。

唐代摩尼教传入福建,元代在福建十分盛行,明代后逐渐被其他宗教融合。全国摩尼教遗存极少,大都在福建。

【交通状况】

福建省交通包括铁路、公路、水路及航空运输。

福建铁路由峰福线、鹰厦线、赣龙线、福马线等组成,由南昌铁路局管理。2015年6月28日,省内首条设计时速350千米的高速铁路——合福高铁正式开通运营。截至2015年年底,福建铁路营业里程3196.53千米。

全省公路累计通车里程104 585千米。截至2014年,全省高速公路通车里程达4175千米,基本形成"两纵五横"主骨架,有78个、93%的县城实现15分钟上高速公路;路网密度达到每百平方千米3.34千米,跨入全国先进行列。

福建可供5万~10万吨轮船通航的港湾有罗源湾、福清湾、兴化湾、湄洲湾、厦门港、东山湾等处。福建港口建设突飞猛进,沿海港口拥有万吨级以上的泊位42个,先后开通了50多条国际航线,福州、厦门港区跻身全国吞吐量前10名的大港行列。

省内有厦门高崎国际机场、福州长乐国际机场两个干线机场,以及武夷山、晋江、连城、沙县4个支线机场,开辟通往日本、韩国、东南亚以及国内主要城市的航线超过200条。

【自然资源】

福建省属于环太平洋成矿带中的重要成矿区之一,矿产资源比较丰富。已知矿产116种,其中金属矿产53种、非金属矿产63种,发现矿产地4836处(含矿床、矿点及矿化点)。

福建的森林覆盖率为65.95%,居全国首位。拥有766.7万公顷的森林面积,每年吸收的二氧化碳超过了全省二氧化碳排放总量的一半。福建林区为全国六大林区之一,可分为中西部亚热带常绿阔叶林区和东部亚热带季风雨林区。

福建植物种类较为丰富,以亚热带区系成分为主,区系成分较复杂。全省有高等植物4703种,国家重点保护的野生植物有52种。其中南方红豆杉、水松、伯乐树、银杏、苏铁、四川苏铁、台湾苏铁被列入国家1级保护植物。

福建省有脊椎动物1647种,其中哺乳动物120种、鸟类543种、两栖类46种、爬行类123种、鱼类815种,已定名的昆虫有5000多种。列入国家重点保护的野生动物有159种,包括猕猴、短尾猴、毛冠鹿、云豹、金猫、大灵猫、小灵猫等。

【文化艺术】

闽剧又称福州戏,是福建地方戏曲之一,是现存唯一用福州方言演唱、念白的戏曲剧种,流行于闽中、闽东、闽北地区,并传播到我国台湾地区和东南亚各地。闽剧是由明末儒林戏与清初的平讲戏、江湖戏,在清末(光绪至宣统年间)融合而成的多声腔剧种。

闽剧现存传统剧目1300多种,较有影响的为《炼印》《钗头凤》《荔枝换绛桃》《渔船花烛》《夫人城》及现代戏《海上渔歌》等。《炼印》已摄制成影片。2006年5月20日,由福州闽剧院申报的"福州闽剧",经国务院批准列入第1批国家级非物质文化遗产名录。

福建漳浦剪纸艺术源远流长,唐宋以来非常活跃。漳浦剪纸以构图丰满匀称、对称平衡、线条连贯简练、连接自然、细腻雅致著称;在表现手法上,以阳剪为主,阴剪为辅,阳剪和阴剪互为补充,密切配合,整个画面主次分明、错落有致,富有层次感;在色彩上以单色为主,在对比色中求协调,具有强烈的工艺装饰效果。2010年漳浦剪纸作为"中国剪纸"的子项,被列入《人类非物质文化遗产代表作名录》。

【特产美食】

福建是多茶类产区,有着上千年的茶文化历史。福建茶叶最著名的是乌龙茶,其主要代表是安溪铁观音、武夷山岩茶。

福建水果有柑橘、龙眼、荔枝、橄榄、枇杷、香蕉。龙眼是福建省特产水果,果肉乳白色,半透明,汁多质细,味甜品优,营养丰富。

福建鲜花有漳州水仙花,其开花期长,芬芳清郁,绰约高雅。

福建传统手工艺品有福州脱胎漆器、寿山石雕、厦门珠绣、泉州木偶头、漳州彩塑等。

闽菜为我国八大菜系之一,由闽东、闽南、闽西、闽北、闽中地方风味菜组成。闽菜以闽东和闽南风味为代表。闽菜讲究刀工巧妙,美观入味;汤菜众多,千变万化;调味精准,独特奇异;烹调考究,工艺细腻。代表菜包括佛跳墙、西施舌、鸡汤氽海蚌、鸡蓉金丝笋、红烧通心鳗、沙茶焖鸭块等。

福建小吃历史悠久,品种繁多,用料考究,制作精细,善用调味料,风格各异。小吃主要有锅边糊、肉燕、鱼丸、马蹄糕、土笋冻、蚝仔煎等。

【民俗风情】

福建省特有的民俗和节庆包括"食福""走水尪""扛酒节""拗九节""百壶宴"、北团"游大粽"、福建妈祖节、抢酒节、护鱼习俗、崇蛇习俗、延平蛙崇拜民俗等。

福建妈祖节：妈祖原名林默，宋朝人，她一生奔波海上，救急扶危，济险拯溺，护国庇民，福佑群生，航海人敬之若神。人们将妈祖奉为名副其实的"海上女神"。福建妈祖节时间为4月25日、10月4日，地点在妈祖的故乡——莆田市湄洲岛。农历三月二十三和九月初九分别是妈祖的诞生日和忌日。每到这两日，数以万计的台胞和当地民众都来朝圣妈祖，节期有拜妈祖、妈祖文化研讨会、工艺品展销活动，还有民间歌舞表演、品尝闽菜等活动。

茶文化习俗：福建人对茶有着深厚的感情，在很多地方人们都已形成了早上和晚上都饮茶的习惯。福建人讲究茶艺，其中乌龙茶茶艺有36道。由茶演变来的茶礼，内容丰富，各具特色，包括民间茶礼、以茶祭祀、民族茶风、以茶为药等。福建人讲究以茶待客；民间常以茶作祭天祀祖的贡品；畲族人喜欢唱采茶山歌，祭祖、婚礼皆离不开茶。回族重视茶的保健功效，喜欢喝"八宝盖碗茶"。老茶区的村民们还积累了饮茶健身及祛病的经验。

【旅游资源】

福建省的旅游资源丰富而且独特。全省有世界遗产3处，世界地质公园2处；国家级风景名胜区18处，国家级自然保护区16处。全国重点文物保护单位137处，国家历史文化名城4处。世界遗产有：武夷山、福建土楼、中国丹霞（泰宁）。世界地质公园有：泰宁世界地质公园、宁德世界地质公园。历史文化名城有：泉州、福州、漳州、长汀。

福建为促进旅游发展，建设了四大旅游片区。福莆宁山海休闲文化旅游区：以福州为中心，涵盖莆田、宁德、平潭；厦漳泉滨海闽南文化度假区：以厦门为中心，涵盖漳州、泉州地区；闽西北生态文化旅游区：以武夷山为中心，涵盖南平、三明地区；闽西南客家红色文化旅游区：以龙岩市为中心，涵盖漳州、三明部分地区。

第十四章
江西省基本概况

江西省位于长江中游南岸赣江两岸,山清水秀,人文荟萃,红色文化闻名中外。因公元733年唐玄宗设江南西道而得省名,又因省内最大河流为赣江而简称"赣"。

【地理环境】

江西省地处中国东南部,东邻浙江省、福建省,南连广东省,西接湖南省,北毗湖北省、安徽省,属于华东地区。江西省东西最宽约490千米,南北最长约620千米,全省面积16.69万平方千米。

江西省的地形以江南丘陵、山地为主;盆地、谷地广布,略带平原。全省地势由南向北倾斜。省境东、西、南三面环山地,中部丘陵和河谷平原交错分布,北部则为鄱阳湖平原。

赣中南以丘陵为主,海拔200~500米。丘陵之中,间夹有盆地,多沿河作带状延伸,较大的盆地有吉泰盆地、赣州盆地。山地大多分布于省境边缘,主要有:东北部的怀玉山,东部沿赣闽省界延伸的武夷山脉,南部的大庾岭和九连山,西北与西部的幕阜山脉、九岭山和罗霄山脉等。黄岗山(2157米)为省内最高点。

鄱阳湖平原与两湖平原同为长江中下游的陷落低地,由长江和省内五大河流泥沙沉积而成;其北狭南宽,面积近2万平方千米;地表主要覆盖红土及河流冲积物,红土已被切割,略呈波状起伏。湖滨地区还广泛发育湖田洲地;水网稠密,河湾港汊交织,湖泊星罗棋布。

江西全省共有大小河流2400多条,除边缘部分分属珠江、湘江流域及直接注入长江外,其余均发源于省境山地,汇聚成赣江、抚河、信江、饶河、修河五大河系,最后注入鄱阳湖,经湖口县汇入长江,构成以鄱阳湖为中心的向心水系。鄱阳湖是中国第一大淡水湖。

【气候特征】

江西省气候属亚热带温暖湿润季风气候,四季分明,春季潮湿,夏季暑热,秋季凉爽,冬季湿冷。年均温度16.2℃~19.7℃,一般自北向南递增。夏季较长,高温天气频繁出现,极端最高温几乎都在40℃以上,成为长江中游最热地区之一。冬季较短。全省冬暖夏热,无霜期长达240~307天。江西年降水量1341~1940毫米。地区分布上是南多北少,东多西少;山地多,盆地少。庐山、武夷山、怀玉山和九岭山一带是全省4个多雨区,年均降水量1700~1943毫米。

【行政区划】

江西辖11个地级行政区,包括南昌、九江、上饶、抚州、宜春、吉安、赣州、景德镇、萍乡、新余、鹰潭,100个县级行政区(县、县级市、市辖区),1个国家级新区。省会为南昌市。

【历史沿革】

早在距今约5万年前,江西境内已经有了人类活动。新石器时代江西人口逐渐增加,原始人类活动日趋频繁。

商朝时期,江西地区已进入青铜器时代,与中原地区的经济文化发展水平一致。春秋战国时期,吴、越、楚三国在江西地区展开激烈争夺。江西地区原有的古越族文化与吴越文化、楚文化互相交流互相影响,形成了江西独特的文化艺术风格。

秦统一全国后,设三十六郡,江西属九江郡,置庐陵县、新淦县、南壄县。而江西作为明确的行政区域建制,则始于汉高帝初年。时设豫章郡(赣江原称豫章江),郡治南昌县,下辖18县。汉武帝时划全国为13个监察区,称13部州,江西属扬州刺史部。两汉时期江西经济日渐繁荣。

三国时期,江西地区是东吴的腹地,是东吴政权人力、物力和财力的主要供应基地之一,江西地区得到了前所未有的开发。魏晋北朝时期,江西郡县大增,政治地位有所提高。西晋时,设江州,治所南昌,后迁至浔阳郡(九江市),其主体为江西地区原有郡县。自此,江西地区不再隶属别州,成为最高一级地方行政区域。

隋时曾作行政区划调整,州的级别降与郡同,因而隋代的江西地区设有7郡24县。至唐时增加到8州37县。唐太宗贞观元年(627年)划全国为10道监察区,江西属于江南道。唐玄宗开元二十一年(733年)时增为15道,江西属江南西道,其监察区下辖8州,治洪州(南昌市)。

五代时期,江西地区先辖于吴,后辖于南唐。在这个时期出现了相当于下等州的新的行政区划6州、4军、55县。交泰元年(958年),南唐中主决定建南都于洪州,并因此升洪州为南昌府。

宋代在州之上改道为路,初设江南路,天禧四年(1020年)分江南路为江南东路和江南西路,江西地区置9州、4军、68县,其大部分隶属于江南西路,仍治洪州,另有一部分隶属于江南东路。

元代开始确立行中书省(简称行省)制度。江西行省辖区大于今江西省区。除包括了今江西绝大部分地区(原江西东北地区隶属于江浙行省)和今广东省的大部分,江西行省下辖13路、2直隶州以及48个县、16个县级州。

明代虽然基本上保留了元朝的省区建制,但改行中书省为承宣布政使司,改路为府,改州为县。江西承宣布政使司辖13府78县,地域基本等同今天的江西省区。

清代改江西承宣布政使司为江西省,行政区域基本承袭明建制。另在吉安府增设莲花、南昌府增设铜鼓、赣州府增设虔南等3个县级厅,同时升宁都县为省辖直隶州。巡抚成为全省最高行政长官,下设承宣布政使司和提刑按察使司,分管民政、财政与司法监察。经济作物在各地广泛种植,推动了手工业、商业的发展。康熙、雍正、乾隆三朝,是景德镇瓷器制造业的黄金时代。

近代江西人民响应太平天国运动,呼吁维新变法,参加辛亥革命。中国共产党成立后,江西人民积极参加革命斗争,使江西成为中国革命摇篮、人民军队摇篮、共和国摇篮、中国工人运动摇篮。1949年,江西解放。

【人口民族】

截至2014年年末,江西省常住人口为4542.2万人。全年出生人口60.0万人,出生率13.24‰;死亡人口28.4万人,死亡率6.26‰;自然增长率6.98‰。

江西全省共有38个民族,汉族人口最多,占总人口的99%以上。少数民族有回族、畲族、壮族、满族、苗族、瑶族、蒙古族、侗族、朝鲜族、土家族、布依族、白族、彝族、黎族、高山族、藏族、水族等37个。少数民族中畲族聚居,瑶族部分聚居,其他各少数民族均为散居性质。

【宗教信仰】

江西是中国宗教文化的一大中心,历史上有"求官到长安,求佛到江西"的说法。佛教于东汉时传入江西,魏晋南北朝时期,庐山成为南方佛教中心。隋、唐、宋三代,江西是全国佛教中心地区。佛教净土宗始于晋代庐山东林寺高僧慧远。唐代以后佛教影响很大的是南禅,主要根据地在江西。禅宗5家7宗之中,3家5宗源于江西。

道教是中国本土宗教。江西山川秀美,是道教起源地之一。东汉时期,张道陵、张盛在鹰潭龙虎山开创天师道。魏晋南北朝时,葛玄在樟树阁皂山创道教灵宝派。晋代许逊(许真君)是净明道祖师、治水专家,百姓建万寿宫来祭祀。东晋葛洪在三清山结庐炼丹、著书立说。南朝刘宋时陆修静在庐山隐居修道,其弟子陶弘景在江苏创立天师道茅山派。

明代万历年间,天主教正式传入江西。利玛窦在南昌传教成功,使得南昌成为明末清初"中国四大传教中心之一"。鸦片战争后,清政府被迫签订了一系列丧权辱国的不平等条约,其中允许外国传教士在中国内地公开传教成为条约中的一项重要内容。第二次鸦片战争后,天主教在江西广为传播。1867年,美国传教士开创了新教在江西的传教历史。19世纪末、20世纪初,江西逐渐形成了天主教南昌、余江、南城、吉安、赣州五大教区。目前,江西较为著名的教堂有南城天主教堂、抚州天主教堂、余江锦江天主教堂和南昌松柏巷天主教堂等。其中,南城天主教堂始建于1630年,是江西修建最早的天主教堂。

伊斯兰教是随着西北回族穆斯林信徒内迁而进入江西的,与佛教、道教、基督教相比,伊斯兰教在江西的影响相对较小。目前,江西较为著名的清真寺有南昌醋巷清真寺、九江城外清真寺、景德镇清真寺和赣州清真寺。其中,醋巷清真寺是南昌市伊斯兰教协会所在地。

【交通状况】

江西省交通包括铁路、公路、水运及民航运输。

南昌铁路局为中国最重要的铁路局之一,管辖江西省和福建省的铁路。江西全省以京九、浙赣、皖赣、鹰厦、铜九、武九6条铁路为骨干,另有横南、向乐、分文、弋樟、张塘、张建、新泰等支线。京九铁路是江西境内最主要的铁路运输干线之一。

江西省公路以南昌为中心,形成以高速公路、国道、省道为主骨架,省、市、县、乡相连接的公路交通网络。截至2016年,江西高速公路通车里程5000千米,境内有沪昆高速、昌九高速、杭瑞高速、梨温高速、昌金高速、昌赣高速、赣粤高速、福银高速、大广高速、济广高速、厦蓉高速、泉南高速、京福高速、沪瑞高速等几十条高速公路。此外,省内还有6条国道,分别是东西向的316国道、319国道、320国道、323国道,南北向的105国道、206国道。其中105国道和206国道双双纵贯江西。

江西省水路运输发达,南昌、九江、赣州、吉安为重要内河港口。九江港是江西省第一大港口。水运干线形成以赣江和信江为两纵、长江和昌江为两横的格局,通航里程4937千米,还有抚河、饶河、修河、潦河、袁河、锦江等重要水路。

江西民用航空运输形成了一个以南昌为核心,赣州、井冈山、景德镇、宜春等城市连接全国和世界各地的航空运输网。南昌昌北国际机场是国内、国际客运及货运的航空枢纽。江西还有赣州、井冈山、景德镇、宜春、九江等民航机场。

【自然资源】

截至2013年年底,江西省已发现各种有用矿产193种(以亚矿种计)。其中,已探明资源储量的有139种,居全国前10位的有71种。钽、铀、重稀土、铷、伴生硫、化工用白云岩、粉石英、麦饭石等8种居全国首位;钨、铜、银、金、锂、铯、碲、电气石、光学萤石、滑石、陶瓷土、玻璃用脉石英、水泥用辉绿岩等13种居全国第2位;铍等14种居全国第3位。

江西省的有色金属、贵金属和稀有金属矿产在全国占有重要地位,铜、钨、铀、钽、重稀土、金和银矿被称为"七朵金花"。江西已建成亚洲最大的铜矿和全国最大的铜冶炼基地。

江西是典型的中亚热带"植物王国",全省森林覆盖率高,居全国最前列。江西植被以常绿阔叶林为主,有典型的亚热带森林植物群落。

江西省有种子植物4000余种,蕨类植物约470种,苔藓类植物100种以上。低等植物中的大型真菌可达500余种,有标本依据的有300余种,其中可食用的有100多种。江西珍稀、濒危树种较多,包括银杏、柳杉、南方红豆杉等200多种。其中江西杜鹃、井冈杜鹃、红花杜鹃等16种属江西特有。全省的竹林面积大,居全国最前列。

历年动物资源调查表明,江西有脊椎动物600余种。其中鱼类170余种、两栖类40余种、爬行类70余种、鸟类270余种、兽类50多种。国家一级保护动物包括中华鲟、江豚、白鳍豚、华南虎、云豹、金钱豹、梅花鹿、黑麂、中华秋沙鸭、野生巨蜥、黑麂斑羚、白鹳、黑鹳、白颈长尾雉、黄腹角雉等。

【文化艺术】

江西的文化艺术较丰富,主要有:

一是兴国山歌。它是流行于以江西省兴国县为中心延及赣、粤、闽、桂数省的客家民歌,起源于唐代,兴盛于宋代,世代流传至今。兴国山歌继承了传统的赋、比、兴创作手法,并在长期的演唱实践中,不断丰富和发展。兴国山歌所唱的内容十分广泛,旧时除唱男女爱情和劳动生活外,还常唱历史故事、传说等内容,有时即兴编唱,有时长篇叙事,形式多样。兴国山歌曾是战斗的号角,早在半个多世纪前血与火的斗争中就出了名,在建立和巩固红色政权方面发挥了重要作用。2006年5月20日,兴国山歌经国务院批准列入第1批国家级非物质文化遗产名录。

二是赣剧。它是江西的主要剧种,起源于明代的弋阳腔。后来演变为兼唱高腔、乱弹腔、昆腔及其他曲调的多声腔的传统戏曲剧种,流行于赣东北一带。赣剧表演风格古朴,富有生活情趣,表演夸张凝练,歌舞结合。赣剧分为两大流派,习惯上称饶河班和广信班。江西省赣剧团1953年正式成立,弋阳腔于是更名为赣剧。赣剧的乱弹腔,以二黄、西皮为主,其他还包括秦腔、高拨子、浙调、浦江调和文南词诸腔,其中优美动听的文南词腔调尤受群众的欢迎。新中国成立后,赣剧艺术进行改革,整理、改编演出了《梁祝姻缘》《还魂记》《窦娥冤》等优秀传统剧目。

三是采茶戏。它是流行于江南地区和岭南一些省区的一种传统戏曲类别。明代,赣南、赣东、赣北茶区每逢谷雨季节,劳动妇女上山,一边采茶一边唱山歌,以鼓舞劳动热情,这种在茶区流传的山歌,被人称为"采茶歌"。采茶戏由民间采茶歌和采茶灯演唱发展而来,继而成为一种有人物和故事情节的民间小戏,由于它一般只有二旦一丑或生、旦、丑三人的表演,故又名"三角班"。赣南采茶戏形成后,分几路向外发展,与当地方言和曲调融合,形成赣东、西、南、北、中五大流派,每个流派中又有不同的本地腔。江西采茶戏总的特点是:表演欢快,诙谐风趣,载歌载舞,喜剧性强,富有浓郁的乡土气息,颇受群众喜爱。2006年5月20日,采茶戏经国务院批准列入第1批国家级非物质文化遗产名录。

【特产美食】

江西是农业大省,农产品丰富,质量上乘,其中柑橘、油茶和猕猴桃被誉为"江西三宝"。其他特产还有:樟树四特酒,周恩来总理赞誉其"清香醇纯,回味无穷",自1963年以来,四特酒先后被评为省优、部优、国优产品,是江西唯一的国家名酒。遂川狗牯脑茶,明代成为贡品,曾获巴拿马国际食品博览会金奖。水果以赣州脐橙、南丰蜜橘、遂川金橘、南康早熟柚等为名贵地方品种,南丰蜜橘历史上是皇室贡品。景德镇的瓷器以"白如玉、明如镜、薄如纸、声如磬"的特色闻名中外,中国的英文名"CHINA"就源于国外对中国瓷器的认识。

赣菜历史悠久,是在继承历代"文人菜"基础上发展而成的乡土味极浓的"家乡菜"。现今的赣菜主要由豫章菜、浔阳菜、赣南菜、饶帮菜和萍乡菜构成。赣菜巧妙地规避了川菜的太辣、苏菜的太甜、鲁菜的太实,兼顾东南西北而自成一派,享誉海内外。赣菜选料广泛、主料突出、注重刀工、制作精细,在烹饪中突出"原汁原味"。在原料选取上,崇尚绿色、生态、健康理念。在烹饪技法上,注重火候,以烧、焖、炖、蒸、炒为主。在味型上,以辣为主。与川菜的麻辣、湘菜的辛辣、鄂菜的酸辣不同,赣菜的辣是香辣、鲜辣,辣味适中,南北皆宜,具有广泛的适应群体。赣菜代表名菜有鄱湖胖鱼头、四星望月、藜蒿炒腊肉、庐山石鸡、余干辣椒炒肉、萍乡烟熏肉、莲花血鸭、老表土鸡汤、永和豆腐、井冈烟笋。

江西风味小吃有南昌麻辣烫、南昌瓦罐汤、铅山灯盏果、修水哨子、石城肉丸、赣南艾米果、赣南烫皮等。

【民俗风情】

赣南客家风情：赣南生活着700多万客家人，处处洋溢着浓郁的客家风情。客家人有一部悲壮的移民史。客家是汉民族共同体的一个分支，祖籍中原，自东晋以来，由于战乱、灾荒等种种原因，客家先民不得不举族而迁，定居在赣闽粤三省毗邻的山区，并在这里发展成为既保留古代中原文化传统，同时又适应南方山区生产生活的客家人。赣南擂茶是独具特色的客家茶俗。擂茶分两种：米茶和香料茶。其中米茶是生米、茶叶、生姜用水浸泡后，放在擂钵里反复捣成糊状，再拌入韭菜泥、菜豆，加入细盐，兑上温水煮成稀粥。喝茶时，放上油炸花生米、油炸碎麻糍干、碎酥黄豆、熟芝麻等各种香料即可。客家围屋，又被称为"东方城堡"，是一种融祠、家、堡为一体，具有鲜明防卫特征的封闭式客家民居，至今已有数百年历史，主要分布于赣、闽、粤的客家人聚居地。围内不仅有水井和专门积屯粮草的房间，甚至连土地庙也搬进围内，即使被敌人长期围困，也可照常祈神保平安。

傩舞：是广泛流传于各地的一种具有驱鬼逐疫、祭祀功能的民间舞，是傩仪中的舞蹈部分，一般在大年初一到正月十六期间表演。傩舞历史悠久，成型于周代。在历史的发展过程中，傩舞在不同地区形成了不同的风格样式，且在傩仪中占有不同的比重。傩舞是赣傩的主要表演形式，素有中国舞蹈"活化石"之称。傩舞表演时一般都佩戴某个角色的面具，其中有神话形象，也有世俗人物和历史名人，由此构成庞大的傩神谱系，"摘下面具是人，戴上面具是神"。由于傩舞流传地区不同，其表演风格也各异，既有场面变化复杂、表演细致严谨、生活气息浓厚、舞姿优美动人的"文傩"流派；又有气势威武磅礴、情绪奔放开朗、节奏热烈明快、动作刚劲有力的"武傩"流派。这种古老的传统傩舞，至今仍流行于江西的德安、武宁、婺源、南丰、都昌等县的舞台、厅堂和村镇田头。

【旅游资源】

江西旅游资源丰富，其特色可以概括为：红色摇篮、绿色家园、古色厚土。

红色摇篮。概括说是"四大摇篮、一座丰碑、一条小道"。四大摇篮是：中国革命摇篮井冈山，位于吉安市，是中国革命圣地，国家级风景名胜区、国家5A级旅游景区、中国优秀旅游城市；人民军队摇篮南昌——军旗升起的地方，国家级历史文化名城、中国优秀旅游城市；共和国摇篮瑞金，位于赣州市，红色故都、中央红军长征出发地；中国工人运动摇篮安源，位于萍乡市，中国工人运动和秋收起义策源地。一座丰碑是：血染的丰碑赣东北革命根据地（上饶）。一条小道是：小平小道，位于南昌市，中国改革开放总设计师从这里走出。

绿色家园。概括说是"一湖清水、三颗明珠、四大世界遗产、六座名山、一个最美乡村"。一湖清水是鄱阳湖。三颗明珠是：柘林湖、仙女湖、陡水湖；四大世界遗产是：庐山、三清山、龙虎山、龟峰；六座名山是：武功山、明月山、三百山、大觉山、灵山、三爪仑；一个最美乡村是婺源，中国旅游强县，境内拥有1个国家5A级旅游景区、6个国家4A级旅游景区，被誉为"中国最美的乡村"。

古色厚土。概括说是"七个千年、十大历史名人"。七个千年是：①千年瓷都——景德镇，国家级历史文化名城、中国优秀旅游城市，其中昌江区古窑民俗博览区为国家5A级旅游景区；②千年宋城——赣州，世界最大的客家人聚居地、国家级历史文化名城、中国优秀旅游城市；③千年药都——樟树，位于宜春市，江西四大古镇之一，自古号称"药不到樟树不齐、药不过樟树不灵"；④千年名楼——滕王阁、浔阳楼、郁孤台、八境台。滕王阁，位于南昌市，江南三大名楼之首；浔阳楼，位于九江市，因九江古称浔阳而得名，又因据说《水浒传》宋江曾在此题反诗而闻名；郁孤台，位于赣州市，是赣州悠久历史和灿烂文化的一个象征；八境台，位于赣州市章水和贡水合流处，登临台上，赣州八景一览无余；⑤千年书院——白鹿洞书院、鹅湖书院、白鹭洲书院，白鹿洞书院，位于九江市，中国古代四大书院之一，享有"海内第一书院"之誉；鹅湖书院，位于上饶市，江西古代四大书院之一，因两次"鹅湖之会"而闻名天下；白鹭洲书院，位于吉安市，江西古代四大书院之一；⑥千年古村——流坑古村、理坑古村、渼陂古村、钓源古村、竹桥古村，流坑古村，位于抚州市乐安县，被誉为"千古一村"；理坑古村，位于上饶市婺源县，中国历史文化名村；渼陂古村，位于吉安市青原区，中国历史文化名村；钓源古村，位于吉安市吉州区；竹桥古村，位于抚州市金溪县。⑦千年古寺——九江市能仁寺、庐山东林寺、九江市永修县真如寺、吉安市青原山净居寺、鹰潭市龙虎山天师府，九江市能仁寺，是市区内现存最大的古建筑群，始建于南唐；庐山东林寺，始建于东晋，为佛教净土宗发源地；九江市永修县真如寺，始建于唐，为中国佛教"三大样板丛林"之一；青原山净居寺，始建于唐，我国南方的主要佛教场所之一；龙虎山天师府，是历代天师起居之所，号称"南国第一家"。十大历史名人是：陶渊明、欧阳修、曾巩、王安石、黄庭坚、朱熹、文天祥、汤显祖、宋应星、朱耷。

据统计，截至2017年2月，江西省有庐山、井冈山、三清山等14处国家级风景名胜区，有南昌、赣州、景德镇、瑞金4座中国历史文化名城，有庐山世界地质公园等5处国家地质公园。

第十五章
山东省基本概况

山东,因居太行山以东而得名,简称"鲁",省会济南。

【地理环境】

山东省位于中国东部沿海、黄河下游、京杭大运河中北段,境域包括半岛和内陆两部分,山东半岛突出于渤海、黄海之中,同辽东半岛遥相对峙;内陆部分自北而南与河北、河南、安徽、江苏4省接壤。

山东省地跨东经114°47.5′~122°42.3′,北纬34°22.9′~38°24.01′。全境南北最长420多千米,东西最宽约700多千米,总面积15.8万平方千米,约占中国总面积的1.64%。

山东境内中部山地突起,西南、西北低洼平坦,东部缓丘起伏,形成以山地丘陵为骨架、平原盆地交错环列其间的地形大势。泰山雄踞中部,主峰海拔1532.7米,为全省最高点。黄河三角洲一般海拔2~10米,为全省陆地最低处。境内地貌复杂,大体可分为中山、低山、丘陵、台地、盆地、山前平原、黄河冲积扇、黄河平原、黄河三角洲等9个基本地貌类型。

山东水系比较发达,自然河流的平均密度每平方千米在0.7千米以上。中华民族的"摇篮"——黄河,流经山东570千米,汇入渤海。全省干流长10千米以上的河流有1500多条,其中在山东入海的有300多条。这些河流分属于淮河流域、黄河流域、海河流域、小清河流域和胶东水系,较重要的有黄河、徒骇河、马颊河、沂河、沭河、大汶河、小清河、胶莱河、潍河等。

湖泊集中分布在鲁中南山丘区与鲁西南平原之间的鲁西湖带。以济宁为中心,分为两大湖群,以南为"南四湖",以北为"北五湖"。"南四湖"包括微山湖、昭阳湖、独山湖、南阳湖,四湖相连,总面积1266平方千米,为全国十大淡水湖之一。"北五湖"自北而南为东平湖、马踏湖、南旺湖、蜀山湖、马场湖,其中以东平湖最大,湖区总面积 627 平方千米,蓄水总量 40 亿立方米。

山东半岛三面环海,大陆海岸线北自无棣县的大口河河口,南至日照市的绣针河口,全长 3345 千米,占全国大陆海岸线的 1/6。全省海洋面积 15.95 万平方千米,近海海域中,有天然港湾 20 余处,共有海岛 589 个,海岛总面积约 101.79 平方千米,海岛岸线长约 572.78 千米。

【气候特征】

山东的气候属暖温带季风气候类型。降水集中,雨热同季,春秋短暂,冬夏较长。年平均气温 11℃~14℃,全省气温地区差异东西大于南北。全年无霜期由东北沿海向西南递增,鲁北和胶东一般为 180 天,鲁西南地区可达 220 天。

山东全省光照资源充足,光照时数年均 2290~2890 小时,热量条件可满足农作物一年两作的需要。年平均降水量一般为 550~950 毫米,由东南向西北递减。降水季节分布很不均衡,全年降水量有 60%~70% 集中于夏季,易形成涝灾,冬、春及晚秋易发生旱象,对农业生产影响最大。

【行政区划】

截至 2015 年年底,山东省辖 17 个地级市:济南市、青岛市、淄博市、枣庄市、东营市、烟台市、潍坊市、济宁市、泰安市、威海市、日照市、莱芜市、临沂市、德州市、聊城市、滨州市、菏泽市;县级单位 137 个(市辖区 51 个、县级市 28 个、县 58 个),乡镇级单位 1826 个(街道 636 个、乡 75 个、镇 1115 个)。其中,济南市、青岛市为副省级城市。

【历史沿革】

山东是中华民族古老文明发祥地之一。目前发现的最早的山东人——"沂源人",可以把山东的历史上推到四五十万年以前。新石器时代早、中期的北辛文化,距今有 8000 年左右。举世闻名的原始社会末期的大汶口文化、龙山文化都是首先在山东被发现的。

夏禹分九州时,山东属于青州。商朝建立以前,山东是商族活动的中心,商前期的五次迁都,有三次在山东境内。商朝建立后,山东仍是其统治的中心地区。西周实行"封邦建国"之策,封吕尚于齐,封周公旦于鲁,另外尚有曹、滕、卫诸国,它们后来多被齐、鲁两国并吞。战国时期,齐国成为七雄之一,而今日山东的大部分地区都属于齐、鲁两国。

秦代时山东属临淄郡、齐郡、东郡、薛郡、琅琊郡、胶东郡、济北郡。西汉划分天下为 13 州,在山东地区设置了北部的青州和南部的徐州、兖州,一直延续到西晋时期。

唐朝全国设置10个道,以黄河为界,山东分属河南道和河北道。宋初,山东隶属于京东路和河北路,后又增置京东西路,曹州、郓州属京东西路。元代,在山东地区设立了东平行省、济南行省、山东淮南楚州行省、益都行省、山东行省等。明朝开始设立山东布政使司(当时包括辽东、北京、天津及河北)。清初设置山东省。1949年8月,华北人民政府通令,山东部分地区划出,与河南、河北的部分地区成立平原省。1952年撤销平原省,菏泽、聊城、湖西3专区划归山东省。

【人口民族】

山东省是全国人口众多、密集的省份之一,截至2016年年底,常住总人口9946.64万人。其中,0~14岁人口占总人口的16.42%,15~64岁人口占总人口的70.40%,65岁及以上人口占总人口的13.18%。

山东省属于少数民族杂居、散居省份。山东省56个民族齐全,有55个少数民族,截至2015年3月,山东省少数民族常住人口72万人,占全省总人口的0.75%,其中,回族人口54万人,占全省少数民族总人口的75%。少数民族人口5万人以上的市7个,分别是济南、青岛、济宁、泰安、德州、聊城、菏泽,万人以上的县(市、区)28个,民族乡镇4个;千人以上的民族工作重点乡镇167个,民族村居365个。少数民族流动人口高峰时达到120万人,主要集中在济南、青岛、烟台、威海等城市。

【宗教信仰】

山东省佛教、道教、伊斯兰教、基督教四大宗教俱全。佛教和道教在山东有千年以上历史,伊斯兰教主要自13世纪随回族穆斯林徙居山东后传播发展。基督教则主要是在鸦片战争后迅速传播起来的。

截至2015年3月,全省正式登记的宗教活动场所4961处,其中寺观教堂1285处。经国务院批准的佛教全国重点寺庙2处:济南千佛山兴国寺,青岛湛山寺;道教全国重点宫观2处:青岛市崂山太清宫、泰安市泰山碧霞祠。宗教院校3所:山东湛山佛学院、山东神学院、山东天主教圣神修院。

【交通状况】

截至2016年年底,山东省公路通车里程26.58万千米,公路密度达到每百平方千米169.6千米。其中,高速公路通车里程5710千米。

截至2016年年底,山东省以货运为主的"四纵四横"铁路运输格局基本形成。全省铁路通车里程达到 6100 千米。四纵通道分别是京九通道、京沪通道、蓝烟—胶新通道、东部沿海（烟台—威海—青岛—日照—连云港）通道；四横通道分别是德龙烟通道、邯济—胶济通道、山西中南部铁路通道、菏兖日通道。

山东省的主要机场有：济南遥墙国际机场、青岛流亭国际机场、青岛胶东国际机场、烟台蓬莱国际机场、威海大水泊国际机场、日照山字河国际机场、临沂沭埠岭机场、潍坊南苑机场、蓬莱沙河口机场、济宁曲阜机场、东营胜利机场、德州机场（在建）、菏泽机场（在建）、淄博机场（规划）等。新建设的青岛胶东国际机场为区域性枢纽机场，将是山东省最大的对外国际机场，建成后将成为全国八大国际空港枢纽之一。济南、青岛、烟台、威海、临沂机场为国际空港。

2015 年，山东全省沿海港口总泊位数达到 556 个，其中万吨级以上泊位 265 个，总通过能力达到 6.7 亿吨。沿海港口年吞吐量达到 13.4 亿吨，居全国第 2 位，拥有青岛、日照、烟台 3 个超 3 亿吨大港。除此之外，主要海港还有威海港、东营港、潍坊港、滨州港。内河通航里程达到 1150 千米，内河港口通过能力达到 4567 万吨，吞吐量达到 7920 万吨。

【自然资源】

截至 2014 年年底，山东省已发现 147 种矿产资源，查明资源储量的有 85 种。其中，石油、天然气、煤、地热等能源矿产 7 种；金、铁、铜、铝、锌等金属矿产 25 种；石墨、石膏、滑石、金刚石、蓝宝石等非金属矿产 50 种；地下水、矿泉水、二氧化碳气水气矿产 3 种。山东省矿产资源丰富，资源储量在全国占有重要的地位，据全国保有资源总量统计，列全国前 5 位的有 44 种，列前 10 位的有 75 种，以非金属矿产居多。其中，列全国第 1 位的矿产资源有金、铪、自然硫、石膏等 9 种；列第 2 位的有菱镁矿、金刚石、石榴子石、玉石、透辉石、建筑用辉石岩等 10 种；列第 3 位的有钛（金红石）、锆、片云母等 12 种。

山东省生物资源种类多、数量大。境内有各种植物 3100 余种，其中野生经济植物 645 种。树木以北温带针、阔叶树种为主。各种果树 90 种，山东省因此被称为"北方落叶果树的王国"。山东省是全国粮食作物和经济作物重点产区，素有"粮棉油之库，水果水产之乡"之称。

山东省拥有陆栖野生脊椎动物 500 种，其中，兽类 73 种、鸟类 406 种（含亚种）、爬行类 28 种、两栖类 10 种。陆栖无脊椎动物特别是昆虫，种类繁多，居全国同类物种之首。在山东境内的动物中，属国家一、二类保护的珍稀动物有 71 种，其中国家一类保护动物有 16 种。

山东省分属于黄、淮、海三大流域，多年平均水资源总量为 303.07 亿立方米，黄河水是山东主要可以利用的客水资源。目前山东省水资源的主要特点是：水资源总量不足；人均、亩均占有量少；水资源地区分布不均匀；年际年内变化剧烈；地表水和地下水联系密切等。全省水资源总量仅占全国水资源总量的1.09%，人均水资源占有量334立方米，仅为全国人均占有量的14.9%（不到1/6），属于人均占有量小于500立方米的严重缺水地区。

山东省海洋资源得天独厚，近海栖息和洄游的鱼虾类达260多种，鱼类资源有79种。其中，对虾、扇贝、鲍鱼、刺参、海胆等海珍品的产量均居全国首位。有藻类131种，经济价值较高的近50种，其中海带、裙带菜、石花菜为重要的养殖品种。山东省是全国四大海盐产地之一，丰富的地下卤水资源为山东盐业、盐化工业的发展提供了得天独厚的条件。

【文化艺术】

山东是中国古代文化的发源地之一，也是古代文化的中心。这里曾产生过许多杰出的思想家、政治家、军事家、科学家、文学家和艺术家。在学术思想方面，有孔子、孟子、颜子、曾子、墨子、荀子、郑玄、仲长统等；在政治军事方面，有管仲、晏婴、司马穰苴、孙武、吴起、孙膑、诸葛亮、戚继光等；在历史学方面，有左丘明、华峤、崔鸿、马骕等；在文学方面，有东方朔、孔融、王粲、徐干、左思、鲍照、刘勰、王禹偁、李清照、辛弃疾、张养浩、冯惟敏、李开先、李攀龙、蒲松龄、孔尚任、王士禛等；在艺术方面有王羲之、颜真卿、李成、张择端、高凤翰等；在科学技术方面，有鲁班、甘德、刘洪、何承天、王朴、氾胜之、贾思勰、王祯、燕肃等；在医学方面，有扁鹊、淳于意、王叔和等。他们的思想、理论、智慧和学术成就，构成了中国传统文化的重要内容，对中华民族文化的发展产生了广泛而深远的影响。

齐鲁文化是先秦时期齐国、鲁国形成和发展的一种地域文化，包括儒家文化、道家文化、兵家文化、法家文化、墨家文化以及阴阳、纵横、方术、刑、名、农、医等，其中最核心的是儒家文化。进入秦汉以后，齐鲁文化逐渐由地域文化演变为一种官方文化和主流文化。

在战国时期，儒学广泛传播于齐、鲁两国，实现了儒学齐鲁化。秦汉时期，董仲舒吸收了齐国和鲁国的新的思想，形成了新儒学体系，得到统治阶级认可，儒学从此由"齐鲁之学"发展到"独尊儒术"。

山东是中国较早有戏剧活动的地区之一。隋代齐倡名动全国，到了唐代，参军戏在山东流行。金末元初产生了用北曲演唱的戏曲形式即元杂剧，山东是主要流行地区之一，元人钟嗣成的《录鬼簿》和明初贾仲明的《录鬼簿续编》中记载的山东籍戏曲作家共28人，能歌擅唱者4人。戏曲到明清时进入蓬勃发展时期。李开先的《宝剑记》和孔尚任的《桃花扇》成就突出。

山东现代戏曲剧有30多种,吕剧是山东主要地方剧种,柳子戏、山东梆子、五音戏、茂腔、柳腔等是山东较有影响的地方戏曲,号称"东柳"的柳子戏是弦索腔剧种中流传较广的剧种。山东曲艺遗产丰富,品种繁多,民间说唱艺术更有"书山曲海"之誉。山东是全国民间说唱艺术发达的省份之一,包括山东评书、山东快书、数来宝、山东琴书、山东大鼓、东路大鼓、胶东大鼓、山东清音等。山东民间音乐、舞蹈,粗犷豪放,民歌有上万首,包括《沂蒙山小调》《对话》等。山东杂技艺术历史悠久,其源头可以追溯到秦汉时期。山东省杂技团的《蹬板凳》《车技》分别于1984年、1997年在蒙特卡洛国际杂技节荣获最高奖——"金小丑"奖。

【特产美食】

山东传统工艺品形式多样,其中年画、泥塑、剪纸等形式历史悠久,影响广泛,在国内享有盛誉。传统工艺品包括杨家埠木板年画、高密扑灰年画、高密剪纸、莱州剪纸、德州剪纸、灵岩寺泥塑、聂家庄泥塑、鲁锦、淄博陶瓷、潍坊风筝、博山琉璃、周村丝绸、青岛贝雕画、阴平毛笔等。

名酒有青岛啤酒、张裕葡萄酒、一品景芝酒、孔府家酒、兰陵美酒等。

名茶有浮来青、碧波清锋、茗家春、崂山绿茶等。

食品、果品包括东阿阿胶、德州扒鸡、苍山大蒜、烟台苹果、莱阳梨、肥城桃、乐陵金丝小枣、章丘大葱、平阴玫瑰、马家沟芹菜、荣成大花生、明湖莲藕、黄河口大闸蟹等。

鲁菜是中国饮食文化的重要组成部分,中国四大菜系之一,以其味鲜咸脆嫩、风味独特、制作精细享誉海内外。特色菜有葱爆海参、油爆双脆、锅烧肘子、糖醋黄河鲤鱼、九转大肠、锅塌豆腐等;特色小吃有济南扁食、济南糖酥煎饼、福山拉面、蓬莱小面、周村酥烧饼等。

【民俗风情】

山东素称"齐鲁之邦,礼仪之乡",鲁中平原以农耕文化为特色,潍坊风筝、杨家埠年画散发着浓郁的泥土气息;胶东沿海渔家风情浓郁,粗犷奔放;鲁西地区历史悠久,是孔孟之乡。在特有的地域文化熏陶下,山东的民俗风情风格多样,生生不息。

齐鲁两俗并存,山东民俗自成系列。古时山东分为齐、鲁两国,两个地区形成不同风格的民俗,并且一直相对存在,互相影响却又自成风格。山东东部是齐国,西部是鲁国。由于两个古国对后人影响至深,至今山东还是被称为"齐鲁"。齐、鲁的不同民俗,形成后来山东民俗的地区差异。齐俗继承东夷文化传统,较少受宗周礼制的束缚,带有商品经济的色彩。鲁俗则试图用周礼来替代原有的文化传统,更带有自然经济的色彩。

山东省每年举办许多大型旅游节庆活动,包括好客山东贺年会、孔子国际文化节、青岛国际啤酒节、泰山国际登山节、潍坊国际风筝会、菏泽国际牡丹花会等,还有青岛海洋节、蓬莱和平颂国际青少年文化艺术节、泰山东岳庙会、济南国际艺术歌会、淄博陶瓷琉璃艺术节、青岛酒吧文化节等40多项。

【旅游资源】

山东旅游资源丰富,自然风光秀丽,文物古迹众多,素来有"一山一水一圣人"之称。山东是中华文明的重要发祥地之一,泰山从这里崛起,孔子在这里诞生,黄河由这里入海。"山水圣人""黄金海岸"两大旅游带优势突出。孔子故里曲阜、五岳之首泰山代表了东方文化的高峰。山东沿海3000多千米的海岸线上,青岛、烟台、威海、日照连成一片,成为中国独有、世界少见的海滨旅游城市集群。"文化圣地,度假天堂""好客山东"成为山东省旅游整体形象品牌。

山东自然资源丰富多样,"五岳之首"的泰山,气势雄伟磅礴。黄河入海口自然风光原始独特。青岛、烟台、威海、日照构成独特的海滨城市群景观。省会济南素有"泉城"之称,"四面荷花三面柳,一城山色半城湖"的美景名扬四海。此外,山东还有枣庄万亩石榴园、菏泽5万亩牡丹花、滕州微山湖10万亩荷花、沂水地下画廊、地下大峡谷等,都是旅游观光的好去处。

山东省人文旅游资源璀璨,拥有世界级遗产4处:泰山被列入世界自然和文化双遗产;世界文化遗产有曲阜"孔府、孔庙、孔林",万里长城中的齐长城,京杭大运河。

山东拥有10座国家历史文化名城:曲阜、济南、青岛、聊城、邹城、淄博、泰安、蓬莱、烟台、青州,中国历史文化名镇2座,中国历史文化名村5座。

山东省拥有6处国家级风景名胜区:泰山风景名胜区、青岛崂山风景名胜区、胶东半岛海滨风景名胜区、博山风景名胜区、青州风景名胜区、千佛山风景名胜区。

国家地质公园9处:枣庄熊耳山国家地质公园、山旺国家地质公园、东营黄河三角洲国家地质公园、长山列岛国家地质公园、沂蒙山国家地质公园、诸城恐龙国家地质公园、莱阳白垩纪地质公园、沂源鲁山地质公园、山东昌乐火山地质公园。

国家级旅游度假区2处:山东省凤凰岛旅游度假区、山东省海阳旅游度假区。

另外,齐国故都临淄,"人间仙境"蓬莱,"道教圣地"崂山,"世界风筝都"潍坊,国际啤酒城青岛,国际葡萄酒城烟台,兵圣孙子故里,吕剧之乡广饶,"仙山之祖"昆嵛山,有女娲补天的美丽传说的峄山,以集聚水浒英雄而著名的史称"八百里水泊"的梁山泊等,都是旅游观光的好去处。

山东省宗教建筑众多,现存著名的有:佛教的济南兴国禅寺、万佛洞、灵岩寺、青岛崂山华严寺、青岛湛山寺等,道教的青岛崂山太清宫、泰山碧霞祠、蓬莱天后宫、岱庙等,基督教的圣弥厄尔教堂。

山东省的主要景点有:泰山、岱庙、曲阜三孔、趵突泉、大明湖、青岛栈桥、五四广场、石老人海滨浴场、崂山、齐长城、稷下学宫遗址、台儿庄古城、黄河口湿地、蓬莱阁、昆嵛山、水泊梁山、刘公岛、孙武古城、曹州牡丹园等。

华中地区

第十六章
河南省基本概况

河南省是中华民族与华夏文明的发源地之一,中国四大发明中的指南针、造纸术、火药三大技术均发明于河南;河南为中国建都朝代最多、建都历史最长、古都数量最多的省份。从夏朝至宋朝,河南一直是中国的政治、经济、文化和交通中心。河南省古称中原、中州、豫州,简称"豫"。因省域大部分地区位于今黄河以南,故称河南。

【地理环境】

河南省位于中国中东部,黄河中下游,华北平原的南部,秦岭山系余脉的东端。东接安徽、山东,西连陕西,北接河北、山西,南临湖北,全省土地总面积16.7万平方千米,占全国总面积的1.73%,在全国34个省级行政区中位居第17位。

河南省地势总体为西高东低,全省地貌可概括为"三山一原二盆地"。三山指的是西北侧太行山脉、西侧伏牛山脉、南侧桐柏山脉和大别山脉,沿省界呈半环形分布;一原为中、东部的黄淮海大平原;二盆地为南阳盆地和洛阳盆地。河南省平原和盆地面积9.3万平方千米,占全省总面积的55.7%;山地和丘陵面积7.4万平方千米,占全省总面积的44.3%。位于三门峡灵宝市境内的老鸦岔为全省最高峰,海拔2413.8米;最低处在信阳市固始县的淮河出省处,海拔23.2米。

河南省境内有1500多条河流纵横交织,流域面积超过1万平方千米的有8条;横跨海河、黄河、淮河、长江四大水系,其中淮河流域面积约占全省面积的1/2,是境内最大的水系;年平均水资源总量为414亿立方米,位居全国第19位。

【气候特征】

河南省属典型的暖温带大陆性季风气候,具有四季分明,雨热同期,地区差异性较大,灾害性天气频繁的明显特征。

全省年平均气温一般为12℃~16℃,其中1月最冷,7月最热;春季以4月温度回升幅度最大,秋季以11月降温幅度最大。

受季风气候影响,53%的降水分布在6月、7月、8月三个月。7月最多,为169.7毫米,占全年降水量的23%;12月最少,只有11.6毫米,仅占年降水量的1.6%。北部少,南部多,自北向南递增,最多的是信阳的光山县,年降水量为532.6毫米,最少的是新乡的长垣县,年降水量只有138.6毫米,全省年平均降水量为500~900毫米。

【行政区划】

截至2016年年底,河南辖郑州、开封、洛阳、平顶山、安阳、鹤壁、新乡、焦作、濮阳、许昌、漯河、三门峡、南阳、商丘、信阳、周口、驻马店等17个省辖市,济源1个省直管市,52个市辖区、20个县级市、85个县,省会郑州市。

【历史沿革】

距今五六十万年前,南召猿人已开始在河南境内劳动、生息和繁衍,是中国旧石器时代的早期人类之一,境内分布着大量的仰韶文化遗址和龙山文化遗址。

5000年前,中华文明始祖黄帝在此出生、成长、建国,开创了中华文明的先河。4000多年前,中国历史上第一个奴隶制王朝——夏在河南建立,黄河中下游地区始终是夏王朝活动的中心。公元前16世纪,发源于河南商丘的商民族建立商朝,初都于亳,历经迁移后定都于殷(今安阳),其中殷是中国历史上第一个有文献可考,并为考古学和甲骨文所证实的都城,是中国历史上可以肯定确切位置的最早的都城。

西周初期周成王营建都城成周(今洛阳),东周建都洛阳,河南再次成为全国的政治、经济、文化中心,春秋战国时期众多诸侯国的都城也均在河南境内。

秦朝建立后,在今河南境内设置三川郡;西汉初都洛阳,后迁移到今西安,东汉建都洛阳后,河南再次成为全国的政治、经济、文化中心。

东汉之后形成三国鼎立局面,曹魏定都洛阳。北魏统一北方后,孝文帝将首都迁至洛阳。后赵、冉魏、前燕、东魏、北齐均建都于今河南安阳。

隋朝初期,以洛阳为东都,之后隋炀帝迁都洛阳,又以洛阳为中心开凿了沟通南北的隋唐大运河,以洛阳为东端起点的"丝绸之路"可以直达地中海东岸。唐代自高宗时仍以洛阳为都,称东都。武则天称帝后,改国号为周,史称武周,改洛阳为"神都",以更大规模开凿龙门石窟,奉先寺卢舍那大像龛便是盛唐雕刻艺术的辉煌代表。

唐朝之后,中原地区相继出现了后梁、后唐、后晋、后汉、后周五个短暂的王朝,史称五代,这五个王朝相继定都于洛阳和开封。

北宋建都开封,以开封为东京、以洛阳为西京、以商丘为南京。河南又一次成为全国的政治、经济和文化中心。北宋时,都城开封人口达150多万人,为当时全球第一大城市,商业贸易额占全国的一半,各方面都极一时之盛,可以说是古代河南历史的黄金时代。

金朝时期由于受到蒙古帝国频繁入侵,迁都到开封,称南京。元朝实行行省制,河南时称河南江北行省,开封是治所,此为河南称省的开始。明朝时期河南省下设8个府1个直隶州。清朝时期河南基本沿袭了明朝行政区划。

新中国成立后,河南省会初定开封,1954年,河南省会从开封市迁往郑州市。

【人口民族】

截至2015年年底,河南省总人口为10 722万人,占全国人口总数的7.8%,位居全国第一;常住人口为9480万人,在全国排名第三,仅次于广东和山东。

全省常住人口中,男性人口为4805万人,占常住人口的50.69%;女性人口为4675万人,占常住人口的49.31%。居住在城镇的人口为4441万人,占常住人口的46.85%,居住在乡村的人口为5039万人,占常住人口的53.15%。全省各地市中,南阳市是唯一一个人口超千万的城市,人口数量1002.12万人。

河南省常住人口中以汉族人口为主体,占全省人口的98.34%。截至2012年年底,全省少数民族人口1 441 968人,占全省总人口的1.36%。世居河南的少数民族有回族、蒙古族、满族和维吾尔族。其中回族1 231 858人,占全省少数民族总人口的85.4%;蒙古族91 079人,占全省少数民族总人口的6.3%;满族75 148人,占全省少数民族总人口的5.2%;其他少数民族43 883人,占全省少数民族总人口的3%。全省现有城市民族区3个,民族乡13个,民族镇8个。

【宗教信仰】

河南省是我国几大宗教的重要传播地。

东汉永平十一年(68年),作为我国第一座官办寺院的白马寺在洛阳建成,历来被佛教界尊为"释源"和"祖庭",在中国佛教史上占有特殊的地位。南北朝时,仅洛阳一地就有佛寺1367座,大规模的石窟开凿,给河南留下了极其丰富而又辉煌的佛教雕刻艺术遗产。北魏宣武帝时,南天竺僧人菩提达摩来到嵩山少林寺,首传禅宗,使得少林寺成为"禅宗祖庭"。隋唐两代,洛阳成为佛教中心,唐太宗时期的玄奘前往天竺求取佛法,回国后带回大量的佛经,共译出大小乘佛经论75部1335卷,使中国佛经翻译事业达到顶峰,也促使佛教在唐朝时期鼎盛发展。

道教是中国的传统宗教,河南是道家思想的发源地,春秋时期的道家学派(创始人老子,今周口鹿邑人)和墨家学派(创始人墨子,今商丘人)是道教思想的重要渊源。道家的"道"为万物之源和长生之根的思想,为道教的创立提供了哲学依据;墨家学派为道教提供了"天志""明鬼"的宗教思想,也为道教提供了勤劳、节用、兼爱、非攻、尚贤、尚同的伦理思想。

隋末唐初,伊斯兰教传入中国,唐代的管城已是两京通往沿海各地的水陆码头,一些过往的阿拉伯使节和商人或寄寓,或留居,成为今天郑州回族的最早来源。北宋和金代,许多穆斯林来到当时的京都开封。蒙古军西征东归时,又将大批中亚人、波斯人、阿拉伯人带到中原,很快形成了回族人皆以中原为家之势。明初,分散在河南各地的穆斯林通过同汉族通婚,大大增加了伊斯兰教的教徒人数,全省近半数县出现了伊斯兰教徒聚居区,清真寺达700座以上。清朝,从陕西、河北、山东迁来许多穆斯林,进一步增加了河南地区伊斯兰教的信众。新中国成立以来,河南省除了少数几个县外,大多数县都有穆斯林聚居区,至2011年年底,河南全省共有伊斯兰教清真寺842座,其他伊斯兰教活动固定处所131处。

作为世界三大宗教之一的基督教,最早传入河南的是天主教。自明万历四十一年(1613年)始,意大利籍神父艾儒略等先后到开封传教,发展教徒数百人。清初(1660—1665年),法国传教士恩理格以开封为据点逐步向外传播,河南天主教信徒达3000余人。鸦片战争之前,基督教(在我国单指基督教新教)已传入中国。1865年,英国传教士戴德生在上海建立一个专门入内地传教的跨宗派组织——中华基督教内地会。戴德生分两路派人进入河南传教:一是豫东商埠周口镇(今周口市),水路可直通上海;二是豫西南商埠赊旗镇(今社旗县),其水路发达,交通便利。1901年,《辛丑条约》签订后,帝国主义所支持的基督教各差会,争相派遣传教士来河南传教。各教会为了扩大各自传教范围,协议划定传教区域和各自的势力范围,以开办学校和医院作为传教、吸收教徒的主要手段。抗日战争时期,日军侵入河南,大部分外国传教士相继回国,教会经济来源断绝,教徒四散。中华人民共和国成立后,河南省基督教实行中国教会自治、自养、自传的"三自革新"运动,成立了"三自爱国运动委员会",截至2011年年底,全省有基督教教堂2525座,其他基督教活动固定处所4002处。

【交通状况】

河南省是中国承东启西、连南贯北的重要交通枢纽所在地,拥有铁路、公路、航空、水运、轨道交通等相结合的综合交通运输体系。

航空方面,河南目前拥有郑州新郑国际机场、洛阳北郊机场、南阳姜营机场、信阳明港机场、商丘观堂机场等五大民用机场,均可起降大型客机。其中郑州新郑国际机场按照国际化标准设计,可满足波音747-400型客机全载起降,2016年1月7日,郑州新郑国际机场第二跑道启用,成为中部地区唯一拥有双航站楼双跑道的机场。截至2016年年底,郑州机场有运营客运航空公司40家(国内31家、国际9家),开通客运航线162条(其中国际航线25条),客运通航城市86个(其中国际城市19个),郑州新郑国际机场的航线网络通达性进一步增强,已成为国内除上海浦东、广州白云、深圳宝安机场之外的第四大货运机场;在全球前20位货运枢纽机场中,开通12个航点,基本形成覆盖欧美和东南亚主要货运枢纽的航线网络。

河南的铁路交通优势尤其突出,国家铁路主通道"三纵三横"("三纵":京广、京九、焦柳铁路;"三横":陇海、宁西、新荷兖日铁路)贯穿河南全省。其中,郑州车站是全国特等客运站之一,也是全国最大的旅客中转站和行包中转站,素有中国铁路客运的"心脏"之称;郑州北站是亚洲作业量最大的铁路枢纽编组站;郑州货运东站是全国最大的零担货运站;郑州东站是亚洲最大的高铁站,也是世界第一座、世界最大规模的设计时速350千米及以上高速铁路十字枢纽火车站,全国唯一的一座"米"字形高铁枢纽。郑西高铁、京广高铁、郑徐高铁等高铁干线已经开通。中原城市群城规划的7条城际交通轨道,最终形成以郑州为中心、洛阳为副中心,以京广、陇海为主轴,连接中原城市群地区的"十字加半环线"网络构架,覆盖中原城市群的"一小时交通圈"。

【自然资源】

截至2016年年底,河南已发现的矿种144种,已查明资源储量的矿种110种,已开发利用的矿种93种,其中能源矿产6种、金属矿产23种、非金属矿产62种、水气矿产2种。河南优势矿产可归纳为煤、石油、天然气"三大能源矿产"和钼、金、铝、银"四大金属矿产"。

河南省是农业大省,农作物有78种之多。主要粮食作物有小麦、玉米、水稻、大豆、甘薯等;主要经济作物有棉花、烟叶、芝麻、油菜籽、花生、茶叶、药材、花卉、食用菌、果树等。粮、棉、油、芝麻、烟叶等的产量稳居全国前列。

河南省水力资源蕴藏量490.5万千瓦,可供开发量315万千瓦。中国跨世纪的特大型水力枢纽工程黄河小浪底水利枢纽已于2001年全部竣工投入使用。

河南省已知陆生脊椎野生动物520种,占全国总数的23.9%;国家一级保护动物15种,二级保护动物75种。已知的高等植物3979种,被列入国家重点保护的珍稀野生植物有40种。林业用地470.2万公顷,森林覆盖率17.32%,林木覆盖率23.77%。全省建立各类自然保护区35个,国际级自然保护区11个,总面积75.69万公顷。

【文化艺术】

中原文化是以中原为基础的物质文化和精神文化的总称,最早可追溯至公元前约6000年至公元前约3000年的中国新石器时代。中原文化是中华文化的重要源头和核心组成部分,它既是一个历史概念,也是一个空间概念。

神龙文化:河南是龙的故乡。被称为"人文始祖"的太昊伏羲,在今周口淮阳一带"以龙师而龙名",首创龙图腾,实现了上古时期多个部族的第一次大融合;被称为又一"人文始祖"的黄帝,在统一黄河流域各部落之后,为凝聚各部族的思想和精神,在今新郑一带也用龙作为新部落的图腾。今天的中国人被称为"炎黄子孙"和"龙的传人",就是因此而来。濮阳蚌龙距今6400年,是中国最早的龙形象,被考古学界誉为"中华第一龙";在"华夏第一都"偃师二里头遗址发现的大型绿松石龙形器,距今至少3700年,被学者命名为"中国龙"。

汉字文化:汉字是传承和弘扬中华文化的重要载体,是中华民族的基本标志,并对朝鲜、韩国、日本等国文字文化产生了巨大而深远的影响。连续4000多年的汉字文化史,可以说就是一部中原汉字史,汉字的产生及其每一个重要发展阶段几乎都发生在中原大地上:黄帝时代仓颉造字、安阳甲骨文出土;上蔡人李斯帮助秦始皇"书同文"、制定规范书写"小篆";漯河人许慎编写世界第一部字典,归纳汉字生成规律、统一字义解析,他在家乡完成了《说文解字》;规范性字体"宋体"字产生在河南开封,活字印刷术也发明于河南。

姓氏文化:中华姓氏无论肇始与大量衍生都与中原关系密切。《中华姓氏大典》中的4820个汉族姓氏中,起源于河南的有1834个。在当今的前300个大姓中,根在河南的有171个;前100个大姓中,根在河南的有78个。无论是李、王、张、刘为代表的中华四大姓,还是林、陈、郑、黄为代表的南方大姓,其根均在河南。姓氏文化是河南独有的文化现象。

诗歌文化:河南是中国文学的发祥地。中国第一部诗歌总集《诗经》中,河南篇目作品100多篇,占总篇目的1/3。历史上有"汉魏文章半洛阳"之说。左思《三都赋》创造了"洛阳纸贵"的佳话。唐代三大诗人河南有其二——"诗圣"杜甫、"诗魔"白居易。著名文学家有蔡文姬、潘安、谢灵运、江淹、韩愈、刘禹锡、元稹、李贺、李商隐等。

中医文化:中原医学文化以整体的治疗思想、多角度观察病理的方法、奇特的治疗技术、和谐的用药手段而著称于世,是传统文化中的精华与国粹。黄帝被后人公认为中医药的创始人,中医药文化起源并发达于中原。南阳人张仲景被尊称为"医圣",其《伤寒杂病论》被誉为中医瑰宝,享誉中外。

武术文化:中原武术文化技冠天下。少林功夫最具代表性,最具文化内涵,最具宗教文化底蕴,最具完整性体系,最具权威性,已成为中国武功的主流学派。温县陈家沟人陈王廷创立的陈氏太极拳,博采众长、阴阳相合、刚柔相济,是中国武术文化的又一重要流派。

戏曲文化:民间戏曲与曲艺是广大民众喜闻乐见的精神产品,活跃于中原大地田间地头、乡村城市。豫剧是在河南梆子的基础上不断继承、改革和创新发展起来的,是中国五大戏曲剧种之一,也是中国最大的地方剧种,居全国各地方戏曲之首。其唱腔以铿锵大气、抑扬有度,行腔酣畅、吐字清晰,韵味醇美、生动活泼,善于表达人物内心情感著称,凭借其高度的艺术性而广受各界人士欢迎。从清朝末期至今已经形成四大声腔,即祥符调(以开封为中心)、豫东调(以商丘为中心)、豫西调(以洛阳为中心)、沙河调(以豫东南沙河流域为中心)。经常被谈论的有陈(素真)派、常(香玉)派、崔(兰田)派、马(金凤)派、阎(立品)派、桑(振君)派等旦角六大流派;老生(即须生、红脸)唐(玉成)派、唐(喜成)派、刘(忠河)派;净行李(斯忠)派和丑行牛(得草)派等。在中原大地上,还有以申凤梅、毛爱莲等一批艺术家为代表的越调,以张新芳、马琪等一批艺术家为代表的曲剧。此外,大平调、怀梆、宛梆、二夹弦、道情、马街书会等都是百姓喜闻乐见的艺术形式。

【特产美食】

河南省特产众多,类型丰富。旅游工艺品有汝瓷、钧瓷、洛阳唐三彩、南阳玉雕、西平棠溪宝剑、开封汴绣、朱仙镇木板年画、浚县泥咕咕、淮阳泥泥狗、洛阳铲、麦秆画等。名酒有杜康酒、宝丰酒、仰韶酒、张弓酒、宋河粮液等。土特名产有四大怀药(怀地黄、怀牛膝、怀菊花、怀山药)、新郑大枣、灵宝苹果、信阳毛尖、原阳大米、河阴石榴、中牟大蒜、信阳板栗、黄河鲤鱼、西峡中华猕猴桃等。

特色饮食有郑州烩面、洛阳水席、开封灌汤包子、道口烧鸡等。特色小吃有洛阳浆面条、开封花生糕、杞县酱菜、武陟油茶、胡辣汤、海蟾宫松花蛋、沁阳驴肉、开封套四宝、烙馍卷菜、吊炉烧饼、鹤壁石子馍、濮阳壮馍等。

【民俗风情】

河南历史悠久,民俗风情丰富多彩。

腊八枣树"吃"米饭。在汉族传统的腊八节,我国大多数地区都要吃腊八粥,在豫北,腊八早上熬好粥之后,第一件事是将粥喂给枣树。在枣树树身上砍一些小口子,再虔诚地把粥抹在树痕上,这是源自一个用粥敬枣树后,枣树丰收的传说。其实这个风俗里包含了科学道理,枣树上的小口子可以让枣树将营养集中供应地上部分,保证果实的营养需求。当地有民谣:腊八枣树"吃"米饭,枣儿结得干连蛋。

祭灶。农历腊月二十三是"祭灶节"。每到腊月二十三这天,中原城乡噼噼啪啪燃放起新年的第一轮鞭炮。城镇居民忙于购买麻糖、火烧等祭灶食品。而在广大农村,祭灶仪式多在晚上进行。祭灶人跪在灶爷像前,怀抱公鸡。也有人让孩子抱鸡跪于大人之后。焚烧香表后,男主人斟酒叩头,祭灶人高喊一声"领",然后执酒浇鸡头。若鸡头扑棱有声,说明灶爷已经领情。若鸡头纹丝不动,还需再浇。祭灶仪式结束后,人们开始食用灶糖和火烧等祭灶食品。在河南,人们把祭灶节看作仅次于中秋的团圆节。

二月二炒黄豆。这天是龙抬头节,也叫青龙节,河南的乡村会炒黄豆。相传除非金豆开花,玉帝才能饶恕玉龙。百姓发现玉米和黄豆就是金黄金黄的,炒炒不就是金豆开花么,所以各家各户都炒金豆供起来,玉龙回到天上后哗哗下起雨,此时正是"春雨贵如油"的季节。

庙会。河南有许多赶庙会的风俗。如农历三月三,盘古山庙会,一般持续5天,善男信女抬着整猪整羊等供品,一路焚香燃表,吹吹打打到盘古寺祭拜,之后会安排戏班唱戏等活动。还有中岳庙会,春季农历三月初十和秋季十月初拉开序幕,会期长达10天,活动丰富,热闹非凡。还有浚县一年一度的"正月庙会"闻名遐迩,是中原民俗文化的活化石,2007年,"浚县古庙会"和"浚县民间社火"被列入河南省非物质文化遗产名录,同时被评为河南民俗经典。

【旅游资源】

河南省是一个旅游资源大省,既有得天独厚的自然景观,也有丰富的人文旅游资源。

云台山、嵩山、伏牛山、王屋山—黛眉山被列入世界地质公园,宝天曼自然保护区被列入世界人与生物圈保护区网络。此外,云梦山被称为"中华第一古军校",白云山被称为"中国最美的地方",鸡公山被称为"中国四大避暑胜地之一",太行山大峡谷被称为"中国四大峡谷之一",林虑山国际滑翔基地被称为"亚洲第一、世界一流",都具有很高的旅游价值。

黄河流经河南700多千米,其间从中游到下游,既有三门峡水库的碧波荡漾,又有郑州黄河风景名胜区的波澜壮阔,还有治理开发黄河的关键性工程——黄河小浪底水利枢纽工程,更有高出地面14米的开封"悬河"奇观。伴随着南水北调中线工程的全线开通,自淅川境内的陶岔闸首由丹江水库向中国北方地区输送水源,沿线地区又形成了一道新的景观。人工天河——红旗渠,更向世人展示了中原儿女自力更生、艰苦创业、团结协作、无私奉献的大无畏精神。

每年4月,洛阳牡丹甲天下,一年一度的中国洛阳牡丹文化节吸引了四方宾朋云集古都洛阳;每年11月,开封菊花世无双,傲霜怒放迎游人,真可谓"万里游燕客,十年归此台。只今秋色里,忍为菊花来"。

河南省是一个人文旅游资源大省,在中华民族文化乃至东方文化的形成与发展史上占有非常重要的地位。

大量的史书记载和多年的考古发掘证明,距今五六十万年前,南召猿人已开始在河南境内劳动、生息和繁衍。从公元前21世纪中国第一个王朝——夏朝到公元13世纪的金朝,先后有20多个王朝的200多位帝王建都或迁都于河南,留下了数不胜数的名胜古迹。

河南省是文物资源大省,地下文物总量居全国第1位,地上文物总量居全国第2位,各类博物馆、纪念馆150余座,收藏各类文物140万余件,约占全国的1/8,被誉为"中国历史的自然博物馆"。中国八大古都中,河南占据了半壁江山(洛阳、开封、安阳、郑州),数量居全国第1位。有洛阳、开封、安阳、南阳、郑州、商丘、濮阳、浚县等8座国家级历史文化名城,10个国家级历史文化名镇(神垕镇、荆紫关镇、赊店镇、朱仙镇、古荥镇、竹沟镇、冢头镇、道口镇、嵖岈山镇、白雀园镇),2个国家级历史文化名村(郏县堂街镇临沣寨、郏县李口乡张店村),21座省级历史文化名城。

截至2016年7月,河南省拥有世界文化遗产6项25处,分别是长城(河南段)、龙门石窟、殷墟、天地之中——嵩山历史建筑群、隋唐大运河(河南段)、丝绸之路(河南段);截至2016年年底,河南省拥有各类重点文物3万多处,其中全国重点文物保护单位358处,入选国家级非物质文化遗产名录113个,国家5A级旅游景区13处(嵩山—少林寺、龙门石窟、云台山—神农山—青天河、殷墟、白云山、清明上河园、尧山—中原大佛、老君山—鸡冠洞、龙潭大峡谷、中国西峡恐龙遗迹园—伏牛山—老界岭、嵖岈山、红旗渠—太行大峡谷、芒砀山),世界地质公园4处,国家级风景名胜区12处(嵩山、龙门石窟、万仙山、鸡公山、王屋山、云台山、尧山、神农山、青天河、林虑山、桐柏山—淮源、郑州黄河风景区),国家级自然保护区13处(河南黄河湿地国家级自然保护区、河南豫北黄河故道湿地鸟类国家级自然保护区、焦作太行山猕猴国家级自然保护区、河南南阳恐龙蛋化石群国家级自然保护区、河南伏牛山国家级自然保护区、宝天曼国家级自然保护区、河南鸡公山国家级自然保护区、董寨国家级自然保护区、连康山国家级自然保护区、河南小秦岭国家级自然保护区、河南丹江湿地国家级自然保护区、河南大别山国家级自然保护区、高乐山国家级自然保护区),中国国家森林公园34处;《禅宗少林·音乐大典》《大宋东京梦华》等实景演出已成为河南省文化旅游的知名品牌。

宗教建筑遍布全省,比较著名的有:中国第一座官办寺院——洛阳白马寺,禅宗祖庭、武术胜地——登封少林寺,北宋名寺——开封大相国寺,中国三大石窟艺术宝库之一——龙门石窟,我国目前最高大、历史最悠久、保存最完整的大型琉璃砖塔——开封铁塔,道教第六小洞天——嵩山中岳庙,全真教创始人王重阳传教地——开封延庆观,老子归隐西去、在此著《道德经》五千言的灵宝函谷关等。

偃师二里头夏文化遗址、郑州商城遗址、殷墟遗址(中国历史上第一个有文献可考,并为甲骨文和考古发掘所证实的古代都城遗址)、郑韩故城遗址、汉魏洛阳故城遗址、隋唐洛阳故城遗址、北宋东京城遗址、裴李岗遗址、仰韶遗址、大河村遗址等遍布全省;太昊陵、韩王陵、汉梁孝王墓群(中国规模最庞大的汉墓群)、邙山陵墓群、北宋皇陵、张衡墓、张仲景墓、范仲淹墓、欧阳修墓等帝陵及名人贵族墓地众多;内乡县衙(中国四大古代官衙之一)、关林(海内外三大关帝庙建筑之一,我国唯一的"冢、庙、林"三祀合一的古代经典建筑群)、武侯祠、康百万庄园(全国三大地主庄园之一)、嵩阳书院(北宋四大书院之首)等建筑价值较高。

第十七章
湖北省基本概况

湖北,简称"鄂",省会武汉,位于中国中部偏南、长江中游、洞庭湖以北,故名湖北。

【地理环境】

湖北省位于中国中部,东邻安徽,南接江西、湖南,西连重庆,西北与陕西接壤,北与河南毗邻。东西长约740千米,南北宽约470千米,国土总面积18.59万平方千米。

湖北省处于中国地势第二级阶梯向第三级阶梯过渡地带。全省地势大致为东、西、北三面环山,中间低平,略呈向南敞开的不完整盆地。在全省总面积中,山地占56%,丘陵占24%,平原湖区占20%。

湖北省地貌具有明显的过渡性和复杂性,类型多样,山地、丘陵、岗地、平原、盆地各种类型兼而有之,全省的地貌结构呈现"七山一水二分田"的特征。域内地势高低相差悬殊。湖北省陆地最高点位于西部号称"华中屋脊"的神农架最高峰神农顶,海拔3106.2米;湖北省陆地最低点位于黄梅县刘佐乡东喇叭湖陆地,海拔9.2米。湖北省西、北、东三面被武陵山、巫山、神农架、武当山、桐柏山、大别山、幕阜山等山地环绕,山前丘陵岗地广布。全省丘陵主要分为两大区域:鄂中丘陵和鄂东北丘陵。湖北省中南部为省内最大的平原江汉平原,与湖南省洞庭湖平原连成一片,地势平坦,土壤肥沃,湖北省的另一平原为鄂东沿江平原。

湖北省境内江河纵横,湖泊遍布,渠道交错,库塘众多,拥有内陆水域的江、河、湖、塘等各种类型。长江在湖北省境内自西向东,流贯全省26个县市,流程1041千米。湖北境内的长江支流众多,其中汉江为长江中游最大支流,在湖北境内流程878千米。湖北被誉为中国的"千湖之省",全省有大小湖泊755个,湖泊水域面积2706平方千米。省内最大的淡水湖为洪湖,面积413平方千米。其他较大的有梁子湖、东湖、长湖、斧头湖、刁汊湖、西凉湖、大冶湖等。

【气候特征】

湖北省气候总体来看属于亚热带季风气候,呈现复杂性、过渡性和季节性的特点。湖北气候的主要特点是:四季分明,冬季干冷,夏季湿热,雨热同季。

湖北省年平均气温15℃~17℃,大部分地区冬冷、夏热,春温多变,秋温下降迅速。一年之中,1月最冷,大部分地区平均气温2℃~4℃;7月最热,除高山地区外,平均气温27℃~29℃,极端最高气温可达40℃以上。全省无霜期为230~300天。

湖北省降水地域分布呈由南向北递减趋势。鄂西南最多,年降水量达1400~1600毫米;鄂西北最少,年降水量为800~1000毫米。降水量分布有明显的季节变化,一般是夏季最多,冬季最少,全省夏季雨量为300~700毫米,冬季雨量为30~190毫米。6月中旬至7月中旬雨量最多,强度最大,是湖北的梅雨期。

【行政区划】

截至2016年,湖北省辖12个地级市,包括武汉市、黄石市、十堰市、宜昌市、襄阳市、鄂州市、荆门市、孝感市、荆州市、黄冈市、咸宁市、随州市;1个自治州:恩施土家族苗族自治州;3个直管市,包括仙桃市、潜江市、天门市;1个林区(神农架林区)。其中,神农架林区是中国唯一以"林区"命名的行政区。武汉市为副省级城市。

【历史沿革】

湖北省历史悠久,在郧西、郧县、长阳等地发现了古人类化石,证明几十万年前这里就有人类生息。

早在公元前21世纪至前11世纪的夏商以前,南方民族长期在这里劳动和生活。春秋时期,汉民族大量南迁,南方逐渐形成了50余国,其中主要以在今湖北、湖南地区的楚国最为强盛。战国时南方诸国统一于楚。

秦统一天下后,分全国为36郡,郡下设县,湖北大部属南郡。西汉时,汉武帝将全国分为13州。湖北以汉水为界,西为南郡,东为江夏,均隶属于荆州。三国时期,直到西晋统一全国后,湖北境内大部分地区仍为荆州所辖。

隋统一天下后,仍称荆州,一度称鄂州,故湖北简称"鄂"。唐分全国为12道,湖北属淮南、山南二道及江南道。北宋初年,置荆湖北路,简称湖北路,湖北之名即由此始。元朝,分全国为11个中书省,简称行省,湖北的东南部和湖南、广西划归湖广行省。明朝,今湖北地区除西南设置州卫外,均属湖广行省。清康熙三年(1664年),分湖广省为左右布政使司。清康熙六年(1667年),湖广左司改为湖北省,湖北省历史上第一次定名,沿袭至今。民国初年,湖北省分设江汉、襄阳、荆南、施鹤4道,分辖69个县。后多次变更,直到1949年5月成立湖北省人民政府。

【人口民族】

截至2015年11月1日零时,湖北省的常住人口为5851.5万人。居住在城镇的人口为3326.58万人,占常住人口的56.85%;居住在乡村的人口为2524.92万人,占常住人口的43.15%。

湖北省共有56个民族成分,全省常住人口中,汉族人口为5578.7万人,占95.34%;各少数民族人口为272.8万人,占常住人口的4.66%。主要少数民族有土家族、苗族、侗族、蒙古族、回族、满族等。湖北省是全国8个既有自治州又有自治县还有民族乡(镇)的省份之一。现有1个自治州(恩施土家族苗族自治州),2个自治县(长阳土家族自治县、五峰土家族自治县),12个民族乡(镇)。

【宗教信仰】

佛教、基督教、伊斯兰教和中国土生土长的道教在湖北均有发展,鄂东黄梅禅宗文化、鄂西武当道教文化历史悠久,底蕴深厚,形成"东禅西道"的湖北传统宗教文化格局。

佛教于东汉时期传入湖北地区,在传播的过程中,形成了湖北佛教独特的弘法途径和模式,即鄂州译经,襄阳奠基,玉泉立宗,荆州弘扬,禅起蕲黄。湖北有享誉中外的道教圣地武当山。

截至目前,全省信教群众约167万人,依法登记的宗教活动场所有3418处。其中,佛教1891处、道教665处;经国务院批准的佛教全国重点寺院4处:黄梅五祖寺,当阳玉泉寺,武汉归元寺、宝通寺;道教全国重点宫观3处:武当山紫霄宫、太和宫(包括金顶),武汉长春观;伊斯兰教67处,天主教90处,基督教705处。全省现有宗教院校4所,即天主教中南神哲学院、基督教中南神学院、武当山道教学院和武昌佛学院。

【交通状况】

湖北省地处我国中部,具有承东启西、接南纳北、通江达海、得天独厚的区位优势,素有"九省通衢"之称。

截至 2015 年年底，湖北省公路总里程 25.3 万千米，公路密度达到 136.09 千米/百平方千米，乡镇通畅率为 100%，行政村通达率为 100%，行政村通畅率为 100%。高速公路突破 6204 千米，湖北"七纵五横三环"高速公路网格局基本形成。

截至 2015 年年底，湖北省"四纵三横"铁路网全面形成。"四纵三横"中的"四纵"是：焦柳线、京广线、武广高铁、京九线；"三横"为：合武、汉宜高铁、宜万铁路组成的沪汉蓉快速客运通道，武九、汉丹、襄渝线组成的沪汉蓉货运通道，长荆、麻武线组成的客货运通道。

全省内河航道通航里程总计 8637.95 千米，三级及以上航道里程 1738 千米，占全省航道总里程的 21%，居长江沿线第 1 位。环绕江汉平原的"长江—汉江—江汉运河"810 千米高等级航道圈全面形成。港口集装箱吞吐量突破 132 万标箱，连续 5 年稳居长江中上游第 1 位。

湖北省拥有武汉天河国际机场、宜昌三峡国际机场、襄阳刘集机场、恩施许家坪机场、神农架红坪机场、十堰武当山机场。湖北省武汉市是中国航空运输中心之一，位于武汉市黄陂区的武汉天河国际机场是华中地区规模最大、功能最齐全的现代化航空港，是全国十大机场之一。

【自然资源】

截至 2014 年年底，湖北省已发现 149 个矿种（按亚矿种计 190 个），其中查明资源储量的矿种有 92 个（按亚矿种计 109 个）。磷、盐、石膏、水泥用石灰岩等为湖北省优势矿产。

湖北有不少珍贵、稀有孑遗植物。其中，有国家一级保护树种水杉、珙桐、秃杉；有二级保护树种香果树、银杏、杜仲、金钱松、鹅掌楸等 20 种；有爬藤榕、苦皮藤、中华猕猴桃、葛藤、栝楼等 10 多种藤本植物。

湖北拥有野生动物 112 种。其中，属一类保护的有金丝猴、白鹳等 23 种；属二类保护的有江豚、猕猴、金猫、小天鹅、大鲵等 89 种。全省共有鱼类 176 种。全省鱼苗资源丰富，长江干流主要产卵场有 36 处。

湖北省虽水系发达，湖泊众多，但水资源多以过境的客水为主，留在本省可控可用的水资源并不丰富。湖北省人均水资源量 1732 立方米，列全国第 17 位，低于全国平均值，接近国际公认的人均 1700 立方米的严重缺水警戒线。

【文化艺术】

湖北省是楚文化的发祥地。春秋战国时期，楚国是当时湖北境内疆域最大的国家。楚庄王问鼎中原，成为霸主，同齐桓公、晋文公、秦穆公、宋襄公齐名，史称"春秋五霸"。到战国时,楚国国力更强,同齐、燕、韩、赵、魏、秦一起被称为"战国七雄"。楚国在长达 800 多年的历史中,创造了辉煌灿烂的楚文化,屈原的《离骚》是我国诗坛的千古绝唱,人们熟知的《阳春》《白雪》《下里》《巴人》,都是当时楚国的歌曲。埋葬在随州 2400 多年的曾侯乙编钟,依然音色不改;全国重要的民间节日——端午节,也是由楚地兴起传开的。这些都赋予了湖北浓厚的楚风楚韵,形成了湖北独具魅力的楚文化地域特色。

唐代,出自荆楚地区的诗歌达 2000 多首,仅次于长安。荆楚籍的诗人有 60 多名,著名诗人有杜甫(祖籍襄阳)、孟浩然、岑参等。明朝著名的文学流派"公安派""竟陵派"均出自湖北。"公安派"主张以"今日之文"写"今日之事","竟陵派"也强调抒写性灵,反对摹古。

湖北省地方戏剧源远流长,在全国属发达省份。全省有 22 个地方剧种,其中汉剧、楚剧、黄梅戏流传广泛。汉剧形成于清代康乾年间,至嘉道年间进一步成熟,至今已有 300 多年的历史。楚剧在清代道光年间形成一个独立的汉族地方声腔剧种之一。黄梅戏起源于湖北黄梅,原名黄梅调、采茶戏等,现流行于安徽省安庆市、湖北省黄梅县等地,其中以《天仙配》《女驸马》等最具代表性。黄梅戏是中国五大戏曲剧种之一,影响十分深远。

湖北戏剧还有荆州花鼓戏、湖北渔鼓、江汉平原皮影戏、湖北道情、湖北评书、湖北大鼓、湖北小曲等。武汉是中国京剧第一世家"京剧谭门谭鑫培"的故乡。

湖北武汉是"高山流水觅知音"的发源地。艺术表演场馆琴台大剧院、湖北剧院、武汉剧院、洪山礼堂、武汉杂技厅等,极大地丰富了人们的文化生活。

另外,湖北民间文学亦内容丰富,在全国有深远影响的董永传说便流传在湖北孝感地区;另外,伍家沟民间故事、下堡坪民间故事、青林寺谜语均有着深厚的民间文化积淀。

【特产美食】

湖北省特产门类多,产品丰富。传统工艺品有汉绣、挑花、西兰卡普、绿松石雕、菊花石雕、贝雕、石膏雕塑、章水泉竹器、工艺扇等;名茶有采花毛尖、邓村绿茶、恩施富硒茶等;名酒有黄鹤楼、白云边、劲酒等;食品、果品有沙湖盐蛋、保康木耳、房县木耳、莲藕、鹅蛋柑、桃叶橙、兴山薄壳核桃、土家腊肉等。

湖北菜自成体系,以烹调淡水鱼鲜技艺见长,以"味"为本,讲究鲜、嫩、柔、滑、爽,富有浓厚的江南水乡特色。大米和淡水鱼鲜是湖北日常饮食中重要的主副食原料,烹调方法以"蒸、煨、炸、烧"为代表,口味以"咸鲜"为主。筵宴有"无鱼不成席""无圆不成席""无汤不成席"的风俗。湖北著名的特色菜有武昌鱼、红烧鮰鱼、排骨藕汤、洪山菜薹、沔阳三蒸、冬瓜鳖裙羹、蟠龙菜、贺胜桥鸡汤等,特色小吃有热干面、豆皮、面窝、周黑鸭、黄州烧梅、土家烧饼等。

【民俗风情】

湖北的少数民族较多,形成了绚丽多彩的民族风情。世居湖北省的少数民族有土家族、苗族、侗族。其中,土家族文化最具特色,对湖北的民族文化影响最大。湖北省的少数民族主要生活在恩施土家族苗族自治州和长阳、五峰自治县。

湖北各民族形成了一套完备的民间信仰礼仪,在信仰方面表现出多神崇拜多种信仰的情况,因此,存在多种宗教并存的局面。在节日方面有自己特有的节日,如土家族的赶年、苗族的苗年,土家族、苗族共同的牛王节,土家族的女儿会等。土家族的婚丧嫁娶方面也有自己的风俗,如老人死后跳丧,即撒尔嗬,婚俗中的哭嫁、陪十姊妹。

湖北省的少数民族舞蹈有摆手舞、撒尔嗬、铜铃舞等;戏剧有傩戏、南剧、皮影戏等;曲艺有长阳南曲、恩施扬琴、利川小曲、竹琴等。民歌的品种及其题材丰富多彩,现流传最多、最广的是湖北恩施州的利川民歌《龙船调》,除此之外,土家族的《黄四姐》《六口茶》也有较高的知名度。

吊脚楼是土家族、苗族、侗族等民族主要居住形式,被称为巴楚文化的"活化石"。在鄂西南地区至今保留了许多古老的吊脚楼群,如宣恩的彭家寨,咸丰的官坝、刘家大院和王母洞吊脚楼群都很有名。

【旅游资源】

湖北省的旅游资源在全国占有重要的地位。总体来看,湖北自然、人文和社会资源三者并存,以数量多、分布广、品位高、差异性强为其主要特征。有壮美的长江三峡,有迷人的三国胜迹,有绮丽的神农仙境,有神奇的武当圣地,有灿烂的荆楚文化,有宏伟的三峡工程,还有多彩的民俗风情。

湖北省自然景观荟萃,截至目前,湖北省有7处国家级风景名胜区:武汉东湖风景名胜区、武当山风景名胜区、大洪山风景名胜区、襄阳的隆中风景名胜区、九宫山风景名胜区、咸宁陆水风景名胜区、丹江口水库风景名胜区,另与重庆共同拥有长江三峡风景名胜区。

拥有世界地质公园1处——湖北神农架世界地质公园。拥有国家地质公园10处:湖北木兰山国家地质公园、湖北神农架国家地质公园、湖北郧县恐龙蛋化石群国家地质公园、湖北武当山国家地质公园、长江三峡(湖北宜昌、巴东、重庆)国家地质公园、湖北大别山(黄冈)国家地质公园、湖北五峰地质公园、湖北咸宁九宫山—温泉地质公园、湖北恩施腾龙洞大峡谷地质公园、湖北长阳清江地质公园。拥有1处国家级旅游度假区——湖北省武当太极湖旅游度假区。

湖北省兼具山水名胜和文物古迹。其人文旅游景观具有时代跨度大、历史价值高的特点。既有长江流域发现的第一座商城盘龙城,又有作为楚国都城400多年的纪南城遗址;既有世界四大文化名人之一屈原的故里秭归,又有中国古代四大美女之一昭君的故里兴山县宝坪村。

三国时期,湖北地区是魏、蜀、吴三国军事活动最频繁、复杂和交错的中心地带之一。赤壁古战场、夷陵猇亭古战场、当阳长坂坡、荆州古城、襄阳古隆中、吴王城均为重要的三国文化胜迹。

截至目前,湖北省拥有4项世界遗产。其中世界文化遗产3处:武当山道教古建筑群、明显陵(明清皇家陵寝项目组成部分)、湖北唐崖土司遗址(中国土司遗址组成部分);1处世界自然遗产——神农架。

湖北省的宗教建筑众多,现存著名的宗教建筑有:佛教的当阳玉泉寺、黄梅五祖寺,武汉归元寺、宝通寺,荆州章华寺和我国开凿年代最古远的石窟寺之一的来凤仙佛寺等;道教的武当山玄岳门、太子坡、紫霄宫、南岩宫、金殿,武汉的长春观等;伊斯兰教的沔城清真寺、武汉的民权路清真寺;基督教的武汉汉口荣光堂、武汉上海路天主堂等。

湖北文物古迹众多。截至目前,全省有全国重点文物保护单位149处,中国历史文化名城5座:武汉、荆州、襄阳、随州、钟祥。有中国历史文化街区1个,中国历史文化名镇19座,中国历史文化名村7个,中国传统村落36个。

湖北省的主要旅游景观有:武当山、神农架、大别山、九宫山、黄鹤楼、东湖风景区、归元寺、红楼、湖北省博物馆、长江三峡、荆州古城、襄阳古隆中、清江画廊、三峡大坝、明显陵、恩施大峡谷、腾龙洞、唐崖土司城等。

第十八章
湖南省基本概况

湖南省,简称"湘",因大部分地区在洞庭湖以南,故称湖南。省会长沙市,是全省政治、经济、文化中心,国家历史文化名城,享有"楚汉名城""山水名郡"的美誉。

【地理环境】

湖南省位于中国中部,长江中游,大部分地区在洞庭湖以南。湖南毗邻6省区,东邻江西,西接贵州和重庆,南毗邻广东和广西,北连湖北。总面积21.18万平方千米,占全国国土面积的2.2%。

湖南省处于中国地势的第二、第三级阶梯上,属于云贵高原向江南丘陵和南岭山脉向江汉平原过渡的地带。地形以山地、丘陵为主,大体上是"七山二水一分田"。其中山地面积占全省总面积的51.2%,丘陵及岗地占全省总面积的29.3%,平原占全省总面积的13.1%,水面占全省总面积的6.4%。东、南、西三面环山,中部丘陵起伏,北部平原展布,形成向东北倾斜开口的不对称的马蹄形地貌。西部有武陵山、雪峰山脉;东部有幕阜山、罗霄山脉;南部有南岭山脉,海拔500~1500米。湘中丘陵、盆地与河谷相间交错,海拔在500米以下;湘北为洞庭湖平原,海拔在50米以下。省内最高峰为炎陵县酃峰,海拔2122米;最低点为临湘市黄盖镇,海拔24米;壶瓶山有"湖南屋脊"之称。

【气候特征】

湖南省位于北纬25°~30°,属于亚热带季风湿润气候。年平均气温16℃~18℃,全年无霜期260~310天,年降水量1200~1700毫米。气候特征主要表现为气候温暖,四季分明;热量充足,雨水集中;春温多变,夏秋多旱;严寒期短,暑热期长。

【行政区划】

湖南省有13个省辖市、1个自治州,包括长沙市、株洲市、湘潭市、衡阳市、邵阳市、岳阳市、张家界市、益阳市、常德市、娄底市、郴州市、永州市、怀化市、湘西土家族苗族自治州。设17个县级市、70个县(其中7个自治县)、35个市辖区,共计122个县级行政区。

【历史沿革】

根据史书记载和考古证明,至迟在距今10万—5万年前,湖南境内就有原始人类的活动。距今5000年前湖南开始进入父系氏族社会,原始农耕文明遗迹遍布全省境内。湖南古代居民属古苗族和古越族集团,古史传说中的炎帝向南迁徙并葬于鄢县(今株洲市炎陵县),舜帝南巡崩于苍梧葬于九嶷山等故事,表明那时中原与湖南地区已有比较密切的联系。

在夏、商和西周时期湖南属"禹贡"九州的荆州南境。商代中叶后,湖南进入青铜时代,现已发掘出土青铜器400多件,其中包括四羊方尊和牺首兽面纹铜尊等。春秋战国时期,湖南形成了具有独特风格的楚文化。

秦代在湖南设黔中郡和长沙郡。西汉在湖南实行郡国并行制,设桂阳、武陵、零陵三郡和长沙国。从马王堆汉墓出土的文物可以看出,西汉时期湖南经济文化达到了较高的水平。东汉改长沙国为长沙郡。三国时期湖南地区为蜀汉和东吴角逐之地。两晋南北朝时期设有以"湘"命名的"湘州"。

隋朝时期湖南境内设有长沙郡、武陵郡、沅陵郡、澧阳郡、巴陵郡、衡山郡、桂阳郡、零陵郡等8郡。唐朝时期湖南分属江南西道、山南东道和黔中道。唐代宗广德二年(764年),为了加强对湖南的统治,设置湖南团练观察使,这是历史上最早出现的"湖南"名称。五代十国时期,马殷建立后楚政权。

宋朝时期湖南分属荆湖北路和荆湖南路。元朝时期除永顺安抚司隶属四川行省外,其余属于湖广行省,少数民族聚居地实行土司制度。明朝时期湖南属于湖广布政使司,明初大量邻省人口移入湖南,史称"江西填湖广"。清代康熙三年(1664年),设置湖广右布政使司于长沙,始称湖南省。经康熙、雍正时期的"改土归流",以流官制度代替土司制度,湖南境域从此正式确定,省名沿用至今。

【人口民族】

湖南省是全国人口聚居稠密的地区之一。截至2016年年底,全省常住人口6822万人。其中,城镇人口3598.6万人,城镇化率52.75%。

湖南共有55个少数民族,人口700多万人,少数民族人口占全省总人口的

10.23%。湖南是土家族、苗族、侗族、瑶族、白族的主要分布区。土家族是湖南人口最多的少数民族。世居少数民族大多数居住在湘西、湘南和湘东的边远山区。

【宗教信仰】

湖南古称"荆蛮之地",自古以"好巫鬼,重淫祀"名闻天下,产生了形形色色的鬼神崇拜和错综复杂的民间宗教信仰。湖南现有信教群众544万人,其中佛教369.7万人、道教110.8万人、伊斯兰教14.4万人、天主教4.4万人、基督教44.6万人;有宗教活动场所5313处,其中全国重点宗教活动场所6处;有教职人员约7700人。

佛教在西晋泰始四年(268年)传入了湖南,长沙麓山寺是湖南第一座寺院,称为"汉魏最初名胜,湖湘第一道场"。晚唐时期高僧怀让和石头希迁,在南岳福严寺、南台寺开宗传法,相继创立了南禅五家,史称"一花五叶"。"南岳怀让系"为主体的禅宗南宗各派,对中国佛教乃至海外佛教的发展产生了重要影响。东晋大兴元年(318年),道姑魏华存到南岳结庐修道,道教正式传入湖南。魏华存在南岳黄庭观修道16年,后被封为南岳夫人。伊斯兰教于明初进入湖南,回族、维吾尔族将士奉征南蛮,后在常德、邵阳等地落户繁衍,建清真寺,开展伊斯兰教活动。天主教于明末清初进入湖南。基督教陆续入湘是在1840年鸦片战争之后。

【交通状况】

湖南省交通便利,水陆空综合交通体系衔接、纵横交错、通江达海。湖南境内铁路呈"田"字形网络分布,南北有京广线、焦柳线、洛湛线和京广客运专线纵贯,东西有浙赣线、湘黔线、湘桂线、渝怀线、石长线和沪昆客运专线连接。至2016年年末,全省铁路营业里程4716千米,其中高速铁路1374千米。已形成了长沙、株洲、衡阳、怀化4大铁路中心。

湖南省公路网络纵横交错。境内有7条国道和64条省道。G106、G107、G207、G209线从北到南纵贯湖南东、中、西部,G319、G320、G322线由东至西横穿湖南北、中、东南部。有9条国家高速公路,纵向高速公路有G4京港澳高速、G55二广和G65包茂高速公路,横向高速公路有G60沪昆高速公路、G56杭瑞高速公路、G72泉州至南宁和G76厦蓉高速公路,G5513长沙至张家界高速公路和G0401长沙市绕城高速公路为国家干线路网连接线。至2016年年底,全省公路通车里程23.8万千米,高速公路通车里程6080千米。

湖南省有长沙黄花机场和张家界荷花机场两个国际机场,常德桃花源机场、永州零陵机场、怀化芷江机场、衡阳南岳机场4个国内机场。运营国际国内航线123条,可直达我国香港、澳门、台北以及曼谷、大阪、首尔、新加坡等75个城市。长沙黄花国际机场已开通定期航线80多条,成为湖南对外开放的主要门户和全国民用航空干线的重要枢纽。

湖南省有通航河流373条,内河航道总里程1.15万千米,占全国内河通航里程的9.2%。水运基本形成了以洞庭湖为中心,以长沙、岳阳为湘江枢纽,湘、资、沅、澧"四水"干流为主干的航道网络。岳阳是湖南省国际航运中心,岳阳城陵矶港吞吐量过亿吨,货物可直达我国港澳台地区和日本、韩国等国家和地区。

【自然资源】

湖南省内河网密布,水系发达,5千米以上的河流有5341条,流域面积50平方千米以上的河流有1301条。其中长江流域洞庭湖水系的河流占96.7%,其他河流流入长江流域鄱阳湖水系和珠江流域诸水系。境内淡水面积达1.35万平方千米。主要水面有"一湖四水",即洞庭湖和湘江、资水、沅江、澧水,"四水"由西南向北汇聚于洞庭湖,经岳阳城陵矶注入长江。洞庭湖古称"云梦泽",为中国第二大淡水湖。湘江被称为湖南的"母亲河",是湖南的最大河流。

湖南省土地资源总量丰富,类型齐全。耕地面积378.8万公顷,占全国耕地总面积的3.1%;天然草地面积637.3万公顷,占全国草地总面积的1.6%;林地面积1036.99万公顷,占全国森林总面积的6.6%。

湖南省是著名的"有色金属之乡"和"非金属矿之乡"。已发现矿产143种,探明储量的为101种,其中、钨、锡、铋、锑、石煤、普通萤石、海泡石黏土、石榴子石、玻璃用白云岩、铍(氧化铍)、铌(褐钇铌铁砂)等矿种的保有资源储量居全国之首,钒、重晶石、隐晶质石墨、陶粒页岩等矿种居全国第2位,锰、锌、铅、汞、金刚石、水泥用灰岩、高岭土等矿种在全国占有重要地位。煤炭主要分布在湘中、湘南地区。郴州市柿竹园矿区被誉为"世界有色金属博物馆"。娄底锡矿山的锑矿一直保持"世界锑都"地位。

湖南省为我国植物区系丰富复杂的地区之一,原生植被为亚热带常绿阔叶林。到2014年年底,全省森林覆盖率达59.57%,是中国东南部主要木材产区。全省已知植物种类4859种,有木本植物103科、478属、2470种。国家重点保护野生植物有59种,其中1级保护植物有银杉、银杏、资源冷杉、红豆杉、水杉、珙桐等,2级保护植物有榉、香榧、鹅掌楸、绒毛皂荚等,占国家重点保护野生植物种类的7.2%。有世界罕见、幸存的植物"活化石"银杉、水杉、水松、银杏和珙桐。张家界森林公园是全国第1个国家级森林公园。湖南有野生哺乳动物66种、鸟类500多种、爬行类71种、两栖类40种、昆虫类1000多种、水生动物200

多种。国家重点保护的野生动物有 90 余种,占全国重点保护野生动物种类的 20% 以上。国家 1 级保护动物有华南虎、云豹、金猫、白鹤、白鳍豚等 18 种,国家 2 级保护动物有猕猴、短尾猴、小灵猫、穿山甲、天鹅、白鹇、红腹锦鸡、大鲵、江豚等 28 种。

【文化艺术】

湖南自屈原流寓沅湘、贾谊谪宦长沙之后,始开湖南文学风气。屈原根据湖南的民歌巫风,开创了楚辞文学。贾谊贬谪长沙留下的《屈原赋》《鹏鸟赋》,开汉赋之先声。魏晋时期,出现了刘巴、蒋琬等本土作家。南朝梁陈时期的阴铿是湖南出现的第一位有成就的诗人。唐代较著名的作家有诗人欧阳询、李群玉、胡曾、曹松、齐己,散文家刘蜕等。李白、孟浩然、王昌龄、杜甫、刘禹锡、韩愈、柳宗元、元结、李商隐等流寓湖南时,留下了很多不朽之作。如王昌龄的《龙标野宴》、杜甫的《登岳阳楼》、刘禹锡的《望洞庭》、柳宗元的《永州八记》、韩愈的《八月十五夜赠张功曹》、元结的《大唐中兴颂》。宋元明时期著名文学人物有周敦颐、王以宁、乐雷发、冯子振、欧阳玄、李东阳、王夫之等。非湖南籍文人欧阳修、黄庭坚、秦观等在湖南创作了不少名篇。北宋周敦颐是宋明理学的开山祖,其脍炙人口的散文是《爱莲说》。明代李东阳为当时文坛领袖,形成了以他为首的"茶陵诗派"。清初王夫之是湖南古代文坛影响最大、成就最高的作家,著有《姜斋诗集》《姜斋诗余》等,在其影响下,湖南传统古诗文空前繁荣。清嘉庆道光年间的陶澍是湖南文学承前启后的重要作家,著有《印心石屋诗文集》。

鸦片战争前后,形成了以曾国藩、左宗棠、胡林翼为代表的湖湘经世派文学群体。散文方面出现了以曾国藩为领袖的桐城古文湘乡派,诗歌方面出现了近代宋诗派的代表何绍基、汉魏六朝派的代表人物王闿运等名家。魏源是中国近代维新改良思想的先驱,也是开近代诗风的进步诗人,有力地推进了诗歌语言的通俗化进程。随着湘军的崛起,出现了罗泽南、彭玉麟、李元度、郭嵩焘等军旅诗人。维新运动的兴起,促使了文坛的裂变,谭嗣同与梁启超、夏曾佑等几乎同时提出了"诗界革命"的口号,成就较大的是以宁调元、唐才常、陈天华、黄兴、宋教仁等为代表的湘籍南社作家所创作的革命诗歌。陈天华被誉为"革命党之大文豪",创作了《猛回头》《警世钟》。

湖南现代文学在诗歌、散文、戏剧和小说等方面取得了很大成就。白薇、朱湘、未央、吕亮耕、朱子奇、谢冰莹、陈哲衡、廖沫沙、叶蔚林、柯蓝、彭家煌、黎锦明、孙俍工、田汉、周扬、丁玲、叶紫、沈从文、周立波、莫应丰、韩少功、谭谈、唐浩明,群星灿烂,新作迭出。陈哲衡是中国现代进入女作家之林的第一人,也是湖南现代小说、诗歌创作的女性拓荒者。田汉作词的《义勇军进行曲》后来被确定为中华人民共和国国歌。丁玲创作出了具有史诗意义的"土改"小说《太阳照在桑干河上》。周立波是湖南现代文学"茶子花"派的创始人,创作了长篇小说《暴风骤雨》《铁水奔流》《山乡巨变》。沈从文创作了以《边城》为代表的"湘西"系列作品。杨沫的《青春之歌》《芳菲之歌》和《英华之歌》3部长篇合称为"青春三部曲"。莫应丰的《将军吟》和古华的《芙蓉镇》获得首届茅盾文学奖。在戏剧文学方面,欧阳予倩创作了《黑奴恨》、田汉创作了《关汉卿》及《谢瑶环》。

湖南书法艺术成就最高的是唐代书法家欧阳询和怀素。欧阳询是古代四大楷书家之一,怀素书法以"狂草"著称。湘潭人齐白石为现代杰出书画家、篆刻家,开中国画之新风,曾获得"人民艺术家"称号。

湖南地方戏曲剧种影响较大的有湘剧、花鼓戏、湘昆、武陵戏、祁剧、巴陵戏、傩堂戏、荆河戏、花灯戏、辰河戏、阳戏、苗剧、侗剧等。湘剧是湖南最主要的地方声腔剧种。花鼓戏是湖南最有影响的地方小戏,著名曲目有《刘海砍樵》《补锅》等。著名湖南民歌有《洞庭鱼米乡》《小背篓》《挑担茶叶上北京》《浏阳河》《辣妹子》《古丈茶歌》等。

第1批国家非物质文化遗产名录湖南的项目有传统戏剧昆曲、常德高腔、湘剧、巴陵戏、荆河戏、辰河目连戏、沅陵辰州傩堂戏、邵阳布袋戏(木偶戏);曲艺有常德丝弦;民间音乐有桑植民歌、靖州苗族歌鼟(tēng)、澧水船工号子、土家族打溜子;民间舞蹈有土家族摆手舞、湘西苗族鼓舞、湘西土家族茅古斯舞。

【特产美食】

湖南特产丰富,门类多样。

著名陶瓷产品有醴陵釉下五彩瓷和红瓷、长沙铜官陶瓷器、衡阳界牌瓷器、新化彩瓷等;著名雕刻产品有浏阳菊花石雕、洞口墨晶石雕、桃源桃花石雕;著名织绣编织产品有长沙湘绣、益阳小郁竹器和水竹凉席、祁阳草席、隆回花瑶挑花、凤凰蓝印花布、土家织锦、苗族刺绣、苗族花带等;其他手工艺品有隆回滩头木刻年画、望城剪纸、邵阳翻黄竹刻、岳阳岳州扇、凤凰银饰、泸溪踏虎凿花、土家粘贴画等。浏阳花炮是湖南传统产品和主要出口商品之一,浏阳素有"鞭炮之乡"誉称。

著名水产禽肉产品有岳阳洞庭湖银鱼、郴州东江鱼、衡阳湘黄鸡、临武鸭、攸县麻鸭、武冈铜鹅、宁乡花猪、宝庆猪血丸子、湘西腊肉、益阳松花皮蛋、君山金龟等。

著名瓜果干菜产品有湘莲、石门蜜橘、安江香柚、浏阳金橘、湘西中华猕猴桃、黄花菜、玉兰片、武陵源岩耳、湘粉、湘阴甜酸藠头、南岳雁鹅菌等;著名调味品类产品有浏阳豆豉、双峰永丰辣酱、宁远山苍子油、湘潭龙牌酱油等。湘莲是湖南最负盛名的传统土特产品。

湖南著名绿茶有长沙高桥银峰、南岳云雾茶、岳阳北港毛尖、古丈毛尖、沅陵碣滩茶、保靖黄金茶、桂东玲珑茶、资兴狗脑贡茶、桃源大叶茶、安化松针、新化蒙洱茶;著名黄茶有君山银针;安化黑茶最著名的是茯砖茶。

湖南著名白酒有常德武陵酒(酱香型)、长沙白沙液酒(兼香型)、湘西酒鬼酒(兼香型),邵阳湘窖酒业下的浓香型白酒湘窖、邵阳老酒、开口笑,浏阳的浏阳河酒(浓香型)。

湖南饮食文化特点的形成与湖南独特的地理环境、社会历史和民族文化背景等因素有着密切的联系。湘菜为中国八大菜系之一,由湘江流域、洞庭湖区和湘西山区三个地方菜组成,具有浓郁的山乡水乡特色。湖南饮食形成油重、色浓、酸辣、香鲜的特色,基本风味是嗜辣、嗜酸、重腊味。湖南著名小吃有长沙火宫殿臭豆腐、湖南酱板鸭、口味虾、口味蟹、唆螺、糖油粑粑、湘潭灯芯糕、湘潭槟榔、浏阳茴饼、桃源桂花糖、靖州蜜饯、栖枫渡鱼粉、凤凰姜糖等。

【民俗风情】

苗族、土家族、侗族、瑶族等是自古以来就生息在湖南境内的少数民族。

苗族信仰万物有灵,祀奉祖先,崇拜自然,敬奉马王、梅山、火神、黑神。《古老话》《休巴休玛》是苗族的民间文学代表作。鼓舞是湖南苗族流行最广、最具有代表性的传统舞蹈。湘西南苗族有"花衣苗""青衣苗"之别。苗族节日很多,以苗年最为隆重。在赶年场和重大节日如四月八、赶秋节等都有表演"上刀梯"的传统风俗。

土家族尊崇"梯玛"(俗称"土老司"),崇拜祖先,崇拜白虎,相信兆头。摆手歌、梯玛歌、哭嫁歌是土家族最具代表性的民间文学。傩戏、茅古斯舞、梯玛跳神都是古老的傩文化现象。摆手舞是土家族的传统大型舞蹈。土家锦又称"西兰卡普"。土家族婚俗中有哭嫁的习俗。赶年是土家族最大的节日。

侗族信仰多神,崇拜祖先,崇拜自然。通道侗族以"萨"为至高无上的神,意为祖婆。民间文学主要有歌、耶词、垒词、款词、传说、故事等。侗族大歌是一种"众低独高"的无伴奏多声部合唱音乐,被列入《人类非物质遗产代表作名录》。舞蹈以哆耶和芦笙舞最为普遍。擅长石木建筑,鼓楼、风雨桥造型独特,鼓楼是侗寨的标志。萨玛节是侗族最古老的节日,花炮节是侗族最热闹的节日。

湖南江华县是全国瑶族人口最多的县。瑶族信仰多神教,相信鬼神,信奉祖先盘瓠。江永县的瑶族女书是迄今世界上发现的唯一女性文字。有《盘王大歌》《盘瓠传说》《姜果佬》《伏羲兄妹》等民间文学。瑶族服饰好五彩衣、斑斓布。瑶歌、长鼓舞、伞舞、盘鼓舞等极具地方特色和民族特色。瑶族有盘王节、赶鸟节、达努节等传统节日,盘王节是最盛大的节日。

【旅游资源】

湖南省是全国旅游资源丰富的省份之一,是闻名遐迩的旅游胜地。北宋时期就形成了潇湘夜雨、平沙落雁、烟寺晚钟、山市晴岚、江天暮雪、远浦归帆、洞庭秋月、渔村夕照"潇湘八景"。现有:世界自然遗产2处,世界文化遗产1处;世界非物质文化遗产1处;国家级历史文化名城3座,国家级历史文化名镇7座,国家级历史文化名村15个;国家重点文物保护单位183处;国家级风景名胜区20处,国家级自然保护区20处,国家级森林公园51处;世界地质公园1处,国家地质公园10处,国家湿地公园49处,国家水利风景区29处;全国红色旅游经典景区13处;5A级景区(点)8处,国家级旅游度假区1处。

湖南省世界自然遗产有武陵源风景名胜区、崀山(中国丹霞),世界文化遗产是永顺老司城遗址,世界非物质文化遗产是汨罗端午习俗。

国家级历史文化名城是长沙市、岳阳市、凤凰古城。

世界地质公园有张家界世界地质公园;国家地质公园有:郴州飞天山国家地质公园,邵阳崀山国家地质公园,株洲酒埠江国家地质公园,湘西自治州红石林国家地质公园,凤凰和乌龙山国家地质公园,娄底市湄江国家地质公园,岳阳石牛寨国家地质公园,长沙大围山国家地质公园,怀化万佛山国家地质公园,益阳雪峰湖国家地质公园。国家级风景名胜区有:衡阳南岳衡山,张家界武陵源,岳阳岳阳楼—洞庭湖和福寿山—汨罗江,湘潭韶山,长沙岳麓山和沩山,邵阳崀山、南山、虎形山—花瑶和白水洞,常德桃花源,湘西州猛洞河、德夯和凤凰,娄底紫鹊界梯田—梅山龙宫,郴州苏仙岭—万华岩和东江湖,怀化万佛山—侗寨,株洲炎帝陵等风景名胜区。

国家级旅游度假区:宁乡灰汤温泉旅游度假区。

全国红色旅游经典景区:湘潭市韶山市毛泽东故居和纪念馆,长沙市红色旅游系列景区(宁乡市花明楼刘少奇故居和纪念馆,浏阳市文家市镇秋收起义会师旧址纪念馆,长沙县开慧乡杨开慧故居和纪念馆,长沙市岳麓山景区,长沙市湖南第一师范学校旧址,长沙市中共湘区委员会旧址暨毛泽东、杨开慧故居),湘潭市湘潭县彭德怀故居和纪念馆,岳阳市红色旅游系列景区(平江县平江起义旧址,汨罗市任弼时故居,华容县湘鄂西革命根据地),郴州市红色旅游系列景区(宜章县湘南暴动指挥部旧址,桂东县"三大纪律六项注意"颁布旧址),衡阳市衡东县罗荣桓故居,张家界市红色旅游系列景区(桑植县贺龙故居和纪念馆,刘家坪红二方面军长征出发地),湘西土家族苗族自治州永顺县湘鄂川黔革命根据地旧址,湘潭市湘乡东山学校旧址,怀化市通道县红军长征通道会议(通道转兵)旧址,衡阳市南岳忠烈祠,怀化市芷江县中国人民抗日战争胜利芷江受降旧址,株洲市红色旅游系列景区(茶陵县工农兵政府旧址、炎陵县红军标语博物馆、醴陵左权将军纪念碑)等。

湖南5A级旅游景区(点):张家界武陵源—天门山旅游区,衡阳南岳衡山旅游区,岳阳岳阳楼—君山岛景区,湘潭市韶山旅游区,长沙市岳麓山、橘子洲旅游区,长沙刘少奇同志纪念馆,郴州东江湖风景旅游区,邵阳崀山风景名胜区。

湖南"影视文化""歌厅文化""酒吧文化""休闲文化""动漫文化"全国驰名,《天门狐仙》《魅力湘西》等旅游演艺节目特色鲜明。

华 南 地 区

第十九章
广东省基本概况

广东省是中国历史上商品性农业发展最早的地区之一,也是中国最早出现资本主义生产方式的省份之一。自1989年起,广东国内生产总值在中国各个省区市中,连续占居第1位,成为中国经济规模最大,经济综合竞争力、金融实力最强的省份。广东简称"粤",省会广州。

【地理环境】

广东省地处中国大陆最南部,东邻福建,北接江西、湖南,西连广西,南临南海。珠江口东西两侧分别与香港、澳门特别行政区接壤,西南部雷州半岛隔琼州海峡与海南省相望。陆地面积17.98万平方千米,其中岛屿面积1592.7平方千米,约占全省陆地面积的0.89%,岛屿数量仅次于浙江、福建两省。全省海域总面积41.9万平方千米。

广东省地势呈现西北高、东南低的总体特征。主要山脉有北部南岭山脉,最大平原为南部珠江三角洲平原。

【气候特征】

广东省属亚热带、热带东亚季风区,由北向南分别为中亚热带、南亚热带和热带气候,是全国光、热和水资源最丰富的地区之一。全省平均日照时数为1745.8小时、年平均气温22.3℃。1月平均气温为16℃~19℃,7月平均气温为28℃~29℃。降水充沛,年平均降水量1300~2500毫米,全省平均降水量为1777毫米。降雨的空间分布基本上呈南高北低的趋势。降水年内分配不均,4—9月的汛期降水占全年的80%以上;年际变化较大,多雨年降水量为少雨年的2倍以上。

洪涝和干旱灾害经常发生,台风的影响也较为频繁。春季的低温阴雨,秋季的寒露风和秋末至春初的寒潮和霜冻,也是广东多发灾害性天气的原因。

【行政区划】

广东省下辖21个地级市,划分为珠三角、粤东、粤西和粤北四个区域。广州和深圳为副省级城市。深圳为计划单列市,深圳、珠海和汕头为经济特区。全省共119个县级行政区,包括60个市辖区、20个县级市、36个县、3个自治县。其中佛山市顺德区被广东省作为省直管县试点,享有地级市的行政执法权限。

【历史沿革】

广东省地域在《吕氏春秋》中称"百越",《史记》中称"南越",《汉书》中称"南粤",越与粤通,故简称"粤",泛指岭南一带地方。在历史长河中,广州、广东的名称次第出现,逐渐演化成广东省及其辖境。

距今约12.9万年以前,岭南出现了早期古人(马坝人)。商与西周时代,广东先民便与中原商、周王朝有了经济文化往来。春秋战国时期,岭南与闽、吴、越、楚国关系密切,交往频繁。

公元前214年,秦征服岭南后,设桂林、象、南海3个郡,今广东省的大部分地区属南海郡。筑任嚣城,称番禺。秦亡之际,赵佗武力攻占桂林郡、象郡,建立南越国,自称"南越武王"。

汉武帝平定南越后,将南越划分为南海、苍梧、郁林、合浦、交趾、九真、日南、儋耳、珠崖9个郡。东吴时期,为便于治理,把南海、苍梧、郁林、高梁4个郡(今两广大部)从交州划出,另设广州,州治番禺,广州由此得名。

唐懿宗咸通三年(862年),岭南道划分为东、西道,东道治广州,广东属岭南东道,这是广东省名中"东"字的由来,也是两广分为东西的开始。

宋太宗至道三年(997年),分广南路为东、西两路。东路治所在广州,西路治所在桂州,广东大部分属广南东路,"广东"即广南东路的简称。

元明清时期,今广东省境分为广东道和海北海南道。广东道道治在广州,海北海南道道治在今雷州市。从清朝开始,广东省作为行政单位的名称,一直相沿至今。

1949年11月6日,广东省人民政府正式成立,全省共设珠江、东江、西江、北江、粤中、南路、兴梅、潮汕、琼崖等9个专区,共辖7市98县。1979年,原属惠阳地区的宝安县改设深圳市,原属佛山地区的珠海县改设珠海市,均由省直辖。1981年,设立西沙、南沙、中沙群岛办事处,由海南行政区直接领导。1988年,中央政府将海南行政区从广东省划出,另设海南省;同年,广东开始取消地区设置,另设18个地级市(后增加到21个地级市),全面实行地级市管县体制以及乡镇管村体制。

【人口民族】

截至2014年年末,广东省常住人口10 724万人,人口密度平均每平方千米597人。城镇人口7292.32万人,乡村人口3431.68万人,分别占常住人口总量的68%和32%。人口年龄结构上,0~14岁的1649.19万人、15~64岁的8187.91万人、65岁及以上的886.90万人,分别占常住人口总量的15.38%、76.35%和8.27%。全省人口年龄结构继续表现出"两头低、中间高"的特征。

广东省是56个民族成分齐全的省份,共有少数民族人口307万人。世居少数民族有壮、瑶、畲、回、满族。全省有县级范围(含县级)以上少数民族社会团体22个。全省设有3个少数民族自治县和7个少数民族乡。

【宗教信仰】

岭南为佛教、伊斯兰教、天主教、基督教经海路传入中国的第一站,同时又是中外宗教文化交流的重要桥梁。在较长的历史时期内,岭南地区成为全国外来宗教势力最为强盛的地区之一。广东宗教文化历史悠久,文化遗产丰富,地域特色突出,在全国占有重要的地位。

截至2014年年底,全省有宗教信徒433.51万人,登记宗教活动场所2979处,认定宗教教职人员6317人。全省县级范围(含县级)以上宗教社会团体226个,宗教院校2所。

【交通状况】

广东省拥有发达的海陆空立体交通网。

航空运输:有广州白云国际机场、深圳宝安国际机场、珠海金湾国际机场等10余个机场,国内、国际航线众多,其中白云国际机场为全国三大航空港之一。

普通铁路运输:有京广线、京九线、广深线、黎湛线、赣韶线、柳韶线、粤海线和梅坎线等,形成以广州为中心,"三纵二横"的主干线。

高速铁路:有武广线、广深港线、厦深线和贵广线、南广线,以及建设中的西部沿海高速铁路。

水路运输:有众多的优良港口资源。广州港、深圳港、汕头港和湛江港已成为中国对外交通和贸易的重要通道;大亚湾、大鹏湾、碣石湾、博贺湾及南澳岛等地还有可建大型深水良港的港址。

轨道交通:有广珠轻轨、广佛江珠城际轻轨、广深港客运专线、穗莞深城际、佛莞深城际、广佛珠城际、莞惠城际轨道、广佛肇城际轻轨、佛肇城际轻轨、广从轻轨、广佛环线、广清城轨等城际轻轨。

公路运输：广东省高速公路四通八达，构成"九纵、五横、二环"大格局。至2015年年底，全省高速公路通车总里程达到6840千米。

广东省发达的快速交通网络，成功打造了"珠三角1小时经济圈"。

【自然资源】

广东省有宜农地434万公顷，宜林地1100万公顷，是全国人多地少的省份之一。

广东省水资源丰富，年降水总量3194亿立方米，河川径流总量达1819亿立方米，邻省从西江和韩江等流入广东的客水量为2330亿立方米，此外还有深层地下水60亿立方米，可供开采的人均水资源占有量达4735立方米，大大高于全国平均水平。主要河系为珠江的西江、东江、北江和三角洲水系以及韩江水系。珠江通航能力仅次于长江，居全国第2位，居全国江河水系的第2位，长度及流域面积均居中国第4位。

广东省为稀有金属和有色金属之乡，全省已找到矿产116种，探明储量的有88种。其中高岭土、泥炭土、冶金用脉英石、水泥用粗面岩、锗、碲的储量居全国第1位，银、铅、铋、铊、铀矿、独居石、磷钇矿、玻璃用砂、油页岩、饰面用大理岩和辉绿岩的储量居于第2位。

广东省动植物种类繁多。属于国家1级保护植物的有桫椤、银杉和虎颜花3种，属于2级保护植物的有白豆杉、水杉、野荔枝和观光木等24种。此外，香蕉、荔枝、龙眼和菠萝是岭南四大名果，经济价值很高。

广东省海洋资源十分丰富。远洋和近海捕捞以及海洋网箱养鱼和沿海养殖的牡蛎、虾类等海洋水产品年产量达374万吨；海水可养殖面积77.57万公顷，实际海水养殖面积20.82万公顷。雷州半岛的养殖海水珍珠产量位居中国首位。

广东省沿海还拥有众多的优良港口资源。

【文化艺术】

从古至今，广州文化都贯穿着一种开放的人文意识，特别是革新意识、商业意识、务实意识和平民意识，反映出广东人的开放观念、兼容观念和改革观念。

岭南画派具有革新精神，是新中国成立后最具影响力、最优秀的画派之一。岭南画派与粤剧、广东音乐被称为"岭南三秀"。其创始人为高剑父、高奇峰、陈树人。

广东的戏曲剧种有粤剧、潮剧、广东汉剧、采茶戏、雷剧、琼剧(亦称琼州戏、海南戏)等。以粤剧、潮剧、广东汉剧3种流行最广、影响最大、观众最多。粤剧流行于粤语方言地区。粤剧唱腔优美,具有丰富的表现力和感染力,影响遍及粤语华人地区,有"南国红豆"的盛誉。潮剧又称潮州戏、潮音戏、白字戏,唱戏、对白都使用潮州方言。潮剧由宋元时期的南戏演变而来,是广东诸剧种中历史最为久远的一个,著名剧目有《苏六娘》《金华妹》等。汉剧旧称"外江戏"或"兴梅汉戏"。汉剧的表演程式接近京剧和湖北汉剧,但却以南派武功及采用脸谱为主要艺术特色。代表性剧目有《百里奚会妻》《齐王求将》《红书宝剑》等。

岭南音乐因其文化的多样化具有多重属性,广东音乐、潮州音乐、客家音乐(客家山歌、广东汉乐)、雷州音乐和岭南的少数民族音乐,以及传播到海外的岭南音乐都属于岭南音乐范畴。广东音乐又称粤乐,实指广府音乐,是我国传统器乐丝竹乐的一种。其代表性曲目有《步步高》《雨打芭蕉》《平湖秋月》《禅院钟声》《寒鸦戏水》《赛龙夺锦》等。

【特产美食】

广东工艺品品种多,具有岭南地方特色。广绣亦称粤绣,与苏绣、湘绣、蜀绣并称全国"四大名绣",广绣包括广府的广绣和潮汕的潮绣。瓷艺有广彩、石湾陶瓷和枫溪陶瓷;广雕有牙雕、玉雕、木雕、石雕、砖雕和灰塑、增城榄雕;特色工艺品则有佛山剪纸、佛山狮头艺术、新会葵艺、阳江漆器。

广东特产有凤凰菜、五指山菜、九峰白毛菜、英德红茶、荔枝、槟榔、黄登菠萝、菠萝蜜、荔枝蜜、香蕉、椰子、龙眼、木瓜、话梅、潮州柑、何首乌。

广东菜又称为"粤菜",系中国四大菜系之一,由广州、潮州、东江三地特色菜点发展而成。其中广州菜是广东受众最多的菜系,潮州菜以精致典雅著称,客家菜则以原汁原味见长。

广东特色食品有广式点心、广式腊味、清平鸡、东江盐焗鸡、三黄胡须鸡、太爷鸡、潮汕膏蟹、沙井鲜蚝、万宁燕窝、海龟、透明马蹄糕、泮塘马蹄粉、纯正莲蓉月饼、吴州海蜇皮、东莞腊肠、沙河粉、拉肠粉、及第粥、春饼、盲公饼、油头烙饼、黑皮冬瓜等。

广东人的饮食离不开饮茶,不光吃饭时要饮茶,还有专门的早茶和下午茶,配以点心、粥、粉、面及其他小菜。潮州工夫茶独具特色,家家户户必备精良的饮茶器具。广东点心是中国面点三大特式之一;广东粥特点是粥米煮开花和注意调味,有滑鸡粥、鱼生粥、及第粥和艇仔粥;广东粉有沙河粉、陈村粉。湛江海鲜美食在中国久负盛名,2010年,湛江被授予中国首个"中国海鲜美食之都"的称号。

【民俗风情】

广东省的广府民系、客家民系和福佬民系,分别传承了百越、古代中原和闽越文化,并在特有的地域环境中得到较好保留。其民俗风情各具特色,是岭南文化的重要组成部分。

广东省主要民俗与节庆活动有:迎春花市、元旦花车巡游、元宵灯会、中秋灯会、波罗诞、冼太诞、盘古王诞、北帝诞、乞巧节、孟兰节、龙舟节、荔枝节;龙舟竞渡、舞狮舞龙、广府庙会、飘色、水色、春色、秋色、木偶戏、皮影戏、潮州大锣鼓、英歌、烧塔、烧龙;生菜会、舞火狗、舞春牛、粤语讲古、惠东渔歌、中山咸水歌、瑶族耍歌堂、潮州花灯、汕尾滚地金龙等。

【旅游资源】

相对独立的地理环境和悠久的历史文化,孕育了广东独具特色的旅游资源。

广东的名山有:南海西樵山、惠州罗浮山、肇庆鼎湖山、韶关丹霞山。著名湖泊有肇庆星湖、惠州西湖、湛江湖光岩、河源万绿湖。

广东省岩溶地貌发育,连州地下河、英德宝晶宫、阳春玉溪三洞等为最具代表性的溶洞群景观。英德英西峰林走廊、肇庆七星岩、乐昌古佛岩、怀集燕岩、阳春崆峒岩、凌霄岩、春湾风景区、马兰峰林等融"奇、险、幽"为一体。

广东省温泉资源丰富,类型多样,分布广泛,堪称"温泉大省"。著名温泉有从化温泉、珠海御温泉、珠海海泉湾、恩平锦江温泉、梅州五华县热矿泥温泉和清远佛冈的森波拉温泉等。

广东省海岸线漫长、海岛众多,滨海旅游资源丰富。拥有海陵岛、特呈岛、雷州乌石和南澳青澳湾4处国家级海洋公园,以及硇洲岛、遮浪半岛、巽寮湾等著名滨海旅游区。

广东地处热带、亚热带,水热资源丰沛。珠江三角洲水网密集,形成独具地方特色的桑基鱼塘、果基鱼塘与蔗基鱼塘为代表的水网水乡景观。水稻是广东最适宜种植的粮食作物,形成大面积的稻田景观,尤以粤北山区的梯田景观最为典型。大面积、成规模种植的茶田、花卉苗木场以及荔枝林、菠萝地、芭蕉林(南部可种香蕉)、龙眼林等果林形成独具特色的种植园景观。知名的有广州百万葵园、花都香草世界、深圳青青世界、三水荷花世界、雁南飞茶田、珠海农科中心、高要广新农业生态园等。

广东省宗教历史遗存丰富。广州光孝寺历史悠久,所谓"未有羊城先有光孝"。韶关南华寺因六祖慧能而蜚声中外,成为佛教重要流派禅宗的祖庭,与潮州开元寺、肇庆庆云寺、广州光孝寺并称岭南四大名寺。始建于唐代的怀圣寺是中国四大古代清真寺之一，为我国现存最古老的清真寺建筑。石室圣心大教堂为国内现存最宏伟的双尖塔哥特式建筑之一，也是全球四座全石结构哥特式教堂建筑之一，有"远东巴黎圣母院"之誉。

广东保留有不少古代建筑，成为岭南文化特色的载体，主要有骑楼、客家围屋、碉楼、宗祠等。

岭南园林兼具北方园林与江南园林特色，著名园林有佛山梁园、顺德清晖园、番禺馀荫山房和东莞可园。

广东是近代中国革命的策源地，相关历史建筑遗存十分丰富。著名景点有黄花岗七十二烈士陵园、黄埔军校旧址、孙中山纪念堂、十九路军淞沪抗日阵亡将士陵园、东征烈士墓，以及农民运动讲习所、广州起义烈士陵园（红花岗）等。

目前，广东省拥有广州长隆旅游度假区、深圳华侨城旅游度假区、广州白云山风景区、梅州雁南飞茶田景区、深圳观澜湖高尔夫景区、清远连州地下河景区、韶关丹霞山景区、佛山西樵山景区、广州南沙湿地公园9处国家5A级旅游景区，以及丹霞山、开平碉楼与古村落2处世界遗产。深圳东部华侨城入选首批国家级旅游度假区。

第二十章
广西壮族自治区基本概况

广西壮族自治区是中国以壮族为主体民族实行民族区域自治的省级行政区,中国唯一与东盟国家海陆相连的省级行政区,中国通往东盟最便捷的国际大通道,中国唯一具有沿海、沿江、沿边优势的少数民族自治区,西南地区最便捷的出海口。广西简称"桂",又称"八桂""桂海"。首府为南宁市。

【地理环境】

广西位于中国南部,北回归线横贯中部。东连广东省,南临北部湾并与海南省隔海相望,西与云南省毗邻,东北接湖南省,西北靠贵州省,西南与越南社会主义共和国接壤。总面积23.76万平方千米,占全国土地总面积的2.5%,居全国第9位;管辖北部湾海域面积约4万平方千米。

广西的山地、丘陵和石山山地占总面积的69.7%;平地(包括台地、谷地、河谷平原、山前平原、三角洲)占总面积的26.9%;水域面积仅占总面积的3.4%。喀斯特地貌广布,占土地总面积的37.8%,发育类型之多世界少见。

广西的地势西北高、东南低,呈西北向东南倾斜状。四周多被山地环绕,中部和南部多丘陵平地,呈盆地状,有"广西盆地"之称。

广西的山脉多呈弧形,形成盆地边缘山脉和内部山脉。桂北有凤凰山、九万大山、大苗山、大南山和天平山;桂东有猫儿山、越城岭、海洋山、都庞山和萌渚岭;桂东南有云开大山;桂南有大容山、六万大山、十万大山等;桂西为岩溶山地;桂西北有金钟山、岑王老山等。内部山脉分别是东北—西南走向的驾桥岭、大瑶山和西北—东南走向的都阳山、大明山。猫儿山主峰海拔2141米,是华南第一高峰。

广西的河流总长约3.4万千米,大多随地势从西北流向东南,有珠江的西江水系、长江洞庭湖水系(湘江、资江)、沿海诸河流、百都河红河水系、地下河水系。主要河流有西江、红水河、左江、右江、柳江、黔江、郁江、浔江、桂江、漓江、贺江等。其中,西江水系干流从西向东贯穿广西,经广东注入南海;秦代在湘江(今兴安县境内)修筑的灵渠,沟通长江和珠江两大水系;南流江、钦江、防城江和北仑河等南部诸河均注入北部湾,西南有属于红河水系的河流流入越南。

广西的天然湖泊较少,多为人工湖泊。主要湖泊有南湖、榕杉湖、东湖、灵水、八仙湖、大龙潭、星岛湖等。有大中型水库208座,其中大型水库有百色水库、西津水库、澄碧河水库、大化水库、大王滩水库、青狮潭水库等。

广西的大陆海岸东起合浦洗米河口,西至中越交界的北仑河口,全长1595千米。海岸线曲折多变,多良港。沿海有岛屿697个,岸线461千米;最大的涠洲岛面积24.7平方千米。浅海面积6488平方千米,滩涂面积1005平方千米,软质沙滩约占90%。

【气候特征】

广西属亚热带季风气候区。夏季长而炎热,降雨丰富,冬季短而干暖,偶有奇寒。受西南暖湿气流和北方变性冷气团的交替影响,干旱、暴雨、热带气旋、大风、雷暴、冰雹、低温冷(冻)害气象灾害较为常见。年平均气温为16.5℃~23.1℃。冬季南北温差9℃,夏天温差较小。全年大部分地区无霜期为300天以上。

广西年平均降水量1694.8毫米,是中国降水量最丰富的地区之一。降水量分布不均,东部多,西部少;丘陵山区多,河谷平原少;夏季迎风坡多,背风坡少。降水量季节变化不均,干湿季分明;4—9月为雨季,降水量占全年的70%~85%,易发生洪涝灾害;10月至次年3月为干季,降水量仅占全年的15%~30%。

广西年平均日照时数1213~2135.2小时。最少的那坡县仅为1213小时,最多的合浦县为2135.2小时。各地≥10℃积温5000℃~8000℃,是全国最高积温省份之一。

【行政区划】

广西壮族自治区辖14个地级市、7个县级市、67个县(含12个民族自治县)、36个市辖区、722个镇、405个乡(含59个民族乡)、120个街道。14个地级市为:南宁市、桂林市、柳州市、梧州市、北海市、玉林市、百色市、河池市、贺州市、崇左市、来宾市、贵港市、防城港市、钦州市。

【历史沿革】

据考古发现,早在80万年前广西就有原始人类繁衍生息,广西也是人类栽培水稻起源地之一。

战国时期,广西地区属百越。秦朝,广西地区正式纳入中央王朝版图,分属桂林郡和象郡。秦末汉初,属赵佗建立的南越国。汉武帝时,分属苍梧、郁林、合浦三郡。三国两晋南北朝时期,先属吴,后归于晋及南朝的宋、齐、梁、陈等政权。唐初属岭南道的桂、容、邕三管节制;咸通三年(862年),属岭南西道,基本形成了广西地区后来行政区疆域的轮廓,并升邕管经略使为岭南西道节度使,这是广西地区成为一级独立政区之始。宋初,属广南路;至道三年(997年),广南路分为广南东路和广南西路,今广西地区大部属广南西路,广西之名源于此。元朝,属湖广行中书省;至正二十三年(1363年)置广西行省,为广西设省之始。明代改省为布政使司,广西是全国设置的13个布政使司之一,称为广西承宣布政使司,广西名称由此固定下来。清朝复设广西省。民国时期,广西仍设省。自广西设省起直至民国时期,省会大多设在桂林。新中国成立初期设广西省,1958年3月5日成立广西壮族自治区,首府设在南宁市。

【人口民族】

截至2015年年末,广西人口出生率为14.05‰,死亡率为6.15‰,自然增长率为7.90‰。全区总人口5518万人,常住人口4796万人,占全国人口总量的3.5%,居全国第11位。人口平均密度约为202人/平方千米,但人口分布不均匀,桂东南人口密度较大,桂西北大石山区人口密度较小。14个地级市中,人口密度最大的是玉林市,人口密度最小的是百色市;常住人口最多的是南宁市,常住人口最少的是防城港市。

广西是多民族聚居的自治区,世居民族有汉、壮、瑶、苗、侗、仫佬、毛南、回、京、彝、水、仡佬等12个,此外还有满、蒙古、朝鲜、白、藏、黎、土家等44个其他民族。汉族大多居住在广西东部、南部及东南部;少数民族大多居住在广西中部、西部、西南、西北部,其分布地区占全区面积的60%以上。

常住人口中,少数民族人口2004万人,占全区人口的42.5%,人口数量居全国第1位,其中100万以上人口的有壮族(1698万人)、瑶族(152.8万人),10万以上人口的有苗族(48万人)、侗族(33.73万人)、仫佬族(17.7万人),10万以下人口的有毛南族(7.73万人)、回族(3.1万人)、京族(2.1万人)、水族(1.4万人)、彝族(0.7万人)、仡佬族(0.3万人)。壮族人口占全区总人口的31.39%,是中国人口最多的少数民族,以左江、右江和红水河流域最为集中;仫佬族、瑶族人口分别约占全国的90%、60%,是全国仫佬族、瑶族人口最多的地区;京族是广西独有的少数民族;环江毛南族自治县是全国唯一的毛南族自治县;仡佬族是广西世居民族中人口最少的民族。

【宗教信仰】

广西的宗教主要有佛教、道教、伊斯兰教、天主教和基督教。早在东汉时期,就有宗教传入。其中道教和佛教传入最早,在民间影响较大。

东汉,道士刘根、华子期等到今容县都峤山修道,道教传入广西;东晋著名道士葛洪曾求为勾漏令,到了今北流勾漏山修炼;唐宋时,广西道教大为兴盛;明代以后道教因渐被限制而逐渐衰落。道教"洞天福地"中,广西有第20洞天容县都峤山洞天、第21洞天桂平白石洞天、第22洞天北流勾漏山洞天,第20福地桂平罗丛岩。

东汉末,佛教由随船东来的西亚行僧传入广西。晋代,建造了最早的佛寺——平乐龙兴寺。唐宋是广西佛教发展的鼎盛期,桂林西山延龄寺号称"南方五大禅林之一",宗派林立,以净土宗和禅宗为主。桂平西山是广西最著名的佛教圣地,也是全国十三大佛教圣地之一,洗石庵和龙华寺是著名古刹。其他佛教圣地还有贵港南山寺、桂林栖霞寺和能仁寺、柳州西来寺和灵泉寺、南宁水月庵、梧州西竺园、全州湘山寺等。

伊斯兰教自元朝时传入广西,明清时期分布渐广。天主教和基督教则是鸦片战争以后才传入广西的,但发展较快,也成为影响较大的宗教。此外,广西民间还存在多元杂糅的宗教文化,大体可分为分散性宗教(以自然宗教为主)和半制度化宗教两大部分。

各教都分别在信徒比较多的地方设立或修建宗教活动场所(寺庙、宫观、教堂、庵堂、活动点),并成立有县级以上的爱国宗教团体,宗教活动正常。广西现有宗教信徒70万人,正式登记的宗教活动场所有712处。

【交通状况】

广西已构建了一个公路、铁路、水路和民用航空四通八达的立体交通网络体系,正逐渐从"路网末梢"转变为中国—东盟区域性国际交通枢纽。

广西公路城乡联网,实现地级市通高速公路、县县通二级以上公路、乡乡通沥青水泥路、村村通公路,形成连接西南出海大通道主轴的干线公路网络。城市客运覆盖面逐步扩大,14个市城区及72个县开通了城市公交。截至2016年年底,全区公路总里程12.05万千米,其中高速公路4603千米,通达80个县(市、区),通达率为73%。通往境外越南的12个一类口岸均通二级以上公路,每年中越分别有超过10万人次通过15条跨境客运线路班车往返于两国之间。

广西境内有湘桂、黔桂、黎湛、焦柳和南昆线5条国家干线铁路,基本形成北通、南达、东进、西连的现代化路网格局。2016年年末铁路营业总里程5141千米,其中高速铁路1751千米,开通了柳南城际、沿海城际和衡柳,南广、贵广、云桂等多条高铁线路,通达全国14个省份和广西区内11个地级市,南宁、柳州、桂林及北部湾沿海城市基本实现公交化出行。

广西北部湾有沿海港口25个,泊位241个,万吨级以上泊位66个,最大靠泊能力20万吨级。主要通航河流有西江、浔江、郁江、黔江、柳江、右江、红水河、融江、左江、桂江等10条，通航总里程5591千米，其中西江航运干线1000多千米，横贯广西14个县市，是一条仅次于长江的"黄金水道"，2000吨级船舶从南宁可直航粤港澳；内河港口110多个，千吨级以上泊位112个。2016年水路客运量完成556万人次，港口完成货物吞吐量3.21亿吨，其中北部湾港口完成货物吞吐量1.87亿吨，居全国沿海港口第15位。

广西目前已有桂林、南宁、北海、柳州、梧州、百色、河池7个民用机场，212条航线，旅客吞吐量1571万人次（2013年），可通航国内69个城市（含港澳台）以及国外16个国家的18个城市。其中国际航线19条，形成了以桂林、南宁为中心的旅游航空网，东盟航线在全国排名前列。广西本土航空公司有2家——北部湾航空公司、桂林航空公司正式投入运营。

【自然资源】

广西矿产资源种类多、储量大，尤以铝、锡等有色金属为最，是全国10个重点有色金属产区之一，被誉为"有色金属之乡"。已发现矿种145种（含亚矿种），占全国矿种的45.8%；探明储量的矿藏97种，其中64种居全国前10位，12种居全国第1位。在45种国民经济发展支柱性矿藏中，广西探明资源储量的有35种。铟产量居世界之冠，占全世界产量的1/3。非金属矿产中，石灰岩、高岭土、滑石、膨润土等储量均居全国前列。

广西动植物资源丰富。陆栖脊椎野生动物1149种（含亚种），占全国总数的43%。其中：国家重点保护的珍稀种149种，占全国的45%；国家1级保护动物24种，占全国种数的27%。特别是野生灵长类动物种类相当丰富，全国18个品种中，广西占10种，其中世界上最稀有的猴类白头叶猴为广西独有，猕猴（又称广西猴、恒河猴）广西的数量最多、分布最广。德保矮马是世界稀有的优良马种，也是世界上最矮的一种马。儒艮、中华白海豚是国家1级保护的海洋野生动物；蛤蚧占全国总量的80%，是中国著名特产。

森林面积1252.5万公顷，森林覆盖率52.71%。野生植物288科、1717属、8562种，居全国第3位，其中：国家重点保护的珍稀濒危植物122种，占全国种数的31.6%，居全国第2位；国家一级重点保护植物37种，约占全国种数的50%，珍贵植物主要有金花茶、银杉、桫椤、擎天树等。还有药用植物4064种，占全国种数的58%以上，被誉为我国"四大药库"之一，其中淮山、半夏、茯苓、金银花产量居全国第1位。广西还是中国水果品种最多的省份，品种占全国的70%，其中沙田柚、杧果、火龙果、柿子产量居全国第1位，柑橘、香蕉、荔枝、龙眼、菠萝产量居全国第2位。

广西河流众多，水力资源丰富，地表河流总长3.4万千米，常年径流量约

1880亿立方米,占全国地表水总量的6.4%,居各省、自治区、直辖市第4位。水能资源理论蕴藏量2133万千瓦,可开发利用1751万千瓦,其中红水河段水能资源被誉为中国水电资源的"富矿"。

广西北部湾是中国四大热带渔场之一,海洋水产资源丰富,有鱼类500多种、虾类200多种、头足类近50种、蟹类190多种、浮游植物近140种、浮游动物130种。海洋油气资源储量大。潮汐能理论蕴藏量高达140亿千瓦。红树林面积5654平方千米,占全国总量的40%。基岩海岸和沙砾质线较长,优质沙滩多,旅游开发前景好。

【文化艺术】

广西各族人民在长期的历史发展进程中,不仅创造了辉煌灿烂的民族文化,而且形成了具有浓郁地方特色和民族色彩的文学艺术活动。

广西民间文学的形式主要有民间神话、民间故事、民间传说、民间长诗等。《布洛陀》《布伯的故事》《盘古》《盘瓠》《伏羲兄妹》等均是其中的代表。壮族的《布洛陀》和瑶族的《密洛陀》是广西民间叙事长诗的杰出代表和创世史诗。

广西是个爱歌、善歌民族聚居的地区,是"歌仙"刘三姐的故乡,被誉为"民歌的海洋"。汉族"山歌"、壮族"欢歌"、苗族"飞歌"、侗族"大歌"、瑶族"香哩歌"、京族"唱哈"等各具特色,其中多声部合唱的侗族大歌是侗族音乐精萃,也是最具特色的中国民间音乐艺术,先后入选国家非物质文化遗产名录和世界《人类非物质文化遗产代表作名录》。各族传统的唱歌节日丰富多彩:壮族"三月三"、瑶族"做娘"、侗族"会期"、苗族"赶坡"和"坐妹"、京族"哈节"等。

广西的民间乐器种类繁多,特色鲜明。壮族有马骨胡和天琴;瑶族有长鼓和铜鼓;侗族有侗笛、牛腿琴、侗族芦笙、侗琵琶等;芦笙是苗族人民最喜爱、最常用的一种民间多声部乐器;京族的独弦琴,古名匏琴,为我国古乐器之一。

广西舞蹈极具地方特色和民族色彩。壮族的春牛舞、扁担舞、师公舞、采茶舞、铜鼓舞、青蛙舞、绣球舞等主题鲜明,流行广泛。龙舞是汉族民间传统舞蹈之一,在广西各地均极为流行。长鼓舞、铜鼓舞是瑶族民间舞蹈。芦笙舞,又称踩堂舞,场面宏大,是苗族最具代表性的民间舞蹈。多耶是侗族民间集体歌舞形式,气氛热烈。毛南族的木面舞、仫佬族的牛筋舞也颇有特色。

广西的少数民族戏曲有壮剧、侗戏、苗戏、毛南戏等,还有桂剧、粤剧、彩调剧、邕剧、牛娘戏、桂南采茶戏、丝弦戏、文场、渔鼓等10余种地方戏曲剧种。桂剧俗称桂戏或桂班戏,是广西的主要地方剧种和中国十大戏曲剧种之一,入选首批国家级非物质文化遗产名录。彩调剧目《刘三姐》20世纪60年代初曾四进中南海,由此红遍大江南北,享誉海内外。

广西作为全国文化大区(省),拥有丰富的文化资源。表演团体主要有广西戏剧院、广西儿童剧院、南宁艺术剧院、柳州艺术剧院等;艺术表演场所主要有广西民族宫音乐厅、南宁剧场、漓江剧院、桂林大剧院、柳州文化艺术中心、三江"侗乡鸟巢"等;艺术院校有广西艺术学院、北海艺术设计学院、广西演艺职业学院等。"印象·刘三姐"开创了中国山水实景演出的先河。

广西集中了众多全国知名的博物馆、美术馆、科技馆等,如广西博物馆、广西民族博物馆、桂林博物馆、桂海碑林博物馆、柳州市博物馆、柳州工业博物馆、广西美术馆、广西规划馆、广西科技馆、合浦汉代文化博物馆等。

【特产美食】

广西特产门类繁多,品种丰富。

工艺品有壮锦、壮族绣球、苗族蜡染、毛南族花竹帽、铜鼓、钦州坭兴陶、北流瓷器、桂林根雕、柳州棺材、北海贝雕、合浦珍珠、阳朔画扇、临桂三皮画、博白编织、龙州砧板等。

名酒有桂林三花酒、合浦东园家酒、梧州三蛇酒、桂平乳泉酒、全州湘山酒、南丹丹泉酒、东兰墨米酒、宜州红兰酒、巴马老酒(火麻酒)等。

名茶有梧州六堡茶、桂平西山茶、大新苦丁茶、覃塘毛尖茶、桂林桂花茶、金秀绞股蓝茶、横县茉莉花茶、凌云白毛茶等。

食品及果品有桂林豆腐乳和马蹄糕、荔浦芋头、兴安白果、阳朔金橘、恭城柿饼、永福罗汉果、田林八渡笋、梧州龟苓膏、柳州云片糕、容县黑芝麻糊、巴马香猪、钦州海鸭蛋等。

中成药有金嗓子喉宝、桂林西瓜霜、玉林正骨水和云香精、百年乐口服液等。

广西自古以来就是官宦商旅云集之地,因而饮食上博采众长、丰富发展,饮食习惯融合了各地的饮食特点,兼收并蓄了粤、川、湘、浙、赣、闽等地方菜肴特色。日常饮食主要以清淡为主,口味以鲜香、微辣、酸甜、脆嫩为主,讲究鲜、嫩、爽、滑,原汁原味。但南部的南宁、北海、钦州等地偏于清淡,而北部的柳州、桂林等地有吃辣习惯。

广西的菜肴多以本地盛产的山珍、水产和禽畜肉为原料,还常以岭南佳果诸如荔枝、杧果、菠萝等入菜。一般以猪、鸡、狗、牛、羊、鸽和咸淡水族为常宴;以山珍和名特水鲜为上品。技艺上多用蒸、炖、焖、焗、炒、炸等方法,擅长众菜和调,粗菜细做,尤其以对山珍野味的烹调方法闻名,能在烹制的过程中保持山珍的原味。少数民族菜,讲究实惠,取材奇特,制法极有个性,富有山野风味。

广西菜系即桂菜系,特色菜品有阳朔啤酒鱼、灵川狗肉、荔浦芋扣肉、全州醋血鸭、灵马鲶鱼、梧州纸包鸡、高峰柠檬鸭、横县鱼生、龙城螺蛳鸡、巴马烤香猪、清蒸西施舌、白果炖老鸭、田七炖土鸡、壮族血肠、苗家羊瘪汤、侗家酸鱼。特色小吃有桂林米粉和马蹄糕、南宁肥肉粽和老友面、梧州艇仔粥和冰泉豆浆、柳州螺蛳粉、玉林牛肉巴、恭城油茶、罗秀米粉、壮族五色糯米饭等。

【民俗风情】

广西各民族都保持着淳朴的民俗，在饮食、服饰、居住、节日、礼俗方面都有浓郁的民俗风情。他们一般穿家织的土布，上面手绣有各种精美、复杂的图案，色泽艳丽，款式多样。姑娘们喜戴银制饰物，耳环、项圈、手镯、银钗、银扣等，光彩夺目。各民族同胞豪爽、纯朴、热情、友善、崇尚美德，并且能歌善舞，喜用歌声表达情感，民歌在全国享有盛名。每逢节日或者祭祀，会举行各种盛大的活动，人们穿上最隆重的服装，唱歌、跳舞，气氛热烈，令人深深陶醉其中。壮族的歌圩节、瑶族的达努节和盘王节、苗族的踩花山、仫佬族的走坡节、侗族的花炮节，以及别有风味的打油茶，苗寨拦路歌、拦路酒、拦路鼓、挂彩带、挂彩蛋、打酒印等众多苗族好客习俗，风情独特。壮族的铜鼓、花山崖壁画早已闻名中外。织锦、刺绣、陶瓷、竹编和芒编等各色民族工艺品，壮族干栏式建筑、苗族吊脚楼、侗族风雨桥和鼓楼等民族建筑，壮、瑶、苗等民族的医药等，都堪称广西少数民族文化瑰宝。

其中，壮族的歌(情歌、哭嫁歌、哭丧歌、智力歌、劝酒歌、节令歌、祈祷歌、儿歌和童谣等形成了"歌的海洋"，称为"歌节")、瑶族的舞(长鼓舞、捉龟舞、黄泥鼓舞、盘古兵舞、八仙舞等18种舞蹈最为盛行)、苗族的节(苗年节、芦笙节、拉鼓节、芒歌节、新禾节、斗马节等众多节日形成了"百节之乡")、侗族的建筑(风雨桥、鼓楼、吊脚楼、凉亭、寨门、水井亭等木结构建筑闻名中外)被称为广西民族风情"四绝"。

【旅游资源】

广西旅游资源丰富多彩，奇观胜景遍布，是中国旅游资源大省之一。有山清水秀、洞幽石奇的自然景观，古朴浓郁的少数民族风情，风光旖旎的热带滨海风光，独具特色的南国边关风情，以及众多的文物古迹。最具代表性的特色旅游资源有：甲天下的"桂林山水"、世界第一大天坑群"乐业大石围天坑群"、世界长寿之乡"巴马瑶乡"、世界文化遗产"左江花山岩画"、世界上最古老的运河之一"灵渠"、世界八大斜塔之一"崇左归龙塔"、亚洲第一大跨国瀑布"德天瀑布"、中国第一滩"北海银滩"、中国第一大火山岛"涠洲岛"、中国明代保存最完整的藩王墓群"桂林靖江王陵"、以刘三姐文化为代表的民族风情、以百色起义为代表的红色旅游等。

广西拥有世界遗产2项：桂林—环江喀斯特、左江花山岩画。其中，桂林—

环江喀斯特于 2014 年 6 月 23 日,与贵州施秉、重庆金佛山共同组成"中国南方喀斯特"第二期,在卡塔尔多哈举行的第 38 届世界遗产大会上经审议成功列入《世界遗产名录》,这是广西项目首次纳入《世界遗产名录》。左江花山岩画密集分布在广西崇左市境内的左江及其支流明江两岸 200 多千米的崖壁上,是战国至东汉时期壮族先民骆越人群体祭祀遗留下来的遗迹,距今有 2000 多年的历史,和与其依存的山体、河流、台地共同构成左江花山岩画文化景观,于 2016 年 7 月 15 日,在土耳其伊斯坦布尔召开的第 40 届世界遗产大会经审议成功列入《世界遗产名录》,填补了中国岩画类世界遗产名录的空白。

广西拥有世界地质公园 1 处:乐业—凤山,由相邻的乐业大石围国家地质公园和凤山岩溶国家地质公园组成,2010 年正式列入联合国教科文组织的《世界地质公园名录》,这是广西首个获得此项殊荣的地质公园。

广西拥有国家历史文化名城 3 座:桂林、柳州、北海。

广西拥有中国优秀旅游城市 12 座,其中阳朔县被国家旅游局命名为首批"中国旅游强县"。

广西拥有国家历史名村名镇 5 座:昭平县黄姚镇、阳朔县兴坪镇、灵山县大芦村、玉林市高山村、富川县秀水村。

广西拥有国家级风景名胜区 3 处:桂林漓江、桂平西山、宁明花山。

广西拥有国家级旅游度假区 1 处:北海银滩。

广西拥有国家考古遗址公园 1 处:桂林甑皮岩遗址。

广西拥有国家 A 级旅游景区 238 个,其中 5A 级景区 4 个:桂林漓江景区、兴安乐满地休闲世界、南宁青秀山景区、桂林独秀峰—靖江王城景区。

广西拥有国家自然保护区 22 处,其中山口红树林生态国家自然保护区 2000 年被纳入联合国"人与生物圈保护区网",并被列入《国际重要湿地名录》。

此外,广西还有国家工业旅游示范点 8 处、农业旅游示范点 34 处,国家森林公园 20 处,国家地质公园 9 处,全国重点文物保护单位 66 处,国家级非物质文化遗产 47 项。

广西的主要景点还有:杨美古镇、武鸣大明山、宾阳昆仑关、桂林两江四湖、愚自乐园、阳朔西街、兴安乐满地、龙脊梯田、恭城文庙与武庙、资源八角寨—资江、荔浦丰鱼岩和银子岩、柳州柳侯祠、三江程阳八寨、象州温泉、忻城莫土司衙署、金秀大瑶山、合浦大士阁、钦州三娘湾和七十二泾、防城港江山半岛、东兴京岛金滩、上思十万大山、玉林云天宫、容县真武阁、桂平太平天国起义旧址及东塔和大藤峡、梧州骑楼城和龙母太庙、凭祥友谊关、大新明仕田园、隆安龙虎山、百色通灵大峡谷、百色起义纪念馆、田阳敢壮山、贺州姑婆山、河池小三峡、宜州刘三姐故里、大化七百弄、龙滩水电站等。

第二十一章
海南省基本概况

海南是中国最年轻的省份,中国唯一的热带海洋省份,是以旅游业为龙头的现代服务业作为主导产业的特色旅游省,2010年开始国际旅游岛建设。海南简称"琼",省会海口。

【地理环境】

海南省位于中国最南端,北隔18海里琼州海峡与广东雷州半岛相望,西临北部湾与越南相邻,东濒我国香港特别行政区和台湾地区,东南和南边以海域与菲律宾、文莱、马来西亚、印度尼西亚、新加坡相接。所属陆地有海南岛以及西沙群岛、南沙群岛、中沙群岛,陆地总面积3.5万平方千米,其中海南岛面积3.4万平方千米,海岸线总长度1823千米。海南省辖海域200万平方千米,约占中国海洋面积的2/3。

海南岛是面积仅次于台湾岛的中国第二大岛,地形呈东北—西南向,如同鸭梨,地势中部高、四周低,海拔1867米的五指山为最高峰,并以五指山、鹦哥岭为隆起核心向四周构成山地、丘陵、台地、平原逐级下降的环状梯级地貌;南渡江、昌化江、万泉河等154条河流是独流入海的河流,从中部向四周呈放射状分布。

【气候特征】

海南全境都在热带,属热带季风气候区。位于热带北沿的海南岛,最冷月份为1—2月,平均气温16℃~24℃;最热月份为7—8月,平均气温25℃~29℃;高于37℃的天气偶尔出现,极端最高气温低于全国22个省区。"夏天到海南来避暑"和"冬天到海南来戏水"成为很多游客时尚的选择。年降雨量1600~1800毫米,5—9月降雨量占全年的70%以上。

【行政区划】

海南省共辖 19 个市县及民族自治县,包括海口市、三亚市、三沙市、儋州市 4 个地级市,五指山市、文昌市、琼海市、万宁市、东方市 5 个县级市,定安县、屯昌县、澄迈县、临高县 4 个县、白沙黎族自治县、昌江黎族自治县、乐东黎族自治县、陵水黎族自治县、保亭黎族苗族自治县、琼中黎族苗族自治县 6 个民族自治县。全省共 218 个乡镇(含街道办事处),包括 21 个乡、175 个镇、22 个街道办事处。

【历史沿革】

海南历史悠久。考古发现新石器时代遗址 200 多处。1 万年前,海南已有"三亚人"活动。

秦代,海南是象郡的边陲。公元前 110 年,西汉王朝在海南岛设珠崖、儋耳两郡,标志着中央政权对海南直接管理的开始。西汉末年至南朝梁大同年间(535—545 年),朝廷批准在海南岛设置崖州。唐代,海南设崖州、儋州、振州、万州、琼州,海南简称"琼",源于唐代的琼州。三国以后,"海南"泛指南海沿岸各地,宋代始专指海南岛。南宋将南海诸岛及其海域归万安州管辖。明初,琼州升格为琼州府,辖儋州、崖州、万州 3 州 13 县,并将南海诸岛改归崖州管辖。清代基本沿袭明制。民国时期的 1912—1948 年,海南行政机构先后有多种称谓。

1950 年 5 月 1 日海南岛解放,设海南行政区公署,并在中、南部少数民族地区成立海南黎族苗族自治州。1984 年成立海南行政区人民政府。1988 年 4 月 13 日,海南从广东划出建省办经济特区,同时撤销海南行政区和海南黎族苗族自治州。

【人口民族】

2015 年海南省常住人口为 910.82 万人,其中城镇人口 502 万人,占常住人口的 55.12%,常住人口密度为每平方千米 258 人。海南还有候鸟型人口 115 万人,这显示到海南旅居度假成为一种常态。

汉族、黎族、苗族、回族是海南省世居民族,黎族是海南岛上最早的居民。2010 年第六次全国人口普查数据显示:汉族人口 724.61 万人,占总人口的 83.56%,主要聚居在北部和沿海地区;少数民族人口 142.54 万人,占总人口的 16.44%,其中黎族 126.23 万人、苗族 7.45 万人,多数聚居在中部山区与南部;回族 1.07 万人,主要居住在三亚市凤凰镇。

【宗教信仰】

海南有多种宗教。原始宗教自古有之,主要表现为祖先崇拜、自然崇拜、图腾崇拜等。

除原始宗教外,海南有道教、佛教、伊斯兰教、天主教、基督教。道教是中国本土产生的宗教,于唐代初期传入海南。定安县的文笔峰是中国历史文化名人、道教南宗实际创始人、南宗五祖白玉蟾的归隐地。佛教于唐朝中期传入海南,唐朝鉴真和尚第五次东渡日本不成,被飓风吹到三亚南山而留下一段佳话。伊斯兰教约在12世纪起从阿拉伯、波斯湾及印度支那半岛进入海南岛南部。天主教于明末从葡萄牙传入海南。基督教于清末传入海南。

【交通状况】

海南岛是亚洲大陆与澳、非、欧洲大陆之间的交通要道,自古就是海上丝绸之路途经区域,从唐宋开始成为海上丝绸之路始发点之一。海南有海口美兰、三亚凤凰和琼海博鳌3个国际机场。海口美兰、三亚凤凰国际机场旅客吞吐量2016年分别达1880万人次、1737万人次,共开通了40多条国际航线和348条国内航线。

海南岛与内地可通过粤海铁路乘火车直达,还是世界上唯一有环岛高铁的岛屿。海南岛形成了"四方九港"格局,客运渡轮在琼州海峡穿梭运营;三亚邮轮港成为国内主要邮轮港之一,不仅接待世界主要邮轮,还开通至中国西沙及越南的邮轮航线。海南岛内有环岛高速公路和以东、中、西三条干线为主的"三纵四横"公路网,形成了"3+1公路交通圈"(全省各市县之间3小时以内可以到达,市县政府所在地至乡镇政府所在地1小时之内到达)。

【自然资源】

海南省矿产丰富,90种矿产中有43种列入全国矿产统计储量。石碌铁矿占全国富铁矿储量的71%,为全国储量首位。钛、锆、石英、蓝宝石、化肥灰岩储量居全国之首。油页岩、花岗石储量居全国前列。近年还发现储量丰富的钼矿。海南岛南部和西南部沿海海滩平坦,已建有大型盐场,其中莺歌海盐田面积为2454公顷。

海南作为海洋大省,海洋资源极为丰富。近海水深200米以内的大陆架渔场水域面积达6.65万平方千米。海洋生物有3000多种,贝类有491种。海底五光十色、千姿百态的热带鱼和各种珊瑚,是潜水旅游的观光美景。南海是世界四大海洋储油区之一,估算油气资源储量约708亿吨,已探明可采天然气储量4万亿立方米,石油储量20亿吨。

海南岛森林面积17万公顷,其中国家森林公园9处,有湿地5类18型,总面积为32万公顷。代表性的湿地类型为红树林湿地型,面积为0.47万公顷。有10个国家级自然保护区,面积10.41万公顷。

海南岛热带生物资源极为丰富。维管束植物有4622多种,其中海南特有种491种系,48种被列为国家一、二级重点保护植物。海南岛素有"天然药库"之称,药用植物有3100多种,其中抗癌植物13种;四大南药:槟榔、益智、砂仁、巴戟占全国产量的99.9%。海南岛还有"天然温室""热带果园""四季花园"美称,热带经济作物和热带水果种类繁多。

海南岛有陆栖脊椎动物660种,其中海南特有种23种。列入国家一级重点保护野生动物的有海南坡鹿、海南黑冠长臂猿、云豹、巨蜥、海南山鹧鸪等18种;列入国家二级重点保护野生动物的有105种。海南有两栖类动物37种,仅见于海南的有11种;鸟类有349种。

【文化艺术】

海南的文学艺术最早表现于记录黎族神话传说的民歌等口头文学形式,如《亚贵和亚贝的故事》《五指山传》等。随着历代海南岛同内陆地区的交流和移民,还有大批贬官谪臣到海南,尤其是苏东坡被贬海南后敷扬文教,使乡人多受其惠,促进了海南文学艺术的发展。从学于苏东坡的姜唐佐、符确分别成为海南历史上第一个举人和第一位进士;再后,出现在海南历史上的四大才子丘浚、王佐、海瑞、张岳崧,都为海南古代文化发展做出了贡献。

海南的文化艺术在本地基调上显现出移民区域的多元特色:有黎族歌舞、儋州"调声"、本地琼剧、人偶戏、哩哩美渔歌、疍家人咸水歌、民间八音及南洋风情舞蹈等;有一批不同于其他省区的民间节庆和旅游节庆,民间节庆有换花节、冼夫人文化节、"三月三"、儋州中秋歌节、公期等,旅游节庆有海南岛欢乐节、天涯国际婚礼节、南山长寿文化节、保亭七仙温泉嬉水节、万宁冲浪节等。此外,《三亚千古情》是目前海南三亚景区常年上演的大型全景秀。

受海南历史上的下南洋和华侨回乡及其他原因的影响,海南不同市县建有一批南洋建筑风格的骑楼建筑,其中海口骑楼老街历史人文遗迹丰富。此处还有中共琼崖一大会址遗址、中山纪念堂,冼太夫人庙、天后宫、西天庙、武胜庙,13个国家曾经开设的领事馆、教堂等老建筑。海口骑楼老街入选"首届十大中国历史文化名街"。

【特产美食】

海南特产、美食既有热带海岛气息、乡土风格、民族特色,又体现国际国内的多样和时尚。海南十大系列旅游商品是:海南岛服、椰子食品、海南咖啡、海南特色水果、海南胡椒、海产干货、珍珠饰品、特色茶类、黎苗织锦、海南椰雕。黄花梨木、沉香、加工佛珠和多种南药为海南特有或最好。海南不仅有优质红茶、绿茶、紫茶,还有苦丁茶、香兰茶、水满茶、鹧鸪茶和槟榔果茶等特色茶。

海南美食特点是新鲜、天然、奇特、丰富。海南的海味山珍以清淡鲜活、原汁原味取胜。海南十大美食为:文昌鸡、嘉积鸭、和乐蟹、东山羊、曲口海鲜、临高乳猪、五指山小黄牛、海南粉、椰子饭和系列野菜,其中前四种是海南传统的四大名菜。海南建省办经济特区吸引了各国各地美食进入,形成了以海南菜为"主旋律"、中外菜肴和风味饮食的"大合唱"。海南风味小吃主要有海南鸡饭、海南粉、黎家竹筒饭、苗族五色饭、椰丝糯米粑、海南粽、鸡屎藤粑仔。品赏小吃的特色形式是吃"早茶"和"老爸茶"。

游客离开海南几乎都要带热带水果、椰子制品、咖啡、黄辣椒等地方特产,当然也会享受免税待遇在免税店购买各国品牌商品。

【民俗风情】

海南文化同内地一脉相承。但是,无论是人口最多的汉族还是少数民族,都在热带海岛环境中形成并保持了独特的民俗风情。

海南汉族地区闹军坡民俗,发源于对冼夫人的纪念和崇拜。每年不同村落在不同时间举行的"公期"活动,是乡村最隆重的民间习俗,借拜公(不同神灵、历史人物或祖先)和聚餐形式,传承历史记忆,强化人际交流。举办"公期"的村庄和人家,欢迎所有来客免费用餐。在海口以琼山府城为主的区域,每年正月十五举行换花节成为迎接新春、交朋结友的特色民俗。此节源于原来的换香习俗,意指香火不断、子孙绵延。在儋州市有中秋歌节,被称为儋州调声的集体对歌形式独特,颇似古代军队操练,气势雄壮。陵水等地的疍家作为汉族中的水上社群,以其独特的水上生活方式、咸水歌等民间艺术方式,显示出其民俗风情的独特。

海南是我国著名侨乡之一,侨乡风情构成海南人文景观的一部分。除骑楼建筑显示出南洋风格与中国建筑的结合之外,粗茶细点的"老爸茶"这种独特的交流和休闲方式,具有国外习俗的色彩。每年中秋,琼海、万宁等海南侨乡怀念海外亲人,以放天灯表达思念,长久以来形成习俗。万宁的兴隆华侨农场,先后安置了来自20多个国家和地区的归侨,他们也带来了东南亚习俗。

海南是我国黎族的聚居地。船形屋、黎族织锦与服饰、竹筒饭、山兰酒、黎族舞蹈和民歌、黎家三月三活动,都体现了黎族颇具特色的民族文化和风情。此外,文面及文身是海南黎族的传统习俗,是一种原始性文化现象,不过这种习俗在年轻人之中已不多见。黎族的打柴舞、三月三、民歌、竹木器乐、船形屋营造技艺、服饰等均已列入了国家级非物质文化遗产名录。

【旅游资源】

神奇多姿的热带海岛,资源丰富的绿色宝岛,风情浓郁的特色椰岛,气候宜人的健康岛,生态良好的长寿岛,使海南成为中外游客的度假天堂、中华民族的四季花园和海南百姓的幸福家园。

海南拥有全国最好的海岛和滨海度假资源。至2015年,全省有旅游酒店841家,客房数117 879间;已评星的144家酒店中,五星级、四星级酒店分别为26家、41家。三亚市的亚龙湾、海棠湾、大东海、三亚湾,万宁的兴隆,琼海的博鳌和官塘等滨海与温泉旅游区,成为度假酒店集中地。一批景区化高端度假酒店,吸引不少只窝在酒店休闲度假的"酒窝型"游客。

良好生态环境或许是其他区域景区的亮点,对海南的景区来说则是普遍的基础。海南的5A级景区中,拥有高108米南海海上观音圣像的南山文化旅游区,在我国最早通过ISO14001国际环境管理质量认证;大小洞天是800多年前由古代官员重视并最初开发的游览点;蜈支洲岛、分界洲岛从不同侧面体现我国海岛景区最高水平;呀诺达景区创新打造出热带森林旅游的特色模式;槟榔谷以展现原生态黎族苗族文化而成为民族文化的重要平台。

此外,天涯海角作为海南标志性景区,凝聚了古今"天涯"文化;亚龙湾热带天堂以海天之间的"鸟巢"客房吸引电影《非诚勿扰2》剧组前来拍摄,也吸引了大批时尚游客;南湾猴岛以趣味横生的人猴和谐共处,博得中外游客青睐;海口观澜湖、热带野生动植物园与火山口,琼海博鳌亚洲论坛,兴隆热带植物园,定安文笔峰等一大批景区特色各异。

海南国际旅游岛作为全国旅游业改革创新先行试验区,以邮轮旅游、乡村度假、婚庆旅游、康养旅居、温泉度假、会展旅游、低空飞行、骑行旅游、风情节庆、西沙探秘等呈现了多种旅游新业态。

海南的中国历史文化名城为海口市。海口的火山群为国家地质公园,并与广东湛江的湖光岩共同构成"雷琼火山群世界地质公园"。三亚为国家级风景名胜区,其名称为"三亚热带海滨风景名胜区",三亚的亚龙湾为国家旅游度假区。

西南地区

第二十二章
四川省基本概况

四川省是中国西部门户,自古就有"天府之国"的美誉,是中国重要的经济、工业、农业、军事、旅游、文化大省,也是大熊猫的故乡。四川简称"川"或"蜀",省会成都。

【地理环境】

四川省深处我国西南腹地、长江上游,东连重庆市,南邻滇、黔,西接西藏,北接青、甘、陕三省。全省面积达48.6万平方千米,居全国第5位。

四川省位于我国大陆地势三大阶梯中的第一级和第二级之间,高差悬殊,西高东低的特点明显。全省大致可分为四川盆地和川西高原山地两大部分。东部为盆地、丘陵,海拔多为1000~3000米;西部为高原、山地,海拔多在4000米以上。

四川省河流众多,源远流长,境内共有大小河流1419条,被誉为"千水之省"。除西北的白河、黑河由南向北注入黄河外,其余均属长江水系。天然湖泊有1000多个,主要分布在西部高原山地地区,多数湖泊为冰蚀湖、溶蚀湖、堰塞湖,较大的湖泊有泸沽湖、邛海、马湖和叠溪海子等。贡嘎山冰川是四川最大的冰川群,也是横断山系和青藏高原东部最大的冰川群。

【气候特征】

根据水、热和光照条件的差异,四川省可划分为四川盆地中亚热带湿润气候区、川西南山地亚热带半湿润气候区和川西高山高原高寒气候区三大部分。

四川盆地及周围山地属于亚热带湿润季风气候类型,这种气候总体上体现出冬暖、春早、夏热、秋雨的特点。盆地全年温暖湿润,年均温16℃~18℃,冬暖夏热,无霜期230~340天,是我国冬季著名的温暖中心。

川西南山地全年气温较高,四季不明显,但干湿季分明,全年有7个月为旱季,降水的90%集中在6—10月。这里云量少,晴天多,日照时间长,四季温暖,适宜开展冬季的避寒康养之旅。

川西高山高原地区为高寒气候区,大部分地区长冬无夏,春秋相连。降水量少而集中,昼夜温差大,日照强,阳光充足,年日照达2500小时,同盆地形成鲜明的对比。甘孜县是四川境内日照最多的地方,有"小太阳城"之称;石渠县有极端最低气温-35℃,被称为四川的"寒极"。

【行政区划】

四川全省共有21个地级行政区划单位,包括1个副省级市(成都),17个地级市(绵阳、自贡、攀枝花、泸州、德阳、广元、遂宁、内江、乐山、资阳、宜宾、南充、达州、雅安、广安、巴中、眉山),3个自治州(阿坝藏族羌族自治州、甘孜藏族自治州、凉山彝族自治州),183个县级行政区划单位(其中有4个自治县)。

【历史沿革】

四川省有人类活动的历史可以追溯到200万年以前,相当于旧石器时代早期和地质学年代上的更新世早期。

在商周时期,四川地区建立了两个国家:一个是在今川西地区,以古蜀族为中心建立的蜀国;另一个是在今川东地区(包括今重庆市),以古巴族为中心建立的巴国。古巴国和古蜀国创造了极为丰富且具有鲜明地方色彩的地域文化——"巴蜀文化"。古蜀国可能与古史传说中的"三代蜀王"——蚕丛、柏灌、鱼凫有关,广汉三星堆遗址可能就是鱼凫王族建立的早期蜀王国的都城。

公元前316年,秦灭巴蜀,置巴、蜀二郡,统一了今天的四川和重庆地区。汉属益州。唐属剑南道及山南东、西等道。宋置川陕路,后分置益、梓、利、夔四路,总称"四川路",至此始有四川之名。元设四川行中书省,简称"四川行省"。明置四川布政使司,辖区内还包括今贵州省遵义和云南东北部及贵州西北部。清为四川省,基本确定了现在四川的南部省界。民国时期,今四川西部分治为西康省。1955年西康省划归四川。1997年将四川分为重庆直辖市和四川省。

【人口民族】

截至2014年年底,四川省的常住人口为8140.2万人,其中城镇人口3768.9万人,乡村人口4371.3万人,城镇化率46.3%。汉族人口为7649.4万人;少数民族人口为490.8万人,有14个世居的少数民族,是全国第二大藏族聚居区、最大的彝族聚居区和唯一的羌族聚居区。世居的14个少数民族按在省内人口的多少依次为彝族、藏族、羌族、苗族、回族、蒙古族、土家族、傈僳族、满族、纳西族、布依族、白族、壮族、傣族。少数民族人口在10万人以上的有:彝族264.40万人,藏族149.55万人,羌族29.69万人,苗族16.47万人,回族10.45万人。

【宗教信仰】

远古四川地区各民族的原始宗教与周边地区的宗教信仰,在交流与融合、碰撞与冲突的历史进程中,最终在东汉时期,促成了道教在四川的创立。道教的历史渊源,可上溯至距今3000多年的殷商时代。但作为一种宗教的形成,一般以东汉顺帝时,沛国人张陵在蜀郡鹤鸣山造作道书、创立"五斗米教"为起点,史称"化道西蜀"。

东汉末年佛教进入四川地区,历经1800多年的曲折发展,逐渐累积形成今天厚重瑰丽的巴蜀佛教文化,其建筑、绘画、雕塑、金石、文学、音乐等,无不璀璨夺目,成为中国传统文化遗产之一。四川汉语系佛教各派中,最盛的是禅宗,四川也是中国禅宗最兴盛的地区之一,自古有"言禅者不可不知蜀"的说法。

基督教在唐代被称作景教,公元8世纪景教传入四川。伊斯兰教在四川的大规模传入是在元明时代。

【交通状况】

四川省是我国西部的重要交通枢纽。四川省公路以成都为中心,干、支线公路呈辐射状分布,同时,又辅以东西、南北线路的相互交织。主要的公路干线有川藏公路、川青公路、川陇公路、川陕公路、川渝公路、川云东路、川云中路、川云西路及川滇路等。

铁路方面,四川铁路已形成包括宝成铁路等5条铁路干线、8条铁路支线和4条地方铁路线组成的铁路网,并相继开通了成灌快速铁路、成(都)绵(阳)乐(山)城际快速铁路等省内高速铁路。随着成(都)兰(州)铁路、成(都)贵(阳)客运专线和西(安)成(都)客运专线的陆续建成,进出四川的铁路交通将更为流畅、便捷。

航空方面,四川省拥有1个国际机场和12个支线机场,在建1个国际机场。成都双流国际机场是中国第四大国际航空港、世界前40大繁忙机场之一和中国中西部最繁忙的枢纽机场。2014年,成都双流机场旅客吞吐量达3750.7万人次,居全国第5位。

【自然资源】

四川省矿产资源丰富且种类比较齐全,能源、黑色、有色、稀有、贵金属、化工、建材等矿产均有分布。有32种矿产保有储量居全国前5位,其中钛矿、钒矿、硫铁矿等7种矿产居全国第1位。天然气、锂矿、芒硝等11种矿产居全国第2位;铂族金属、铁矿等5种矿产居全国第3位;炼镁用白云岩、轻稀土矿等8种矿产居全国第4位;磷矿居全国第5位。

四川省生物资源种类繁多。国家重点保护野生植物占全国的30%,有国家珍稀濒危保护植物82种,其中属国家一级保护植物的有银杉、桫椤、珙桐、水杉、秃杉 5 种;四川是全国最大的中药材基地、最大的芳香油产地。珍稀动物保护资源品种居全国第 2 位,属于国家重点保护的野生动物 155 种,其中一级保护动物有大熊猫、黑叶猴、川金丝猴、黔金丝猴、白唇鹿、华南虎、云豹、雪豹、牛羚、四川梅花鹿、野牦牛、黑颈鹤、小鸨、巨蜥等 33 种,"国宝"大熊猫 85% 以上分布在四川。

【文化艺术】

四川有着深厚的文化积存。广汉三星堆遗址的发掘说明,早在三四千年前,蜀人就已经在成都平原创造了精美的青铜器文化。汉代文学界的旗手司马相如(有"赋圣"之誉)、杨雄都是四川人。唐代大诗人,被誉为"诗仙"的李白是土生土长的四川人;被誉为"诗圣"的杜甫,在其创作的成熟期和丰收期都寓居在四川。宋代的苏氏三父子,在唐宋八大家中就占了 3 个席位。明代学者杨慎被赞为"明代著述第一人"。清代有张鹏翮、赵熙等文化名人。近现代文坛上,郭沫若、巴金、李劼人、阳翰笙、沙汀、艾芜等都是具有深远影响的文化名人。

四川曲艺起源甚早,在四川东汉墓中出土的各种类型的说唱艺术陶俑,表情诙谐,神态逼真,表明了那个时期曲艺的普及和成熟。2000 多年来,灿烂而辉煌的四川历史文化不断地浇灌着这朵艺苑的奇葩,使之发展为今天品类甚多、内容丰富、颇具水平的表演艺术。主要的曲艺种类有四川扬(洋)琴、四川竹琴、四川评书、四川清音、四川谐剧、四川金钱板、四川荷叶、四川盘子、四川花鼓、四川双簧等。

在中国戏剧争奇斗艳的百花园中,川剧不愧是一枝绚丽的"天府之花"。川剧也称"川戏",作为一个独立的地方剧种,大约产生于清乾隆年间。在川剧的多种声腔中,高腔最能代表川剧的独特风格。川剧表演中最引人注目的独门特技是"变脸""滚灯""踢慧眼"等,为川剧的绝活。

【特产美食】

四川古称"天府之国",物产丰富,地灵人杰,又因蜀道艰险,历代受战乱影响较少,四川人民得以在漫长的历史进程中,创造和发展出独具特色的饮食文化。川菜、川酒、川茶在全国乃至全世界享有盛誉,有"吃在四川"之称。

川菜是中国八大菜系之一,素来享有"一菜一格,百菜百味"的声誉。川菜之味的核心在于香,川菜最突出的长处就在于特别讲究味的多重组合,追求味的巧妙变化,川菜的烹饪艺术的核心在于味觉艺术。最负盛名的菜肴有回锅肉、鱼香肉丝、宫保鸡丁、麻婆豆腐、毛肚火锅、夫妻肺片、灯影牛肉、担担面、赖汤圆、龙抄手等。

川酒在全国酒类生产和酒文化发展史上可谓源远流长,影响深远,当之无愧地名列前茅。今天,川酒以五粮液、泸州老窖特曲、剑南春、水井坊(全兴大曲)、郎酒和沱牌曲酒"六朵金花"最具代表性。

四川是我国最早饮茶、植茶和出现茶叶市场的地区。顾炎武《日知录》称："自秦人取蜀，而后始知有饮茗之事。"秦以后饮茶的习俗才传入我国其他地区。四川茶叶的质量和产量在唐以前都居全国首位，并且品种繁多，闻名古今，尤以"扬子江中水，蒙山顶上茶"而广为传颂。

四川的特产丰富。东晋常璩在所著《华阳国志》中，把蜀锦、蜀绣作为"蜀中之宝"加以赞扬。四川的银丝工艺、漆器工艺、竹木工艺等也极富地域特色，彝族漆器、羌绣等少数民族手工艺品特色鲜明。

四川是我国中药材生产的主要基地，不少中药是四川独有的，如带有"川"字头的药材川芎、川贝母、川羌活、川黄檗、川牛膝、川附子等。

【民俗风情】

四川的东部是著名的四川盆地，地势低陷，平原、丘陵、山壑散布其间；西部则是高原、山脉的世界。这样的地势地貌条件，造就了四川类型各异的自然环境，也使东部的盆地和川西的高原山地呈现出两种截然不同的民俗文化类型——东部盆地以农耕文化为主的农耕民俗和西部的少数民族民俗。

四川东部的民俗文化主要体现在岁时节庆、生养婚丧、民间信仰、民间传说、建筑习俗以及独具特色的四川客家习俗等几个方面，如成都每年正月、二月青羊宫的灯会和花会，三月龙泉的桃花会，四月都江堰的清明放水节，仲春之月新都的木兰会、彭县的牡丹会，端午节新津、金堂的龙舟会，初夏郫县的望丛祠赛歌会，九月新都桂花会等；人日（正月初七）游草堂、正月元九（正月初九）登高、广元女儿节、游百病、保保节等则体现出四川节庆浓郁的人文特色；大石崇拜和竹崇拜则是四川民间信仰习俗的集中体现。

在四川的众多佛教信仰习俗中，以"宝光寺数罗汉"最生动和最具有代表性。四川梓潼七曲山大庙供奉的是文昌帝君张亚子，当地人民对其定期祭祀朝拜，已形成了规模庞大的庙会、迎神出巡及文昌扫荡活动。

四川西部的少数民族民俗文化，以彝族、藏族、土家族、苗族、羌族、纳西族等最具有代表性，彝族的火把节、藏族的转山会、羌族的敬天神等都是极富民族色彩的传统节庆活动。

【旅游资源】

峨眉天下秀，青城天下幽，剑门天下雄，九寨天下奇，四川到处是绚丽的自然风光，到处是知名的历史古迹。

九寨沟是中国唯一拥有"世界自然遗产"和"世界生物圈保护区"两项国际桂

冠的旅游区,以高山湖泊群和瀑布群为主要特点,被誉为"人间仙境""童话世界"。

黄龙以彩池、滩流、雪山、峡谷、森林、瀑布"六绝"著称于世,是融大型露天喀斯特岩溶钙华景观、自然风光、民族风情为一体的综合型旅游区,被誉为"人间瑶池"。

乐山大佛坐落于岷江、大渡河、青衣江三江汇合的乐山城下,是世界上最大的佛像。

峨眉山以其雄、秀、奇、幻著称于世,素有"峨眉天下秀"之誉,拥有佛光、云海、日出、圣灯四大自然奇观。

青城山背靠千里岷江,俯瞰成都平原,山上的宫、观、桥、亭、坊、阁、泉、池,或匿于绝岩之下,或隐于密林之中,呈现了无穷的幽意,体现了道家崇尚"天人合一"的最高境界,有"青城天下幽"之称。

都江堰是全世界至今为止,年代最悠久、唯一留存、以无坝引水为特征的宏大水利工程,泽被后代,使川西平原成为"水旱从人"的"天府之国"。

四川大熊猫栖息地包括卧龙、四姑娘山、夹金山脉,涵盖成都、阿坝、雅安、甘孜4个市州12个县,覆盖8个自然保护区和9个风景名胜区,面积9245平方千米。这里保存了全世界30%以上的野生大熊猫,是全世界最大、最完整的大熊猫栖息地,是全世界大熊猫种群分布最多的地区,是全世界温带区域中植物物种最丰富的区域。

四川人才荟萃,众多历史人物或出生于四川,或成长于四川,或在蜀地为官,或游览于蜀地,多有遗址或纪念物留存,并留下了千古佳句与著名诗篇。武侯祠、杜甫草堂、三苏祠、李杜祠等,恰若灿烂的明珠,点缀着这片浪漫的大地。

四川宗教十分发达,因而有上千座保存较好的宗教寺庙。其中新都宝光寺、成都文殊院、广元皇泽寺、乐山大佛寺、平武报恩寺及峨眉山的报国寺、伏虎寺、万年寺、金顶等佛教寺庙,成都青羊宫、梓潼七曲山大庙及青城山建福宫、天师洞、上清宫等道教宫观,规模较大,较为著名。

截至2017年5月,四川共有世界遗产5处,世界地质公园2处,列入联合国"世界人与生物圈保护区网络"的自然保护区4处;国家级风景名胜区15处(峨眉山风景名胜区、九寨沟—黄龙寺风景名胜区、青城山—都江堰风景名胜区、剑门蜀道风景名胜区、贡嘎山风景名胜区、蜀南竹海风景名胜区、西岭雪山风景名胜区、四姑娘山风景名胜区、石海洞乡风景名胜区、邛海—螺髻山风景名胜区、白龙湖风景名胜区、光雾山—诺水河风景名胜区、天台山风景名胜区、龙门山风景名胜区、米仓山大峡谷风景名胜区),国家5A级旅游景区11处,国家级自然保护区29处,国家级森林公园33处,国家级地质公园16处,全国重点文物保护单位233处,中国历史文化名城8座(成都、自贡、宜宾、泸州、乐山、阆中、都江堰、会理),国家级旅游度假区1处(西昌邛海)。

第二十三章
贵州省基本概况

贵州省是中华人民共和国西南地区的一个内陆省份。简称"黔"或"贵"。省会贵阳市。

【地理环境】

贵州省地处中国西南部,东毗湖南省,西连云南省,南接广西壮族自治区,北邻四川省和重庆市。全省境内东西长570千米,南北宽510千米,总面积17.61万平方千米,占全国国土面积的1.8%。

贵州地处云贵高原东斜坡,地势西部高,向北、东、南三面倾斜,河流顺地势由西部、中部向北、东、南三面分流。全省平均海拔1000米左右。全省最高点位于赫章县珠市乡韭菜坪,海拔2901米;最低点在东南部黎平县水口河出省处,海拔148米。

贵州省地貌类型多样,有高原、山原、山地、丘陵、台地、盆地和河流阶地等。其中高原、山地、丘陵占全省总面积的92.5%,是典型的山地区域。其中四大山脉——北部大娄山、东部武陵山、西部乌蒙山、中部苗岭构成了贵州高原的地形骨架。

贵州省代表性的地貌有喀斯特(岩溶)地貌和丹霞地貌。贵州省是世界上喀斯特地貌发育最典型的地区之一,喀斯特地貌占全省总面积的61.9%。丹霞地貌主要分布在贵州的北部、中部和西部,以北部的赤水最为典型。

贵州省的河流属于山区雨源型河流,境内最大的河流是乌江。贵州河流分属长江和珠江两大水系,以乌蒙山、苗岭为分水岭。河流流势呈放射状,流域面积达1万平方千米以上的有乌江、六冲河、清水江、赤水河、北盘江、南盘江、红水河和都柳江8条。水资源的丰富造就了贵州多样的水体旅游资源,如瀑布、湖泊、溪流、温泉、暗河等。

【气候特征】

贵州属亚热带湿润季风气候区。全省年平均气温15℃左右。全省大部分地区7月平均气温为24℃~28℃,南部和赤水河下游谷地两个高温区7月平均气温也未超过34℃。西部地势较高的区域,夏季更是凉爽。省内大部分地区最冷月(1月)平均气温3℃~6℃。贵州年均降雨量多年平均值为1000~1400毫米,且多为夜雨。70%的降雨发生在夜间。贵州的气候特征是:冬无严寒、夏无酷暑,夜雨较多,轻风拂面,年日照数为1000~1400小时。良好的气候加上绿色的环境使贵州成为一个旅游季节长、全年可游览的地区。

【行政区划】

贵州省现辖贵阳市、遵义市、六盘水市、安顺市、毕节市、铜仁市6个地级市,黔东南苗族侗族自治州(州府凯里)、黔西南布依族苗族自治州(州府兴义)、黔南布依族苗族自治州(州府都匀)3个自治州,共88个县、市、区和特区。

【历史沿革】

贵州是中国古人类发祥地之一,早在五六十万年前,就有人类在此生息繁衍。境内旧石器时代、新石器时代的文化遗址均有发现,如黔西观音洞遗址、桐梓岩灰洞遗址、安龙广安观音洞遗址、普定穿洞文化遗址、平坝飞虎山遗址等。

春秋以前,贵州为荆州西南夷,属于"荆楚"或"南蛮"之一。春秋时期贵州境内出现了"牂牁国",其主要范围在今贵州乌江以南地区和广西、云南的部分区域。牂牁国逐渐衰败后,"夜郎国"兴起。从战国后期到西汉初年,夜郎政权是西南夷各部中最强大的地方割据势力。

秦始皇统一六国后,划分36郡县。今贵州东部地区属黔中郡。其余部分仍属夜郎。三国时期,今贵州西部地区属于朱提、兴古二郡,属于蜀国政权。隋朝时,在贵州置牂牁郡。唐代,今贵州地域分属黔中道、剑南道、岭南道管辖。

北宋开宝七年(974年),"贵州"名称在史书上首次出现,该"贵州"只限于今天贵阳及其周边地区。

元代贵州境内的建置主要属于湖广、四川、云南三行省。

明洪武十五年(1382年),贵州设置都指挥使司;明永乐十一年(1413年),贵州设置布政使司。自此贵州正式成为行省。

清代前期清政府统治者对西南一带的疆界进行了一定的调整,1727年将原属于四川的遵义府划入贵州,至此今天贵州省的疆域基本形成。

1941年设贵阳市;1949年11月15日贵阳市解放,12月26日贵州省人民政府宣告成立。

【人口民族】

据 2010 年全国第六次人口普查数据显示,贵州省人口数量居全国第 19 位。截至 2015 年年末,贵州省常住人口 3529.5 万人。人口数量排名前 3 位的分别是毕节市(660 万人)、遵义市(619 万人)、贵阳市(462 万人)。

贵州少数民族人口占全省总人口的比例排名全国第 5 位,少数民族人口居全国第 3 位。少数民族人口较多的区域除了 3 个民族自治州外,还有铜仁、毕节等地级市。

贵州有 49 个民族,是一个多民族的省份。其中世居少数民族有 17 个,分别是苗族、布依族、侗族、土家族、彝族、仡佬族、水族、回族、白族、瑶族、壮族、毛南族、蒙古族、畲族、仫佬族、羌族、满族。

【宗教信仰】

贵州省传播的宗教主要有佛教、道教、伊斯兰教、基督教 4 种。

唐初,牛腾在黔东传播佛教建立寺庙,自此佛教逐渐开始在贵州传播。直至宋朝时期,佛教影响开始深入到少数民族地区。元朝时期,佛教禅宗传入黔西北。

北宋初年,道教传入贵州。明朝时期,道教深入到少数民族地区。如今贵州道教主要是以正一道和全真道派系为主。

伊斯兰教在贵州主要是回族、维吾尔族、哈萨克族等少数民族信奉。宋朝后期传入贵州。

基督教进入贵州主要是清朝中后期,外来传教士进入贵州进行教义传播。其中有一些教士深入贵州少数民族地区,帮助当地人整理文字、传播医学等,同时也有一些西方传教士进行不法行径,造成了当地官民的矛盾,导致一些教案发生,如"青岩教案""开州教案""遵义教案"等。

贵州的少数民族基本都有本民族的信仰,大多是以崇拜祖先、敬鬼神等为主要内容。各少数民族根据本民族传承以及居住地域的环境特点,对一些自然物,如树、木、石、水、鸟、蛇等都有着特殊的推崇心理。他们进而将这些崇拜信仰融入到祭祀、歌舞、服饰、建筑等生活方面。如今在一些少数民族村寨,还留有部分佛教、道教、基督教等宗教遗迹。对于各宗教及信仰,贵州人民多以兼容的方式接受并传承。

【交通状况】

贵州省作为全国唯一一个没有平原支撑的省份,受地域条件所限,交通发展过程异常艰辛。进入21世纪以来,贵州省交通的发展成为整个贵州经济社会文化发展的重要内容。

贵州省正积极打造17个机场,其中干线机场贵阳龙洞堡国际机场,是西南第4家国际机场,2007年升级为4E级机场,目前正进行三期扩建,2016年旅客吞吐量突破1500万人次大关。2017年1月,贵阳龙洞堡国际机场HUD特殊Ⅱ类项目实地验证试飞取得成功,成为西南地区首个(全国第9个)具备HUD特殊Ⅱ类标准的机场。全省目前已经通航的机场突破两位数,省内9个行政区划都已经拥有建成并开通的机场。

贵州是西南地区的铁路交通枢纽,湘黔、黔桂、贵昆、川黔4条铁路干线在贵阳交会,自2014年贵州第一条高铁——贵广高铁开通以来,2016年沪昆高铁贵阳至昆明段正式开通运营。如今,从贵阳出发已经可以通过高铁、动车到达北京、上海、广州、深圳、杭州、武汉、长沙、昆明、郑州、济南、南京、厦门等城市。

公路方面,2015年,贵州境内已经拥有县县通高速。2016年底全省高速公路通车里程达5433千米。城市运营方面,贵阳在2016年底开通1.5环快速公交(BRT)。

【自然资源】

从亚热带到暖温带的植物在贵州几乎都能生长。贵州野生植物有6000种以上,其中药用野生植物主要有3700多种。贵州是全国四大中药材产区之一,主要有天麻、杜仲、黄连、厚朴、茱萸、石斛、何首乌等。

贵州列入国家重点保护植物名录的珍稀植物有69种,代表性珍稀植物有银杉、银杏、珙桐、梵净山冷杉、贵州苏铁、桫椤等。

贵州列入国家重点保护的珍稀野生动物有86种,代表性珍稀野生动物有黔金丝猴、黑叶猴、华南虎、云豹、黑颈鹤、金雕、大鲵等。

贵州农作物丰富,粮食作物、油料作物、经济作物有近600种。

【文化艺术】

贵州文化有着自身的特色。

少数民族文化是贵州文化的亮点,在歌舞、服饰、饮食、建筑、祭祀、工艺等方面,各民族,甚至同一民族的不同支系都是异彩纷呈,许多少数民族文化享有全国乃至世界的赞誉,如苗族芦笙舞、侗族大歌、蜡染技艺、刺绣、银饰品等。贵州还拥有以遵义为核心的红色文化,在第二次国内革命战争时期,红军在贵州进行了艰苦卓绝的斗争,留下了遵义会议、四渡赤水等重要革命遗址。

文学方面,汉代的盛览和尹珍被称为"贵州文坛之祖"。明代贵州诗人大量涌现,根据《黔诗纪略》一书的统计,多达300多人,其中影响较大的有王训、孙应鳌、谢三秀、杨文聪4人。清代贵州贵阳人周起渭是《康熙字典》的编纂人之一,遵义沙滩的郑珍、莫友芝、黎庶昌等也是时代名人。贵州文人不仅读书,更关心天下事,清末著名的"公车上书"事件中,有1/5的人都是贵州学子。

戏曲方面,黔剧是贵州的家乡剧。黔剧用贵州方言演唱,唱腔上主要继承发展了文琴民间说唱艺术的传统,表演上借鉴了昆剧的特点,同时也融入了当地的民间表演艺术特色。花灯戏随着明代大量汉族移民而传入贵州,在与当地汉族与少数民族经过几百年的融合后,形成了自己的特色,且在贵州境内的不同地区,花灯戏的表现形式和表演方式也存在差异。

贵州还拥有在少数民族中广泛流传的傩戏、侗剧、布依戏等剧种。傩戏被誉为"戏剧活化石",其中的巫傩有上千年的历史,如今贵州省彝族中的"撮泰吉"就是其中的重要代表,极具历史研究价值;军傩则主要流行于贵州省安顺市一带,尤其体现在屯堡文化中,其起源于军事活动,后期又加入宗教色彩,其舞蹈动作及配乐都有着独一无二的特色。侗戏和布依戏都有上百年历史,除了保留本民族的特色外,还深受汉族戏曲的影响。

【特产美食】

贵州的特产丰富多样,酒类方面有着"国酒"茅台,其他代表性白酒有青酒、习酒、珍酒等;果酒有富含维生素的刺梨酒等;药酒有枸杞酒、天麻酒、杜仲酒、蛇胆酒等;还有各少数民族自己酿造的米酒等。

贵州气候资源优势明显,好山好水好气候孕育出好茶。贵州名茶以绿茶为主。境内东南西北范围都有茶园。北有遵义湄潭湄江茶、南有黔南都匀毛尖茶、东有铜仁梵净山茶和黔东南雷山一带的各种茶。其中还有很多对人体有益的再加工茶,如富硒茶等。

贵州菜系属于黔菜,具有辣醇、香浓、酸鲜、味厚的特点。代表性的菜肴有宫保鸡丁、糟辣脆皮鱼、泡椒板筋、辣子鸡、酸汤鱼、青岩状元蹄、炝锅鱼、折耳根炒腊肉等。代表性的小吃有丝娃娃、肠旺面、牛肉粉、豆花面、豆腐圆子、春卷、红油米豆腐、羊肉粉、冰粉、绿豆粉、银耳汤、豆沙窝、烤脑花、黄粑、鸡蛋糕、水城烙锅、荷叶糯米鸡、波波糖、荞凉粉、绿豆粉等。代表性的餐饮品牌有老干妈系列、黔五福系列等。

贵州省代表性的工艺品有蜡染刺绣制品(衣物、布偶、镜子、布袋等)、银饰品(手链、手镯、项链及吊坠、器皿等)、大方漆器、玉屏箫笛、思砚、牙舟陶器、地戏面具、石雕等。

【民俗风情】

贵州民俗风情多样,各民族热情好客、能歌善舞。各少数民族将自己的传统文化、习俗都较为完整地保留下来。

少数民族舞蹈多热情奔放,动作以旋转、踩踏等动作为主;表演形式多为集体舞。舞蹈内容或与生产劳动有关,或与祭祀祖先天地有关,或与祈求家人健康平安有关。

少数民族歌曲以苗族飞歌、侗族大歌最具代表性,特点是激昂、欢快,独唱和合唱各有特色。许多少数民族有着"歌养心、饭养身"的说法,在民族村寨长大的孩子们几乎都是"无师自学"。

服饰上,少数民族服饰颜色多以红、蓝、黑为主。汉族穿着务实,有一定时尚感;传统的少数民族服饰有着浓厚的民族图腾和历史痕迹,服饰上的花纹、图案、色彩都具有一定的特殊含义。

建筑上,建筑基本遵循依山而建、就地取材的原则,多以石头、木头为主要材料。代表建筑有苗族吊脚楼、侗族鼓楼风雨桥、布依族石板房、土家族楼上楼、彝族土掌房等。

饮食上,贵州人偏爱酸辣,以猪肉、牛肉、鱼肉、鸡肉、鹅肉、鸭肉等为主,喜欢用动物内脏做菜,喜欢各种菌类、菇类。同时城镇居民也非常喜欢海鲜。少数民族大多爱吃鱼,布依族尤其喜爱吃狗肉。少数民族喜爱用酒和茶招呼客人,几乎家家都自己酿酒。

婚丧嫁娶方面,汉族习俗和全国其他地区基本相同,少数民族风格各异,秉承着自己的习俗,如苗族的游方、侗族的行歌坐月、土家族的哭嫁、瑶族的凿壁谈婚等。各民族都以自己的方式表达对生活的热爱、对家人的关心,一些仪式上的习俗细节历经传承数百年,至今不变。

【旅游资源】

贵州省旅游资源丰富,有雄伟神奇的自然资源,灿烂多彩的民族文化,丰富多样的物产,得天独厚的气候优势。

截至2017年年初,贵州省拥有世界遗产3项4处,其中世界自然遗产2项3处:荔波喀斯特(中国南方喀斯特第一期)、施秉白云岩(中国南方喀斯特第二期)、赤水丹霞(中国丹霞),世界文化遗产1项:遵义海龙囤(中国土司遗址)。

2017年3月贵阳市首个、贵州省第5处国家5A级景区——青岩正式挂牌。其余4处5A级景区分别是黄果树景区(安顺)、龙宫景区(安顺)、百里杜鹃景区(毕节)、荔波樟江景区(黔南州)。

贵州拥有18处国家级风景名胜区:黄果树风景名胜区、织金洞风景名胜区、潕阳河风景名胜区、红枫湖风景名胜区、龙宫风景名胜区、荔波樟江风景名胜区、赤水风景名胜区、马岭河风景名胜区、都匀斗篷山—剑江风景名胜区、九洞天风景名胜区、九龙洞风景名胜区、黎平侗乡风景名胜区、紫云格凸河穿洞风景名胜区、平塘风景名胜区、榕江苗山侗水风景名胜区、石阡温泉群风景名胜区、沿河乌江山峡风景名胜区、瓮安县江界河风景名胜区。

贵州还拥有两个列入联合国"世界人与生物圈保护区网络"的自然保护区——梵净山自然保护区和茂兰喀斯特森林自然保护区;1处世界地质公园——织金洞世界地质公园。

贵州以贵阳市为中心,可以分为东南西北4条旅游线路。

东线以铜仁和黔东南州为主,铜仁梵净山是世界上同纬度地区原生态保存最完好的地区之一,具有险、秀、奇、幽的特点。蘑菇石、金顶、护国禅寺为代表性景点,登山途中游人还可欣赏珙桐、黔金丝猴、大鲵等珍贵生物,还有机会观赏云瀑、佛光等奇观。黔东南州被誉为"世界上最大的民族博物馆""人类疲惫心灵的最后家园",主要以民族村寨和民族风情为主,西江千户苗寨是全国最大的苗寨,吊脚楼遍布山头,白水河穿寨而过,夜景迷人,游人可观赏歌舞表演,品尝长桌宴,观摩吊脚楼等。黎平肇兴侗寨的5座鼓楼群列入吉尼斯世界纪录。

南线主要是以有"地球绿宝石"之称的黔南州为主,其旅游特色是原生态的绿色喀斯特、以水族瑶族为代表的民族文化等。主要景区有荔波樟江(拥有大七孔、小七孔、水上森林、拉雅瀑布、龟背山原始森林等诸多景点)、都匀斗篷山、瓮安江界河、平塘景区(世界最大的"天眼"和地质奇观)、龙架山国家森林公园等。

西线以喀斯特精华游、屯堡文化等为主要特色。黄果树大瀑布是世界上最具代表性的喀斯特地貌的瀑布,瀑布为一个"瀑上瀑",且瀑布中间山体有一条小道穿过,形成水帘洞,游人从中穿过可以与瀑布亲密接触。明代旅行家徐霞客曾亲临黄果树瀑布并盛赞该瀑布。龙宫是我国著名的水溶洞景点代表,有着全国最大的洞穴瀑布,最长的地下暗河,其中天池的天然辐射量全国最低。屯堡文化以天龙古镇、云峰八寨为主要代表,其中的建筑、服饰、戏剧等是旅游重要看点。

北线以红色文化、丹霞地貌、国酒文化为特色。这里有着世界遗产地赤水,从中可以欣赏到雄伟的赤水十丈洞大瀑布、绵延的竹海、"蕨类植物的遗存"桫椤等。北线还有国内最大的酒文化博物馆——国酒文化城,有闪耀历史光芒的遵义会议纪念馆,有被誉为毛主席军事指挥最得意之作的"四渡赤水"的遗址。

第二十四章
云南省基本概况

云南是一块神奇而又美丽的红土地,各族人民勤劳勇敢、自强不息、能歌善舞、朴实热情,共同创造出无数特色鲜明、丰富多彩的民族文化。云南,一谓"彩云之南",另一说法是因位于"云岭之南"而得名。云南,简称"滇"。省会昆明市。

【地理环境】

云南省地处中国西南边陲,东部与贵州省、广西壮族自治区为邻,北部同四川省相连,西北隅紧倚西藏自治区,西部同缅甸接壤,南部和老挝、越南毗连。与邻国的边境线总长4060千米。云南全境东西最大横距865千米,南北最大纵距990千米,总面积39.4万平方千米。

云南省是一个高原山区省份,属青藏高原南延部分。全省整个地势从西北向东南倾斜,江河顺着地势,呈扇形分别向东、东南、南流去。全省海拔相差很大,最高点为滇藏交界的德钦县怒山山脉梅里雪山主峰卡格博峰,海拔6740米;最低点在与越南交界的河口县境内南溪河与元江汇合处,海拔76.4米。两地直线距离约900千米,高低相差达6000多米。云南是一个多山的省份,山地占全省土地面积的84%,高原、丘陵占全省土地面积的10%,坝子(盆地、河谷)仅占6%。

从海拔仅76米的镇南河口到高达6740米的德钦梅里雪山卡格博峰,云贵高原以平均每千米增高6米的节律抬升着,恰似一座绿葱葱的九百里天梯。闻名于世的金沙江、怒江、澜沧江几乎并排地经这里流向远方,险峰峡谷纵横交错,江河溪流奔腾不息,湖泊温泉星罗棋布,造就了云南这片神奇美丽的乐土。

【气候特征】

云南省气候有北热带、南亚热带、中亚热带、北亚热带、暖温带、中温带和高原气候区等7个温度带气候类型。云南气候兼具低纬度气候、季风气候、山原气候的特点。其主要表现如下：

气候存在区域差异和垂直变化。云南的纬度和海拔相关。从纬度看，其位置只相当于从雷州半岛到闽、赣、湘、黔一带的地理纬度，但由于地势北高南低，南北之间高差悬殊，达6663.6米，大大加剧了全省范围内因纬度因素而造成的温差。这种高纬度与高海拔相结合、低纬度和低海拔相一致，形成水平方向上的纬度增加与垂直方向上的海拔增高相吻合的状况，使得各地的年平均温度，除金沙江河谷和元江河谷外，大致由北向南递增，平均温度为5℃~24℃，南北气温相差达19℃左右。

由于受地形的影响和天气系统的不同，全省气温纬向分布规律中常会出现特殊的情况，出现了"北边炎热南边凉"的现象。特别是在垂直分布上，因境内多山，河床受侵蚀不断加深，形成高山深谷，由河谷到山顶，都存在着因高度上升而产生的气候类型差异，一般高原每上升100米，温度即降低0.6℃左右。

年温差小，日温差大。由于云南地处低纬度高原，空气干燥且比较稀薄，各地太阳光照的多少除随太阳高度角的变化而增减外，也受云雨的影响。夏季，最热天平均温度为19℃~22℃；冬季，最冷月平均温度为6℃~8℃。年温差一般为10℃~15℃，但阴雨天气温较低。一天的温度变化是早凉、午热，尤其是冬、春两季，日温差可达12℃~20℃。

降水充沛，干湿分明，分布不均。全省大部分地区年降水量在1100毫米，南部部分地区可达1600毫米以上。由于冬夏两季受不同大气环流的控制和影响，降水量在季节上和地域上的分配极不均匀。冬季位于"昆明准静止锋"的西侧，受单一暖气团控制，降水稀少。夏季受西南季风影响，潮湿闷热，降水充沛。6~8月的降水量最多，约占全年降水量的60%。11月至次年4月的冬春季节为旱季，降水量只占全年的10%~20%。云南无霜期长。南部边境全年无霜；偏南的文山、蒙自、思茅以及临沧、德宏等地无霜期为300~330天；中部昆明、玉溪、楚雄等地约250天；较寒冷的昭通和迪庆达210~220天。

【行政区划】

云南全省辖昆明市、曲靖市、玉溪市、普洱市、保山市、临沧市、丽江市和昭通市8个地级市，红河哈尼族彝族自治州、德宏傣族景颇族自治州、楚雄彝族自治州、文山壮族苗族自治州、迪庆藏族自治州、大理白族自治州、怒江傈僳族自治州和西双版纳傣族自治州8个自治州,合计16个地级行政区划单位。云南省有16个市辖区、15个县级市、69个县、29个自治县,合计129个县级行政区划单位。

【历史沿革】

云南是人类最早发源地之一,1965年5月1日在元谋发现的"元谋人"化石,说明距今170万年以前古人类就生息在此,各种史前文化、青铜器文化十分精彩。公元前3世纪(战国后期),楚国将军庄蹻率兵入滇、建立滇王国。公元前221年以后,秦开五尺道,在云南设郡置吏。公元前109年,汉武帝在滇池地区设置益州郡,辖24县。69年,东汉时期在今保山等滇西南地区设立永昌郡。三国时期,云南隶属于蜀国。西晋时期,云南第一次被作为中央直接统治的一个大行政区,为全国19州之一,此制延续到南北朝。707年,唐朝扶持南诏统一洱海地区,之后南诏扩展至云南全境。1274年,元朝在云南设立云南行中书省,是全国的11个行中书省之一,至此云南正式成为省一级区划名称,行政治所也从大理迁到今昆明市,并一直相沿至今。

【人口民族】

截至2015年年底,云南全省常住人口为4741.8万人。云南省是民族种类最多的省份,除汉族以外,人口在6000人以上的世居少数民族有彝族、哈尼族、白族、傣族、壮族、苗族、回族、傈僳族等25个。其中(按人口数多少为序),哈尼族、白族、傣族、傈僳族、拉祜族、佤族、纳西族、景颇族、布朗族、普米族、阿昌族、怒族、基诺族、德昂族、独龙族共15个民族为云南特有,人口数均占全国该民族总人口的80%以上。

【宗教信仰】

云南省是我国宗教种类最多、宗教形态最为多样的省份。除了各少数民族原始宗教外,佛教、伊斯兰教、基督教、道教四大宗教在云南省境内均有传播,且各种宗教交叉存在,分布广泛,宗教教派齐全,宗教信仰颇具特色。其中,云南佛教按所用经典的语系分类,包含了梵文经典系佛教(又称印度密教或云南阿吒力教)、汉文经典系佛教(又称汉传佛教或汉地佛教)、巴利文经典系佛教(又称南传上座部佛教,俗称小乘佛教)、藏文经典系佛教(又称藏传佛教,俗称喇嘛教)四大派系,使云南成为别具特色的"世界宗教博物馆"。其中南传上座部佛教为全国独有。云南省除佛教、道教、伊斯兰教、基督教四大宗教在分布和流传外,还有数量众多的民族、民间宗教和原始宗教。

由于云南省各民族社会发展不均衡,在中华人民共和国成立初期并存了原始公社、奴隶制、封建地主及封建领主等几种社会形态,构成了一部"活的社会发展史",与此相关联,构成了宗教"活的化石"和一部宗教"活的发展史"。

【交通状况】

截至2016年年底,云南省公路总里程达23.8万千米,为1949年云南公路里程的53倍。高速公路通车里程达到4134千米;高等级公路里程新增1076千米,达到1.7万千米;新改建农村公路2.1万千米,农村公路里程超过20万千米。其中主要有昆瑞公路、滇桂公路、滇黔公路、昆洛公路和楚大高速公路、大保高速公路、小龙高速公路等。

云南铁路位于全国铁路网的西南边缘,经过20世纪60年代和90年代两次建路高潮,现已经初步形成以昆明为中心、与内地各条铁路相连的格局。东以贵昆线与中南、华东铁路网沟通,北以成昆线、内昆线与西北铁路各线相接,南部有南昆线与华南相连,还有米轨铁路至河口,直通越南。2016年12月28日,沪昆客运专线、云桂铁路两条高铁全线开通运营,标志着云南从此接入全国高速铁路网络。云南是全国唯一的准轨(1.435米)、米轨(1米)、寸轨(0.6米)3种铁路轨距并存的省份,可以说云南是一个铁路博物馆。

截至2016年年底,云南省全省范围内已经建成并通航的民用运输机场共有14个,包括昆明长水国际机场、临沧佤山机场、腾冲驼峰机场、德宏芒市机场、丽江三义机场、昭通花鹿坪机场、大理荒草坝机场、普洱思茅机场、西双版纳嘎洒机场、保山机场、文山普者黑机场、临沧沧源机场、迪庆香格里拉机场和宁蒗泸沽湖机场,形成了以昆明为中心,航线辐射全国大中城市及东亚、东南亚、南亚国家的航空运输网,云南已经成为名副其实的航空大省。

云南省是国内水系最多、水资源较为丰富的省份,六大水系中的金沙江、南盘江两大水系与国内水系最发达的长江、珠江航道连通,澜沧江、怒江、红河、伊洛瓦底江四大河流都通向东南亚各国,并流经多国首都,最后注入太平洋和印度洋。但云南的河流大多呈放射状分布,互不相通。云南的水运主要是在有"东方多瑙河"之称的澜沧江—湄公河和金沙江—长江两大水系上。2001年6月,中老缅泰四国已实现通航。云南省目前主要的港口有水富港、绥江港、景洪港和思茅港。

【自然资源】

云南省矿产储量大、矿种全,号称中国的"有色金属王国"。已发现矿产142种,有92种探明了储量,矿产地1274处。有54种矿产保有储量居全国前

10位。有色金属是云南最大的矿产优势,铝、锌、锡的保有储量居全国第1位,铜、镍金属保有储量居全国第3位。在贵金属、稀有元素矿产中,铟、铊、镉保有金属储量居全国第1位,银、锗、铂族金属储量居全国第2位。其他矿产资源也极为丰富。在能源矿产中,煤炭保有储量居全国第9位;在化工原料矿产中,磷、盐、芒硝、砷、钾盐、硫铁矿、电石用灰岩、化肥用蛇纹岩8种矿产的储量,居全国前10位。云南已形成了一批以有色金属为主,具有一定规模的矿产资源采、选、冶工业企业,是国家重要的锡、铜、磷肥生产基地。

云南省是全国植物种类最多的省份,素有"植物王国"的美誉,几乎集中了从热带、亚热带至温带甚至寒带的所有品种。在全国约3万种高等植物中,云南省有274科、2076属、1.7万种。在众多的植物种类中,热带、亚热带的高等植物有1万余种,中草药2000多种,香料植物69科,约400种。有2100多种观赏植物,其中花卉植物1500种以上,不少是珍奇种类和特产植物。

云南省独特的气候和地理环境,成为种类繁多的野生动物栖息地,形成了寒温热带动物并存的奇特现象。云南拥有脊椎动物1737种。鸟兽类中有46种为国家1级保护动物,154种为国家2级保护动物。

云南的水能资源开发前景最为广阔,水能资源理论蕴藏量为10 364万千瓦,可开发的装机容量为9000多万千瓦,年发电量为3944.5亿度。位于澜沧江上、装机125万千瓦的漫湾电站已经建成,并投入运行。135万千瓦的大朝山电站正在建设。此外,云南的光能、热能、风能、地热的利用前景都十分可观。

【文化艺术】

云南文化资源的富足和厚重,体现在以下几个方面:

云南悠久的历史积淀了丰厚的历史文化资源。云南是人类的发祥地之一,其历史可以追溯到距今170万年的元谋人。云南省有昭通人、西畴人、丽江人、呈贡龙潭山人等旧石器时代遗址遗存,有在30多个地点发现的新石器时代文化遗址遗存。存在于春秋至三国时期的古滇文化,魏晋到唐中叶的爨文化,宋中叶至元初的南诏大理文化,元明清以来以汉文化为主体的各民族文化,构成了云南2000多年文明史的纵向脉络。春秋战国至两汉时期出现的古滇青铜文明,在中国乃至世界青铜文化史上占有十分重要的位置,无论是冶金技术、造型艺术,还是文化习俗等,都表现出博大精深的文化内涵。禄丰古老的恐龙文化及腊玛古猿文化,在全国甚至在全世界都具有唯一性和排他性。还有以大理崇圣寺三塔、剑川石宝山石窟、昆明古幢、东西寺塔等为表征的南诏大理文化,以及由发生在云南近现代史上的许多重大历史事件构成的近现代文化,具体事件如护国运动、红军长征、滇西抗战、驼峰航线、"一二·一运动"以及西南联大在昆明的组建等。

云南多民族的共生共存孕育了绚丽多彩的民族文化资源。云南是中国世居少数民族最多的省份,是一个世界上少有的多民族群体、多文化形态共生带。各民族在漫长的历史发展过程中,形成了各具特色的歌舞、风俗、工艺品、服饰、建筑、饮食、节祭等民族文化,构成了云南特有的"十里不同俗,百里不同音"、山山水水各显千秋的人文景观。

绚丽的多民族文化催生了丰富的民族歌舞资源。云南省是歌的海洋、舞的世界,每一个民族都有自己独特的歌舞艺术。一些地区甚至流行着这样一句话:会说话的就会唱歌,会走路的就会跳舞。目前,云南省有已收集到的各民族民歌民曲2万多首,舞蹈6718套,戏剧2000多个,器乐200多种,叙事长诗50多部。它们大多数来源于生活,来源于生产实践,具有较高的艺术价值和观赏价值。"丽江古乐"是大约在明代由内地传入的洞经音乐,经过数百年的变化,已糅进了纳西族的风格,形成汉族和纳西族音乐互相融合的独特风格。

【特产美食】

云南名特产数不胜数,其中尤以中药材、烟叶、珠宝最为有名。特产主要有三七、天麻、虫草、丽江人参、松茸、雪莲花、藏红花、云南白药、茶叶、小粒咖啡、活血圣药血竭、大理石工艺品、腾冲玉器、剑川木雕、建水紫陶、永昌云子等。

云南菜以擅长烹制山珍、淡水鱼鲜和蔬菜见长,菜品具有鲜嫩回甜、酸辣微麻、重油味厚的特点,适合云南多民族人民的口味,自成一格。云南多姿多彩的地理风貌和干湿分明的立体气候,极其有利于动植物的生长,得天独厚的原料,为烹饪提供了丰富的来源。

滇菜由昆明汇集3个区域菜的风味名菜组成:滇东北地区,烹调方法和口味类似川菜;滇西南和滇西地区,少数民族众多,除具少数民族风味外,还受清真菜的影响,具寺院菜风味;滇南地区是云南汉族菜发源地。

云南名菜有汽锅鸡、砂锅鱼、香茅草烤鸡、腾冲大救驾、酸笋煮鱼等。云南风味小吃有过桥米线、石屏豆腐、弥渡卷蹄、吹肝、野生菌、云腿豆焖饭、宣威火腿、蒸糕、烧饵块、丽江粑粑、酥油茶、巍山粑肉饵丝等。

【民俗风情】

云南是中国少数民族最多的省份,民族风情主要表现在以下几个方面:

云南少数民族民居建筑各具特色,各式各样。有傣、壮、景颇、德昂、拉祜、哈尼等民族的干栏式建筑;彝、哈尼等民族的土掌房;白族、纳西族的"三坊一照壁";普米族、摩梭人的井干式建筑等。

云南少数民族的服饰绚丽多彩,各具特色。各民族的服饰与所分布地区的自然地理气候密切相连,大致可分为三种类型:一是炎热地区轻薄短紧型,这主要是居住在滇西南、滇东南等河谷湿热地区的傣、壮、哈尼、佤、布朗、阿昌等民族的服饰,上衣、裙子都较短、质地轻薄。二是轻便型,这主要是居住在滇中坝区的各少数民族的服饰,衣着一般都很轻便实用,如回、白等民族。三是宽大厚重型,滇西北的藏、纳西、普米、傈僳等民族的服饰均属此类。此外,云南少数民族服装还带有浓郁的宗教文化色彩,如彝族崇拜虎,其服饰上就有各种虎图案,还有虎头帽、虎头鞋等。

云南少数民族原有文字22种。新中国成立后,在党和政府的帮助下,对彝、哈尼、傣、壮、苗、傈僳、拉祜、佤、纳西、景颇等民族文字进行了改进,并创制了14种民族文字。加上藏文,现在云南省有少数民族文字共15种。

云南民族节日丰富多彩。有的民族有许多节日,有的节日则是许多民族所共有。节日大致分为宗教祭祀性节日、生产活动性节日、纪念庆祝性节日、社交娱乐性节日。较著名的节日有:彝族的火把节、白族的三月街、傣族的泼水节、纳西族的三朵节、景颇族的目脑纵歌、傈僳族的刀杆节等。

【旅游资源】

云南是一块美丽而神奇的土地。自然景色和人文景观都有独特的优势,有寒温热带的立体气候,多数城市四季如春;有雄伟壮丽的山川地貌,山林峰洞江河湖瀑蔚为壮观;有古老悠久的历史文化遗存及近现代革命历史纪念物,是访古探秘进行文化传统和革命传统教育的知识宝库;还有绚丽多彩的民俗风情。

云南省经过多年发展,初步形成了六大旅游区域:以生态旅游、民族风情旅游、乡村旅游为主的滇中"大昆明国际旅游区";滇西北"香格里拉生态旅游区",包括下关风、上关花、苍山雪、洱海月的大理"风花雪月"以及蝴蝶泉、崇圣寺,香格里拉的普达措国家公园、松赞林寺,怒江神秘莫测的大峡谷;以热带雨林、民族风情、边境旅游为主的滇西南"澜沧江—湄公河国际旅游区";包括腾冲在内的滇西"火山热海边境旅游区";以元阳梯田、普者黑等景观为主的滇东南"喀斯特山水文化旅游区";以东川红土地、历史遗址为主的滇东北"红土高原旅游区"。

滇中"大昆明国际旅游区"主要旅游资源有历史文化名城昆明以及滇池、石林、云南民族村、世博园、金殿、大观楼、安宁温泉、阳宗海、九乡、轿子雪山、抚仙湖、武定狮子山、元谋土林等。

滇西北"香格里拉生态旅游区"主要旅游资源有大理古城、苍山、洱海、崇圣寺三塔、南昭风情岛、蝴蝶泉、宾川鸡足山、丽江古城、玉龙雪山、虎跳峡、玉水寨、宝山石城、泸沽湖、三江并流、白水台、普达措国家公园、怒江等。

滇西南"澜沧江—湄公河国际旅游区"主要旅游资源有西双版纳傣族园、中科院勐仑植物园、西双版纳原始森林公园、民族风情园、野象谷、热带花卉园、曼听公园、思茅茶马古道等。

滇西"火山热海边境旅游区"主要旅游资源有瑞丽江—大盈江风景区、莫里热带雨林、腾冲热海、腾冲火山群、和顺古镇、卧佛寺等。

滇东南"喀斯特山水文化旅游区"主要旅游资源有阿庐古洞风景区、建水古城、朱家花园、弥勒寺、元阳梯田、普者黑、彩色沙林、多依河、九龙瀑布等。

滇东北"红土高原旅游区"主要旅游资源有东川红土地、鲁布革、黄连河瀑布、威信风景区等。

云南省被列入《世界遗产名录》的景区有 5 处：丽江古城、三江并流、中国南方喀斯特(石林风景区)、澄江帽天山化石群、红河哈尼梯田。云南省现有中国历史文化名城 5 座：昆明、大理、丽江、建水、巍山。云南省现有世界地质公园 2 处：石林世界地质公园、大理苍山世界地质公园。云南省现有国家地质公园 6 处：石林国家地质公园、澄江动物群国家地质公园、腾冲火山国家地质公园、禄丰恐龙国家地质公园、玉龙黎明—老君山国家地质公园、丽江玉龙雪山国家地质公园。云南省现有国家级风景名胜区 12 处，分别是：石林风景名胜区、大理风景名胜区、西双版纳风景名胜区、昆明滇池风景名胜区、丽江玉龙雪山风景名胜区、三江并流风景名胜区、腾冲地热火山风景名胜区、瑞丽江—大盈江风景名胜区、建水风景名胜区、九乡风景名胜区、丘北普者黑风景名胜区、泸西阿庐古洞风景名胜区。云南省现有国家级旅游度假区 3 处：滇池国家级旅游度假区、阳宗海国家级旅游度假区、西双版纳旅游度假区。云南省现有 5A 级旅游景区 8 处：石林风景名胜区、中国科学院西双版纳热带植物园、崇圣寺三塔文化旅游区、玉龙雪山景区、丽江古城、香格里拉普达措国家公园、昆明世博园景区、腾冲火山热海。

第二十五章
重庆市基本概况

重庆市是中华人民共和国直辖市,长江上游地区的经济中心,西南地区综合交通枢纽和最大的工商业城市,国家重要的现代制造业基地,全国统筹城乡综合配套改革试验区。重庆简称"渝"。

【地理环境】

重庆市位于中国西南部,四川盆地东缘,东邻湖北省和湖南省,南靠贵州省,西连四川省,北接陕西省。地域面积8.24万平方千米,东西长470千米,南北宽450千米。全市最高山峰是位于大巴山的阴条岭,海拔2796.8米;最低处是位于巫山县与湖北省交界的长江水平面,海拔73.1米。

重庆地形南北高、中间低,从南北向河谷倾斜,大部分地区处于北部大巴山、东部巫山—武陵山、南部大娄山、西部华蓥山的围合范围内,由数条大致平行的东北—西南走向的典型隔挡式背斜和盆缘山地构成基本地貌骨架。重庆是著名的山城,地势起伏大,层状地貌分明;地貌类型多样,以山地丘陵为主;地貌形态组合的地区分异明显;喀斯特地貌分布广泛。

长江干流自西向东横贯重庆全境,境内汇集了上百条大小支流,水系十分发达,有长江、嘉陵江、乌江、綦江等36条入境河流。重庆流域面积大于3000平方千米的主要河流有长江、嘉陵江、乌江、綦江、小江、大宁河、御临河、龙溪河等。除密集的河网外,重庆市拥有长寿湖、大洪湖、小南海、龙水湖、青龙湖、白石湖、双龙湖等众多湖泊。

【气候特征】

重庆市属亚热带季风气候区,冬季受东北季风控制,夏季受西南气流影响,加之盆地周围山脉阻挡,冬季北方寒流不易入侵,最冷月气温一般为5℃~

8.2℃,比同纬度的长江中下游地区高出3℃~4℃。

重庆市大部分地区的年平均气温为16.6℃~18.6℃。受西太平洋副高压和青藏高压的影响,加之重庆南有云贵高原,东有巫山和武陵山,夏季偏南风越过盆周山地产生焚风效应,加重了炎热程度。全年最高气温≥35℃的天数可达20~50天,高于同纬度其他地区,使重庆以"火炉"著称。

夏季是降水最多的季节,具有雨热同期的季风气候特征。重庆市大部分地区的年降水日数为150~165天,年降水量为1000~1200毫米。雨量地域差异较大,总体上呈现出自东部向西部、山地向平坝河谷逐渐减少的趋势。

重庆具有"巴山夜雨"的气候特色,年夜雨量占年总降水量的60%~70%。秋季受大气环流和地形的影响,降水强度较小,历时较长,形成秋雨绵绵的气候特色。

重庆太阳辐射弱,日照时间短。重庆常年多雾,尤以冬春为甚,年平均雾日为70天,雾日最多的年份达140天以上,使重庆市多数地区年日照时数比同纬度地区显著偏少。全年日照时数较少的时段是冬季,可能出现全月无日照的极端现象。

【行政区划】

截至2016年年底,重庆市辖38个区县,其中26个区、8个县、4个自治县,分别是渝中区、大渡口区、江北区、沙坪坝区、九龙坡区、南岸区、北碚区、渝北区、巴南区、涪陵区、綦江区、大足区、长寿区、江津区、合川区、永川区、南川区、璧山区、铜梁区、潼南区、荣昌区、万州区、开州区、黔江区、梁平区、武隆区、城口县、丰都县、垫江县、忠县、云阳县、奉节县、巫山县、巫溪县、石柱土家族自治县、秀山土家族苗族自治县、酉阳土家族苗族自治县、彭水苗族土家族自治县。

2010年5月,经国务院批复同意,重庆设立两江新区,这是继上海浦东新区和天津滨海新区后,由国务院直接批复的第三个开发开放新区,面积为1200平方千米,包含重庆渝北区、江北区、北碚区的部分区域。

【历史沿革】

重庆古称江州,又称巴郡、楚州、渝州、恭州,具有3000多年的悠久历史,其历史可以概括为三次建都、三次开发和三次直辖。古巴渝地区是巴渝文化的发祥地,也是中华民族的发源地之一。铜梁文化遗址表明,距今约两三万年的旧石器时代末期,已有人类在该地区生活。公元前11世纪商周时期,巴人以重庆为首府,建立了巴国。后秦灭巴国,分天下为36郡,巴郡为其一。南北朝时,巴郡改为楚州。隋文帝开皇元年(581年),以渝水(嘉陵江古称)绕城,改楚州为渝州，重庆始简称"渝"。1189年，宋光宗先封恭王，后即帝位，自诩"双重喜庆"，升恭州为重庆府，重庆由此得名。1363年，元末红巾军领袖明玉珍在重庆建立大夏国。

重庆是近代中国最早对外开埠的内陆通商口岸。1891年3月，重庆海关成立，标志着重庆正式开埠、对外开放。1929年重庆正式建市。1937年，重庆成为中华民国"战时首都"。1940年，国民政府确定重庆为中华民国"陪都"。抗战期间，重庆是世界反法西斯战争远东指挥中心，是中国大后方的政治、经济和文化中心。抗日战争胜利后，国民政府还都南京，重庆仍为中央直辖市。

新中国成立初期，重庆是西南军政委员会驻地，是西南地区政治、经济、文化中心和中央直辖市。1954年7月，重庆市并入四川省，改为省辖市。1983年，重庆成为全国第一个经济体制综合改革试点城市，实行计划单列，享有省级经济管理权限。1992年，开辟为沿江开放城市。1997年3月14日，经第八届全国人大第五次会议审议批准，重庆正式成为继北京、上海、天津之后中国第四个、西部地区唯一的直辖市。

【人口民族】

重庆市是中国人口最多的直辖市。截至2015年年底，全市户籍总人口为3371.84万人，总户数为1599.05万户。其中：男性1736.49万人，占人口总数的51.5%；女性1635.35万人，占人口总数的48.5%。

重庆人口民族构成以汉族为主体，包括土家族、苗族、回族、满族、彝族、壮族、布依族、蒙古族、藏族、白族、侗族等55个少数民族。少数民族人口总数为193万人。少数民族中，土家族人口最多，约139.8万人，其次为苗族，约48万人，主要分布在渝东南地区的4个民族自治县和涪陵区。

【宗教信仰】

佛教于东汉末期传入重庆。现留存有罗汉寺、慈云寺、双桂堂、华岩寺等全国重点庙宇。承载着千年佛教文化的大足石刻，被列为世界文化遗产。

道教于东汉末年传入重庆。南岸黄桷垭老君洞，为道教全真龙门派丛林道观。万州太白岩有晋代道教遗迹"绝尘龛"，为唐代诗人李白访道之处。成于隋朝的潼南大佛附近的定明山石刻道教人物造像，是重庆区域最早的道教摩崖石刻。

元末奉节已建清真寺。重庆全市现有清真寺8座。渝中区穆斯林大厦为重庆市伊斯兰教协会驻地，也是重庆市接待国内外穆斯林的重要场所。

天主教于清康熙年间传入重庆，1856年成立川东南代牧区（即重庆教区）。

重庆现有教堂及宗教活动点57处。主要宗教团体有重庆市天主教爱国区、重庆市天主教教务委员会等。渝中区若瑟堂为重庆教区主教座堂所在地。

基督教（新教）实行联合礼拜，重庆市有开放礼拜堂、福音堂50多座，聚会点400多个。主要宗教团体有重庆市基督教三自爱国运动委员会、重庆市基督教协会。重要场所有社交会堂、解放西路礼拜堂、江北区福音堂等。

【交通状况】

重庆地处我国中西部结合部，具有承东启西的区位优势，是西南地区综合交通枢纽。重庆主城区已形成由轨道、公路、桥梁和水上交通构成的立体交通网络。

轨道交通规划总体布局为九线一环。截至2016年7月，轨道交通运营线路包括1、2、3、6号线（含6号线支线），线网覆盖重庆主城区全域，车站120座，运营里程202千米，居全国第5位，中西部第1位，日均客运量200万人次左右。

以高速公路为主骨架的全市高等级公路网络体系初步建成。2015年9月，重庆公路总里程12.7万千米，其中，"二环八射"高速公路2440千米，国道1305千米，省道8076千米，县乡村道11.5万千米。到2030年，将建成"三环十二射七连线"高速路网。

2015年，全市铁路运营里程近2000千米，形成了"一枢纽八干线"的网络格局。开通重庆至上海、广州、深圳等沿海港口的货运五定班列和"渝新欧"国际货运班列，实现了铁海联运、国际直达。

重庆有江北国际机场、万州五桥机场、黔江武陵山机场共3座民用机场，已开通航线总数达到275条，覆盖国内大中城市，通达欧洲、美洲、大洋洲及亚洲主要口岸城市。其中江北国际机场为4E级民用机场，是国家定位的大型枢纽机场、国内八大枢纽机场之一，中国第5个实行72小时过境免签政策的机场，2016年的旅客吞吐量突破3000万人次，居全国第9位；货邮吞吐量31.8万吨，国际货邮吞吐量西部领先。

【自然资源】

重庆已发现的矿产资源共69种，查明的矿产资源储量有54种。主要有天然气、锶、锰、铝土、盐、钡、水泥用灰岩、石膏、煤、硫铁、地热水等。

地带性植被类型为亚热带常绿阔叶林，还间有常绿落叶阔叶混交林、落叶阔叶林、针叶林、针阔混交林、竹林、灌丛、稀疏草丛（草坡）、草甸等植被类型。全市森林资源纯林比重偏大，混交林少，林分树种组成相对单一。

野生动物种类较多。属国家一至三级保护的珍稀动物近100种。有国家一级保护动物金丝猴、黑叶猴、蜂猴、华南虎、梅花鹿、黑鹳、巫溪大金雕、玉带海雕、中华鲟、白鲟等。

重庆水域面积26.77万公顷,占地域面积的3.25%。年平均水资源总量5000亿立方米左右,水能资源可开发总量在全国名列前茅。全市大中型水库共计110座,其中大型水库17座,中型水库93座,大中型水库年末蓄水总量为50.3225亿立方米。2015年,全市人均综合用水量为262立方米,万元国内生产总值用水量为50立方米。

重庆温泉资源具有储量丰富、利用历史悠久、泉水品质较高和分布广泛的特点。2011年,国土资源部公布重庆与福州、天津一起被列为"中国温泉之都"。2012年12月,在世界温泉及气候养生联合会第65届国际科学大会上,重庆被命名为全球首个"世界温泉之都"。

【文化艺术】

巴渝文化是长江上游最有鲜明个性的民族文化之一。巴渝文化起源于巴文化,它是指巴族和巴国在历史的发展中所形成的地域性文化。巴人一直生活在大山大川之间,大自然的险恶环境,练就了一种顽强、坚韧和剽悍的性格,因此巴人以勇猛、善战著称。巴人的军队参加周武王讨伐商(殷)纣王战争,总是一边唱着进军的歌谣,一边跳着冲锋的舞蹈,勇往直前,古代典籍称之为"武王伐纣,前歌后舞"。

春秋战国时期,巴族的民歌也相当有名。《昭明文选》就有关于巴山调广为民间传唱的记载:"客有歌于郢中者,其下始为下里巴人,国中属而和者数千人。"巴山调在楚国尚有千人和唱的壮观景象,在巴国本地就更不用说了。作为山歌的巴山调,亦称竹枝词,经民众创作和传唱,文人受其影响而纷纷效仿。唐代大诗人刘禹锡就曾仿民歌作《竹枝词》9首,其中,"杨柳青青江水平,闻郎江上踏歌声。东边日出西边雨,道是无晴还有情",以天气的晴、雨巧妙隐喻男女恋情而为广大民众所喜爱。自刘禹锡之后,竹枝词开始成为一种富有民歌味的诗体形式,保存在我国历代诗词集中,足见巴山调对我国文学创作的重大影响。

重庆文化发达,名人辈出。被评为重庆十大历史文化名人的有:南宋高僧道隆,明代爱国女英雄秦良玉,清代教育家李惺,清末书画家竹禅和杨裕勋,清末医学家程琪芝,近代实业家张森楷,辛亥革命先烈张增爵,近代教育家向楚,现当代著名作家巴金等。其中,巴金的名作"激流三部曲"《家》《春》《秋》和《寒夜》曾产生广泛影响。近代著名的资产阶级革命宣传家邹容也是重庆人,他的《革命军》一书被章太炎称许为"义师先声"。

重庆至巫山这段千里川江上,航道弯曲狭窄,明礁暗石林立,急流险滩无数。旧社会江上船只多靠人力推动或拉纤航行,少则数十人多则上百人的江上集体劳动,只有用号子来统一指挥。因此,在滚滚川江上,产生了许多歌咏船工生活的水上歌谣——川江号子。国际友人称其为"江河音乐"。

【特产美食】

重庆特产门类多,品种丰富。工艺品有大足石雕、大足竹编、三峡石砚、谭木匠木雕、綦江农民版画、梁平三绝(梁山灯戏、梁平年画、梁平竹帘)、荣昌夏布、土家织锦、重庆蜀绣、巫溪围腰、铜梁龙灯、荣昌安陶、北碚剪纸、城口漆艺等。

重庆美食是以重庆火锅为龙头、渝派川菜为重点、江湖菜肴为特色、民间菜肴为补充、地方小吃为衬托的完整的本地菜系。重庆火锅菜品多样,调料独特,吃法豪放。渝派川菜味道更浓烈,更火爆,更具创新性,以"麻、辣、香、鲜"的鲜明特色而闻名全国。江湖菜以川菜、地方菜和私家菜为基础发展变化,最大的特点是以"土""粗""杂"见长。重庆风味小吃制作精细,品种繁多,流传至今的名特风味小吃有106种,如重庆小面、山城小汤圆、龙抄手、重庆凉粉、磁器口麻花等。

【民俗风情】

千百年来巴渝大地形成了独特的生活方式和社会习俗。除川剧和京剧外,川江号子、乡间吹打、铜梁龙灯、秀山花灯戏、九龙楹联、土家摆手舞和土家族啰儿调也是富有巴渝特色的民俗风情。

另有民间归纳的"重庆十八怪",即"70岁叫女娃儿不为怪,80岁喊(称)崽儿很自在,男人染发装老外,女人的肚脐眼在衣服外,说话着急像比赛,言子儿(地方俗语)又多又古怪,麻辣烫(火锅)越热越要卖,不吃小面不自在,爬坡上坎当小菜,坐车没得走路快(堵车),路边打望(东张西望)好愉快,棒棒(力夫)满街找买卖",颇能反映巴渝风俗民情。

【旅游资源】

重庆既拥有融山、水、林、泉、瀑、峡、洞等为一体的壮丽自然景色,又拥有熔巴渝文化、民族文化、移民文化、三峡文化、陪都文化、都市文化于一炉的浓郁文化景观。全市共有自然、人文景点300余处。长江三峡闻名于世。重庆拥有中国历史文化名城、世界温泉之都、国家环保模范城市、国家优秀旅游城市、国家园林城市称号。

重庆是著名的山城,具有雄伟壮丽的山地特点,市内风景名胜区多与山直接有关,如金佛山、缙云山、四面山、仙女山、巫山、南山。峡谷众多,长江三峡是我国最大的国家地质公园,有"天然地质博物馆"的美誉,被《中国国家地理》评选为"中国最美十大峡谷"之一,是我国对外推广的两条黄金旅游线之一。小三峡—小小三峡是国家5A级旅游景区。

重庆市域内湖泊水库星罗棋布,有西南面积最大的湖泊长寿湖、地质奇观——地震堰塞湖小南海、"重庆西湖"龙水湖等。重庆武隆和重庆金佛山喀斯特作为中国南方喀斯特的典型代表,先后列入《世界遗产名录》。

重庆市人文旅游资源主要包括历史文化资源、抗战陪都资源、红色旅游资源、古镇民俗资源和宗教文化资源。

历史文化资源主要涵盖古代遗址、三国遗址和名人故居。如"上帝折鞭处"——合川钓鱼城;被联合国教科文组织誉为"保存完好的世界唯一古代水文站"——涪陵白鹤梁,还有白帝城、张飞庙、赵世炎故居、刘伯承元帅故居及纪念馆等名胜古迹。

重庆市现存陪都遗址共200多处。其中,主城区内有重要陪都遗址72处,主要分布在渝中区、沙坪坝区和南岸区等。现存代表性遗迹主要有两类:一是蒋介石、宋美龄等要人的官邸和旧居,二是国共合作抗战在渝留下的纪念地,例如史迪威将军博物馆、大韩民国临时政府旧址、"六五"大隧道惨案遗址等。

红色旅游资源如八路军重庆办事处旧址和歌乐山革命烈士纪念馆,是全国重点文物保护单位、全国爱国主义教育示范基地和全国红色旅游经典景区。

截至2016年年底,重庆拥有世界文化遗产1处——大足石刻,世界自然遗产1处——中国南方喀斯特(武隆、金佛山)。拥有国家5A级景区8处:重庆大足石刻景区、重庆巫山小三峡—小小三峡景区、重庆武隆喀斯特旅游区(天生三桥—仙女山—芙蓉洞)、重庆酉阳桃花源景区、重庆万盛黑山谷景区、重庆南川金佛山景区、重庆江津四面山景区、重庆市云阳龙缸景区。拥有国家级风景名胜区7处:长江三峡风景名胜区、潭獐峡风景名胜区、缙云山风景名胜区、金佛山风景名胜区、四面山风景名胜区、芙蓉江风景名胜区、天坑地缝风景名胜区。拥有国家地质公园6处:重庆武隆岩溶国家地质公园、重庆黔江小南海国家地质公园、重庆云阳龙缸国家地质公园、重庆万盛国家地质公园、重庆綦江国家地质公园、长江三峡国家地质公园(湖北/重庆)。还拥有国家级旅游度假区1处——重庆仙女山旅游度假区,以及全国重点文物保护单位20处。

第二十六章
西藏自治区基本概况

西藏位于中华人民共和国西南边陲,是中国西南边陲的重要门户,地域辽阔,地貌壮观,资源丰富。西藏自治区简称"藏",自治区首府驻地为拉萨。

【地理环境】

西藏自治区位于中国西南部,北面与新疆维吾尔自治区、青海省相邻,东面和东南面同四川省、云南省接壤;南部与西部自东而西与缅甸、印度、不丹、尼泊尔以及克什米尔地区毗邻,国境线长3842千米。西藏自治区南北长1000千米,东西宽2000千米,国土面积122.84万平方千米,约占中国陆地总面积的1/8,在中国各省区中,仅次于新疆维吾尔自治区,居第2位。

青藏高原是世界上隆起最晚、面积最大、海拔最高的高原,因而被称为"世界屋脊",被视为南极、北极之外的"地球第三极"。西藏位于青藏高原的主体区域。

西藏总的地势由西北向东南倾斜,平均高差在1000米。地形复杂多样、景象万千。西藏地貌基本上可分为山脉、高原、平原和峡谷四大类型。

山脉:西藏的山脉都是地球上最雄伟的山脉,位于藏南,由几条大致东西走向的山脉组成,平均海拔6000米左右。其中位于中尼边境、地处西藏定日县境内的珠穆朗玛峰,海拔8844.43米,是世界最高峰。

高原:由一系列浑圆而平缓的山丘和许多盆地构成,藏北高原最典型,是西藏主要的牧业区。

平原:主要是大河、大湖沿岸的河谷平原。藏南谷地,位于冈底斯山脉和喜马拉雅山脉之间,即雅鲁藏布江及其支流流经的地域。这一带有许多宽窄不一的河谷平地和湖盆谷地,地形平坦,土质肥沃,是西藏主要的农业区。

峡谷:主要分布在西藏东部和南部边缘地区。藏东高山峡谷区即著名的横断山地,大致位于那曲以东,为一系列东西走向逐渐转为南北走向的高山深谷,其间挟持着怒江、澜沧江和金沙江三条大江。山顶终年不化的白雪、山腰茂密的森林与山麓四季常青的田园,构成了峡谷区三江并流的壮丽景观。

西藏是中国河流数量最多的省区之一,境内流域面积大于1万平方千米的河流有20多条,著名河流有金沙江、怒江、澜沧江和雅鲁藏布江。西藏是中国湖泊最多的地区,有1500多个大小不一、景致各异的湖泊错落镶嵌于群山莽原之间。西藏最为著名的湖泊有纳木错、羊卓雍措、玛旁雍错、班公湖、巴松措、森里错等。在西藏,许多湖泊都被赋予宗教意义。纳木错、玛旁雍错、羊卓雍措并称为西藏的三大"圣湖"。

【气候特征】

气候多样,垂直变化大。西藏的气候,由于地形、地貌和大气环流的影响,独特而且复杂多样。气候总体上具有西北严寒干燥、东南温暖湿润的特点。气候类型也因此自东南向西北依次为热带、亚热带、高原温带、高原亚寒带、高原寒带等各种类型。在藏东南和喜马拉雅山南坡高山峡谷地区,由于地势迭次升高,气温逐渐下降,气候发生从热带或亚热带气候到温带、寒温带和寒带气候的垂直变化。故人们常用"一山有四季,十里不同天"来形容西藏不同地区、不同高度上的气候差异。

空气稀薄、气压低、氧气少。随着海拔增高、气压降低、空气密度减小,每立方米空气中的氧气含量逐渐递减,海拔3000米时空气中氧气含量为海平面的73%,海拔4000米时为62%~65.4%,到海拔5000米时为59%,海拔6000米以上则低于52%。这种缺氧现象对人体的影响是很明显的,容易引起头痛、失眠、脱发、呼吸及脉搏加快、红细胞增多、血压升高、食欲减退、易疲劳等症状。

干湿季分明。西藏干季和雨季的分别非常明显,一般每年10月至翌年4月为干季;5—9月为雨季,雨量一般占全年降水量的90%左右。各地降水量也严重不均,年降水量自东南低地的5000毫米,逐渐向西北递减到50毫米。西藏大部分地区夜雨率都在60%以上,冰雹之多居同纬度之首。

辐射强烈,日照时数多。西藏是中国太阳辐射能最多的地方,比同纬度的平原地区多一倍或1/3;日照时间也是全国最长的。

气温低,日差较大。由于西藏海拔高,与中国内地其他地区相比,西藏多数地区气温偏低,气温日较差高。

【行政区划】

西藏自治区下辖5个地级市、2个地区和73个县(市、区)。5个地级市分别是拉萨、昌都、山南、日喀则、林芝;2个地区分别是那曲、阿里地区。

【历史沿革】

远古时期,西藏就开始有人类活动。新石器时代晚期,西藏各地形成了许多部落。公元前3世纪,出现奴隶制部落。五六世纪时,西藏奴隶社会有了长足的发展。

7世纪初,唐朝建立起强大的统一政权。与此同时,藏族的民族英雄松赞干布兼并10余个部落和部族,在西藏高原实现统一。松赞干布在位期间,锐意修好唐廷,汲取唐朝的先进生产技术和政治文化成果。他曾两次派遣大臣赴唐廷求婚,于641年迎娶了唐太宗的宗女文成公主。唐高宗封松赞干布为"附马都尉""西海郡王",后又晋封为"宾王"。松赞干布奠定了吐蕃与唐朝200余年频繁往来的"甥舅亲谊"。

8世纪初,唐朝又将金城公主嫁到吐蕃。吐蕃和唐朝"和同为一家"。

伴随着吐蕃王朝与唐朝的两次联姻,双方往来频繁,政治、经济、文化交流广泛而深入,民间往来全面发展,藏族与中国其他民族之间的关系达到前所未有的密切程度。唐蕃双方曾8次会盟,拉萨大昭寺正门前至今仍屹立着"唐蕃会盟碑"(也称"长庆会盟碑""甥舅会盟碑",是第8次会盟后所立)。

13世纪初,成吉思汗在中国北部建立蒙古汗国。

1271年,蒙古汗政权定国号为元,并于1279年统一全中国,建立了统一的中央政权,西藏成为中国元朝中央政府直接治理下的一个行政区域。

自13世纪中叶西藏地区正式归入元朝版图后,中国虽然经历了几代王朝的兴替,多次更换中央政权,但西藏一直处于中央政府的管辖之下。

1368年,明朝取代元朝,采用收缴元朝旧敕旧印,换发明朝新敕新印的形式和平过渡,继承了对西藏地方的国家主权。明朝没有沿用元朝的职官制度,而是建立了一套别具特色的僧官封授制度。西藏各地有代表性的政教首领人物,明朝均赐封以不同的名号,颁给他们印章和封诰,命其管理各自的地方,其职位的承袭须经皇帝批准,皆可直通名号于天子。

1644年,清朝定都北京,进而统一中国。清朝循历史定例在西藏行使主权,只要前朝所封官员进送旧朝印信,即改授新朝印信,其原有地位不变。1652年,藏传佛教格鲁派五世达赖喇嘛应召到北京觐见清世祖顺治皇帝,次年受到清朝正式册封;后来,五世班禅额尔德尼又受到康熙皇帝的册封。达赖喇嘛和班禅额尔德尼的封号和他们在西藏的政治宗教地位由此被正式确立,此后历世达赖、班禅额尔德尼须经中央政府册封遂成定制。1727年,雍正皇帝正式设立驻藏大臣处理西藏事务。

清朝对西藏的施政管理,在总结元明两朝治藏经验的基础上,根据实际情况和形势变化做了重大而全面的调整,例如:设置驻藏大臣总揽全藏;调整西藏地方的政教管理体制;赐封达赖喇嘛、班禅额尔德尼名号,并确定了金瓶掣签制度;确立西藏地方涉外事务、边境国防的决定权归中央等原则;勘定今西藏与青海、四川、云南间的界线;规定达赖喇嘛、班禅额尔德尼的辖区及权限,划分了驻藏大臣直辖区。

西藏以清朝中央正式定名而得名。西藏唐宋为吐蕃;元朝属宣政院;明朝称乌斯藏,设都司等;清初称卫藏,卫即前藏,藏即后藏,后正式定名为西藏,为西藏得名的开始。

1911年辛亥革命推翻了封建帝制,次年建立了中华民国。《中华民国临时约法》中明文规定:西藏是中华民国22行省之一。此后正式颁布的《宪法》等法律法规,也都明确规定西藏是中国的一部分。

1949年,中华人民共和国成立。1951年5月23日,中央人民政府和西藏地方政府的代表就西藏和平解放的一系列问题达成协议,签订了《中央人民政府和西藏地方政府关于和平解放西藏办法的协议》(简称"十七条协议")。

1954年,达赖喇嘛、班禅额尔德尼联袂赴北京参加中华人民共和国第一届全国人民代表大会。在这次会议上,达赖喇嘛当选为全国人民代表大会常务委员会副委员长,班禅额尔德尼当选为全国人民代表大会常务委员会委员。1956年,西藏自治区筹备委员会成立,达赖喇嘛就任西藏自治区筹备委员会主任委员。

1959年3月10日,西藏地方政府和上层反动集团公开撕毁和平解放西藏的"十七条协议",在拉萨进行武装叛乱;同年3月17日,达赖逃离拉萨。

1965年,西藏自治区正式成立。

【人口民族】

据《西藏自治区2010年第六次全国人口普查主要数据公报》显示,截至2010年11月1日零时,西藏自治区常住人口中,藏族人口为2 716 389人,其他少数民族人口为40 514人,汉族人口为245 263人。藏族和其他少数民族人口占总人口的91.83%(其中藏族人口占90.48%,其他少数民族人口占1.35%);汉族人口占总人口的8.17%。

【宗教信仰】

西藏自治区居民信仰的宗教主要有藏传佛教、本教、伊斯兰教和天主教,但绝大多数人信仰藏传佛教。

佛教于7世纪分别于印度和我国内地传入西藏地区,而后在特定的历史条件下形成具有西藏地方特色的藏传佛教。藏传佛教实质上是印度佛教显密二宗和汉地佛教的显宗传入西藏后吸收了西藏高原原始宗教本教的某些内容而形成的。藏传佛教具有鲜明的民族性和群众性,曾传遍整个藏族地区和其他一些少数民族地区。

本教是西藏地区的原始宗教,在佛教传入前,曾经占主要地位。在西藏地区至今还有许多群众信仰本教。

西藏的伊斯兰教和天主教信众规模相对较小,影响范围仅限于局部地区。其中信仰伊斯兰教的穆斯林大多数是清代从甘肃、青海、四川、云南等地迁来的回族的后裔,也有少数来自中亚一带。天主教于1626年传入,信众很少。

西藏自治区共有藏传佛教寺庙1700多座,住寺僧尼约4.6万人;雍仲本教寺庙88座,僧侣3000多人,活佛93人,信教群众13万人以上;清真寺4座,教民3000多人;天主教堂1座,教民700多人。

【交通状况】

西藏自治区交通包括公路、铁路、航空运输。

截至2016年年底,全区公路总里程达82 543.3千米,二级及以上公路1333.7千米。交通网以拉萨为中心,全区有干线公路15条,直线公路315条。汽车已成为西藏最重要的交通工具。青藏公路、新藏公路、川藏公路、滇藏公路、中尼公路是西藏通往区外和国外的5条主要干线。

铁路包括青藏铁路和拉日铁路。

青藏铁路起于青海省西宁市,途经格尔木市、昆仑山口、沱沱河沿、翻越唐古拉山口,进入西藏自治区安多、那曲、当雄、羊八井、拉萨,全长1956千米。青藏铁路是重要的进藏路线,被誉为"天路",是世界上海拔最高、在冻土上路程最长的高原铁路,是中国21世纪四大工程之一,2013年9月入选"全球百年工程",是世界铁路建设史上的一座丰碑,2006年7月1日建成通车运营。2014年8月16日,青藏铁路延伸线拉日铁路全线开通运营。

西藏航空业发展较快。截至2017年,西藏自治区内已开通航班的机场有拉萨贡嘎机场、昌都邦达机场、林芝米林机场、阿里昆莎机场、日喀则和平机场。截至2015年年底,西藏五大机场航线总数达61条。拉萨贡嘎机场位于西藏自治区山南地区贡嘎县甲竹林镇,坐落在壮丽的雅鲁藏布江南岸,海拔3600米,跑道长4000米,宽45米,机场等级4E,可供波音747、空中客车等大型飞机起降,是世界上海拔最高的民用机场之一。

【自然资源】

西藏自治区已发现101种矿产资源,查明矿产资源储量的有41种,勘查矿床100余处,发现矿点2000余处,已开发利用的矿种有22种。西藏优势矿种有铜、铬、硼、锂、铅、锌、金、锑、铁,以及地热、矿泉水等,部分矿产在全国占重要地位,矿产资源潜在价值万亿元以上。矿产资源储量居全国前5位的有铬、工艺水晶、刚玉、高温地热、铜、高岭土、菱镁矿、硼、自然硫、云母、砷、矿泉水等12种。

西藏是中国最大的森林区之一,森林面积833.33万公顷,森林覆盖率接近10%,活立木蓄积量20.84亿立方米,居全国首位。西藏森林植被的垂直地带结构非常明显,北半球从热带到寒带的主要树种在这里几乎都可以看到。常见树种主要有云杉、冷杉、铁杉、高山松、华山松、落叶松、云南松、白桦、青冈木等,经济价值很高。稀有针叶树种,如穗花杉、云南红豆杉、印度三尖杉、百日青等,是第三纪的孑遗植物。

西藏已发现野生哺乳动物142种,鸟类488种,爬行类动物56种,两栖类动物45种,鱼类68种。西藏野生脊椎动物共计799种,构成了西藏的动物资源优势。在这些动物中,野驴、野牦牛、马鹿、白唇鹿、黑颈鹤、小熊猫等123种被列为国家重点保护动物,其中滇金丝猴、孟加拉虎、雪豹、西藏野驴、野牦牛等45种野生脊椎动物是濒危灭绝或西藏特有的珍稀保护动物。

【文化艺术】

藏族文学具有悠久的历史和优秀的传统。民间文学和作家文学都极其丰富。民间文学包括民歌、神话、传说、故事、叙事诗、长歌、英雄史诗等;作家文学包括传记、诗、长短篇小说等。

《格萨尔》是一部结构宏伟、在藏族人民群众中广泛流传的英雄史诗。全诗贯穿捍卫人民利益、反对侵略、希望统一与和平的主题思想,表达了藏族人民的美好愿望和勇敢战斗的精神,已于2009年列入《人类非物质文化遗产代表作名录》。

《仓央嘉措情歌》举世瞩目。其作者仓央嘉措(1683—1706)是第六代达赖喇嘛,藏族农奴主阶级和佛教集团名义上的最高统治者,是属于格鲁派(黄教)的活佛。按照格鲁派的戒律,僧人是严禁恋爱、娶妻、生子的。但是,仓央嘉措却以如此特殊的地位和身份写下了这样一本情歌集,大胆地表达了他对爱情生活的热烈追求。

藏戏是中国比较古老的民族剧种之一,它是14世纪的噶举派僧人唐东杰布所开创。唐东杰布被奉为藏戏祖师。藏戏传统剧目有10多种,多以说唱体形式传世。唱词是韵文,道白是散文。最为群众所喜爱的有《文成公主》《诺桑王子》《顿月顿珠》《智美滚登》《卓娃桑姆》《苏吉尼玛》《代巴登巴》《絮白旺丘》等剧目。

唐卡也叫唐嘎、唐喀,系藏文音译,指用彩缎装裱后悬挂供奉的宗教卷轴画,兴起于9世纪前后。唐卡是藏族文化中独具特色的一种绘画艺术形式,题材内容涉及藏族的历史、政治、文化和社会生活等诸多领域。传世唐卡大都是藏传佛教和本教作品。传统的唐卡全部采用金、银、珍珠、玛瑙、珊瑚、松石、孔雀石、朱砂等珍贵的矿物宝石和藏红花、大黄、蓝靛等颜料植物,以示其神圣。这些天然原料保证了所绘制的唐卡色泽鲜艳、璀璨夺目,虽经几百年的岁月,仍是色泽艳丽明亮,因此被誉为中国民族绘画艺术的珍品,被称为藏族的"百科全书",也是中华民族民间艺术中珍贵的文化遗产。

【特产美食】

藏族有独特的食品结构和饮食习惯,酥油、茶叶、糌粑、牛羊肉被称为西藏饮食的"四宝";此外,还有青稞酒和各式奶制品。

藏餐是中国餐饮系列中的流派之一,其历史悠久,品种丰富。藏餐分为主食、菜肴、汤三大类。藏餐的口味讲究清淡、平和。很多菜,除了盐巴和葱蒜,一般不放辛辣的调料。在食肉方面,藏族禁忌较多,一般只吃牛羊肉,不吃马、驴、骡肉,尤忌吃狗肉。鱼、虾、蛇、鳝等水产海鲜类食品,除部分城镇居民外,农牧区群众一般不食用。随着社会经济和文化生活的改善,藏餐在菜肴烹制技术和用膳形式上也在不断地改进和丰富。

著名菜肴有炸灌肺、蒸牛舌、氽灌肠。特色小吃有风干牛羊肉、白肠、黑肠、炒肺片、酥油茶等。果品有苹果、梨、桃、核桃、葡萄、石榴、树莓、草莓、醋栗等。

西藏自治区是中国药材的重要产地之一。西藏药材种类繁多,誉满天下。全境有药用植物达1000多种,具有独特风格的西藏药材300多种,比较著名的有冬虫夏草、麝香、贝母、胡黄连、雪莲花、红景天、三七、大黄、天麻、党参、灵芝等。这些药材产量高,其中不少畅销国内外。西藏三大药材指麝香、贝母、冬虫夏草。

工艺品包括藏毯、藏被、氆氇、围裙、金宝地帽、藏靴、木碗、藏刀等。

【民俗风情】

献哈达是藏族同胞待客规格最高的一种礼仪,表示对客人热烈欢迎和诚挚的敬意。哈达是藏语,即纱巾或绸巾。它以白色为主,亦有浅蓝色或淡黄色的,一般长1.5米至2米,宽约20厘米。最好的是蓝、黄、白、绿、红五彩哈达。蓝色表示蓝天,白色表示白云,绿色表示江河水,红色表示空间护法神,黄色象征大地。五彩哈达用于最高、最隆重的仪式,如佛事等。

藏族同胞在迎接客人时除用手蘸酒弹三下外,还要在五谷斗里抓一点青稞,向空中抛撒三次。酒席上,主人端起酒杯先饮一口,然后一饮而尽;主人饮完头杯酒后,大家才能自由饮用。饮茶时,客人必须等主人把茶捧到面前才可以伸手接过饮用,否则会被认为失礼。吃饭时讲究食不满口,嚼不出声,喝不作响,拣食不越盘。用羊肉待客,以羊脊骨下部带尾巴的一块肉为贵,要敬给最尊敬的客人。制作时还要在尾巴肉上留一绺白毛,表示吉祥如意。

【旅游资源】

西藏自然风光绮丽,名胜古迹众多,旅游资源丰富多彩,包括自然旅游资源和人文旅游资源。

自然旅游资源:西藏现有世界级国家自然保护区3处:珠峰自然保护区、藏北羌塘自然保护区、藏东南雅鲁藏布大峡谷自然保护区;国家级风景名胜区4处:雅砻国家级风景名胜区、纳木错—念青唐古拉山风景名胜区、唐古拉山—怒江源风景名胜区、土林—古格风景名胜区。

人文旅游资源:全区有各级文物保护单位251处,其中,国家级重点文物保护单位27处,自治区级重点文物保护单位55处,地(市)、县级文物保护单位169处。全区现有国家优秀旅游城市1座:拉萨市;国家级历史文化名城3座:拉萨、日喀则、江孜;一年有14个风俗各异的民间重大节日。

目前,西藏拥有世界文化遗产1项3处,布达拉宫是西藏现存最大最完整的古堡建筑群,位于拉萨市中心,于1994年列入《世界遗产名录》,2000年拉萨大昭寺,2001年拉萨罗布林卡作为布达拉宫历史建筑群的扩展项目入选《世界遗产名录》。

西藏自治区不断开发利用独有的自然和人文旅游资源,现已形成具有各自不同特点的四个旅游区——拉萨、藏西、藏西南、藏南。

拉萨旅游区:包括拉萨、羊八井、当雄、江孜、泽当、日喀则、羊卓雍措等。拉萨既是西藏政治、经济、文化和交通中心,也是藏传佛教的中心。这里的大昭寺、小昭寺、布达拉宫、八廓街、罗布林卡和"三大寺"(甘丹寺、哲蚌寺、色拉寺)是拉萨游览区的主要景点。其中,大昭寺、布达拉宫、罗布林卡和"三大寺"均为全国重点文物保护单位。

藏西旅游区:藏西即阿里地区,被称为"世界屋脊的屋脊"。这个旅游区以宗教旅游为特色,主要以普兰为进出口岸,吸引尼泊尔和印度的旅游者到神山圣湖旅游,吸引国内外虔诚信徒来这里朝拜。

藏西南旅游区:藏西南现已成为以登山旅游为特色的旅游区,主要接待经樟木口岸入境的尼泊尔旅游者,组织他们观赏这里的山川风光,开展登山活动。

藏南旅游区:以林芝为中心。在这里一日可看四季美景,有积雪皑皑的山峰,郁郁葱葱的原始森林,满坡的杜鹃花和奔流不息的江水,不仅景色宜人,而且气候湿润温和。

西北地区

第二十七章
陕西省基本概况

陕西是中华文明的重要发祥地,是中国历史上多个朝代政治、经济、文化的中心,也是中华民族历史文明最早走向世界的地方。陕西,简称"陕"或"秦"。省会西安。

【地理环境】

陕西省位于黄河中游,北与内蒙古、西北与宁夏、西与甘肃、南与四川、重庆、湖北、东与山西、河南等8个省、市、自治区接壤,总面积20.58万平方千米。

陕西省南北狭长,东西窄短,特点是南北高、中间低,西北高、东南低,由西向东呈倾斜状。全省平均海拔为1127米。北部为陕北高原丘陵沟壑区,面积92 521.4平方千米,占全省总面积的45%;南部为秦巴山地,面积74 017平方千米,占全省总面积的36%;中部为关中平原,面积39 064.5平方千米,占全省总面积的19%。

陕北高原位于北山(北山泛指陕北黄土高原南缘与关中平原过渡地带的一系列以灰岩为主的石质山丘)以北,是我国黄土高原的中心部分。地势西北高,东南低,是在中生代基岩所构成的古地形基础上,覆盖新生代红土和很厚的黄土层,再经过流水切割和土壤侵蚀而形成的。基本地貌类型是梁、峁、沟、塬,是黄土高原经过现代沟壑分割后留存下来的高原面貌。

关中平原位于陕北高原与秦岭山地之间,西起宝鸡,东至潼关。关中平原地势平坦,交通便利,土质肥沃,水源丰富,是陕西省自然条件最好的地区。关中平原物产丰富,经济发达,粮油产量和国民生产总值占全省的2/3,是全省的精华之地,号称"八百里秦川"。

秦巴山地包括秦岭、巴山和汉江谷地。秦巴山区是林特产的宝库,汉江谷地土质肥美,物产丰富,是陕西省林特产和有色金属资源的富集区。

陕西省地跨黄河、长江两大水系。秦岭以北为黄河水系,主要支流从北向南有窟野河、无定河、延河、洛河、泾河、渭河等。秦岭以南属长江水系,有嘉陵江、汉江和丹江。湖泊中最大的为神木县的红碱淖,水域面积57.2平方千米,是陕西省最大的内陆湖泊。

【气候特征】

陕西省属大陆季风性气候。陕西省横跨3个气候带,南北气候差异较大。陕南具有北亚热带气候特色,关中及陕北大部具有暖温带气候特色,陕北北部长城沿线具有中温带气候特色。其总特点是:春暖干燥,降水较少,气温回升快且不稳定,多风沙天气;夏季炎热多雨,间有伏旱;秋季凉爽较湿润,气温下降快;冬季寒冷干燥,气温低,雨雪稀少。全省年平均气温9℃~16℃,极端最低气温-32.7℃,极端最高气温42.8℃,无霜期160~250天。

陕西降水南多北少,由南向北递减,且受山地地形影响比较显著。年降水量340~1240毫米,5—9月占全年降水量的70%以上。陕西太阳辐射量从南向北逐渐增加,全省太阳能年总辐射量为每平方米4410兆焦~5400兆焦。

【行政区划】

陕西省现设西安、宝鸡、咸阳、铜川、渭南、延安、榆林、汉中、安康、商洛10个省辖市(西安为副省级市,其他为地级市)和杨凌农业高新技术产业示范区,有兴平、韩城、华阴3个县级市,89个县和24个市辖区。

【历史沿革】

陕西得名始于西周。周、召二公以陕陌(在今河南省陕县西南)为界,分陕之东、陕之西而治;春秋战国时陕西为秦国之地,故简称"陕"或"秦";秦朝建立后陕西大部分地区属内史及郡级行政区划:京兆尹(分管今西安以东,渭河以南地区)、左冯翊(分管渭河以北、洛河中下游地区)、右扶风(分管咸阳以西地区),从此关中也被称作"三辅",即中央政府的三个最主要的辅助区域,治所均在长安城。汉武帝时,为了加强中央集权,设13州刺史部,监察各郡。后来改刺史部为州,形成州、郡、县三级制。现今的陕西在西汉中期涉及3个州。三国时期,现今陕西地区的大部分由雍州、荆州、益州管辖。唐初对州、郡、县加以改革,全国共设10道,道辖州、郡。今关中、陕北属关内道,陕南属山南道。宋改道为路,宋初设陕西路。元设陕西行中书省,明置陕西布政使司,清以来为陕西省。

陕西又被称为"三秦",一般是从陕西的地理特征分为关中、陕北、陕南三个自然区域来理解的。其实"三秦"的得名源于秦亡后项羽大封诸侯,将秦故地一分为三:封秦降将章邯为雍王,领有今咸阳以西至甘肃东部地区,都废丘(今兴平境内);司马欣为塞王,领有咸阳以东地区,都栎阳(今西安阎良区一带);董翳为翟王,领有今陕北地区,都高奴(今延安东北)。故其后有"三秦"之称。

【人口民族】

截至 2015 年年末,陕西省常住人口 3792.87 万人。其中,男性 1958.14 万人,占常住人口的 51.63%;女性 1834.73 万人,占常住人口的 48.37%。性别比为 106.73(以女性为 100,男性对女性的比例)。城镇人口 2045.12 万人,占常住人口的 53.92%;乡村人口 1747.75 万人,占常住人口的 46.08%。

陕西省除汉族外,有 53 个少数民族在此杂居、散居。常住少数民族人口约 20 万人,多为其他地区迁入,主要分布在西安、安康、宝鸡、汉中等城市。农村少数民族主要分布在宁陕县江口回族镇、镇安县茅坪回族镇、西口回族镇等 201 个民族村。53 个少数民族中回族人口最多,占全省少数民族人口的 89.1%,此外,千人以上的少数民族有满族、蒙古族、壮族、藏族;百人以上的少数民族有朝鲜族、苗族、侗族、土家族、白族、锡伯族;其他少数民族人数均在百人以下。

【宗教信仰】

陕西地区的宗教传播、衍变源远流长。长久以来道教、佛教、伊斯兰教、天主教、基督教在陕西繁衍发展,已经成为陕西民俗文化的重要特征,形成了陕西多元的宗教文化。

陕西是道教孕育、诞生及发展的主要地区。国务院批准的全国 21 座重点宫观中,陕西省有 3 处 5 个点,即楼观台、八仙宫、华山(玉泉院、东道院、镇岳宫)。楼观台、八仙宫、张良庙又为道教十方丛林,还有全真派祖庭重阳宫,龙门派祖庭龙门洞,全国道教建筑群之最的佳县白云山道观等,这些著名宫观在全国道教界均有较大影响。

陕西佛教历史悠久,长久以来一直是中国佛教的中心,汉传佛教共有 8 个宗派,其中有 6 个宗派的祖庭在陕西。世所仅见的佛指舍利,就安奉在陕西法门寺。佛教史上的四大译师鸠摩罗什、玄奘、不空、义净都曾在陕西常住译经弘法。全省共有批准登记的佛教寺庙 500 多处。

伊斯兰教自唐时传入国都长安(今西安),长安是我国伊斯兰教经堂教育的发祥地。历史上,陕西穆斯林分为格底目、伊赫瓦尼、赛莱菲耶 3 个教派和极少量的嘎底林耶、哲赫林耶信徒。

陕西是全国天主教工作重点省份。全省有天主教信徒 20 多万人,分 8 个教区,有各级天主教爱国组织 40 余个,批准开放的天主教堂和活动场所近 300 处。

基督教自唐朝传入我国后便开始了在陕西的传播。迄今陕西省批准开放的基督教活动堂点800多处,有信教群众30多万人。

【交通状况】

陕西现已形成以铁路为骨架,公路为网络,水运、轨道交通为辅助,航空运输为补充的格局。

陕西公路以西安为中心,呈米字形向四周辐射。陕西是国内最早建设高速公路的省份之一,高速公路在建规模和农村公路建成里程均居西部第一位。世界规模第一的秦岭终南山公路隧道,让数千年来多少人穿越秦岭的梦想变成现实。亚洲第一高墩大桥洛河特大桥、中国第一条沙漠高速榆靖高速公路、西部标准最高的双向八车道透水路面机场专用高速公路先后建成通车,是国家高速公路建设的典范。

陕西铁路是承东启西、连接南北的咽喉要道,是进出川、渝、滇、黔西南地区的运输通道。全省现有陇海、宝成、宝中、侯西、阳安、襄渝、西康、西延、西合等干线和支线铁路18条,基本形成了"两纵三横三枢纽"的骨架网络布局。省会西安地处"陆桥通道""包柳通道"交会处,是西北地区最大的铁路枢纽。

陕西航空运输业规模不断壮大,现有民用及军民合用机场共5个,形成了"一主四辅"的格局。西安咸阳国际机场是西北地区最大的空中交通枢纽,现开通国内外航线350余条,与国内外129个城市通航。

【自然资源】

陕西地质成矿条件优越,陕北蕴藏优质煤、石油、天然气等矿产,关中有煤、钼、非金属建材、地热等矿产,陕南有有色金属、贵金属、黑色金属及各类非金属矿产。全省已发现各类矿产138种(含亚矿种),已查明有资源储量的矿产94种。

陕西野生植物资源丰富,有37种属于国家保护的珍稀植物,其中二类保护植物13种,有连香树、星叶草、光叶珙桐、翅果油树、香果树、杜仲、独叶草、太白红杉、鹅掌楸、窄叶瓶儿小草、大果青杄、山白树和水青树。三类保护植物24种,有秦岭冷杉、庙台槭、沙冬青等。这些植物中有些孑遗种,如独叶草、水青树、沙冬青等,对于研究植物的系统演化、植物区系、古地理和古气候,都具有重要的科学价值。

目前,陕西境内已知有野生脊椎动物共计813种,占全国脊椎动物种数的15.5%。其中,国家一级保护野生动物17种,二级保护野生动物64种;陕西省重点保护野生动物47种。以大熊猫、羚牛、金丝猴和朱鹮四大国宝为代表的国家重点保护动物共计81种。

陕西横跨黄河、长江两大流域。秦岭以南的长江流域,面积占全省面积的

36.7%,水资源量占全省水资源总量的 71%;秦岭以北的黄河流域,面积占全省面积的 63.3%,水资源量仅占全省水资源的 29%。

【文化艺术】

陕西是中华民族及华夏文化的重要发祥地之一,先后有西周、秦、西汉、前赵、前秦、后秦、西魏、北周、大夏、隋、唐等 13 个政权在此建都,时间长达 1000 余年,是我国历史上建都朝代最多、时间最长的地区,在历史长河中不仅展现了朝代更替、民族盛衰的变化历程,同时也孕育和创造了丰富的物质文明和精神文明,造就了一大批光照千古的文化巨匠。从西周"制礼作乐"的周公旦,到秦代创制隶书的程邈;从汉代大史学家司马迁及班彪、班固、班昭,到关中经学大师马融;从唐代"诗仙"李白、"诗圣"杜甫,以及写自然风景著称的孟浩然、王维,边塞诗人高适、岑参,"诗家夫子"王昌龄,到中晚唐代表诗人白居易等,他们的诗作无不博大、雄浑、深远、超逸,体现着时代的风格和精神。同时还有大书法家柳公权、颜真卿,画家阎立德、阎立本,训诂学家颜师古等。

在现代陕西文学创作队伍中,涌现出陈忠实、贾平凹、路遥、高建群、京夫等一大批优秀作家。其中路遥的《平凡的世界》1991 年获第 3 届茅盾文学奖,陈忠实的《白鹿原》1997 年获第 4 届茅盾文学奖,贾平凹的《秦腔》2008 年获第 7 届茅盾文学奖。

陕西还有全中国六大电影集团之一的西部电影集团(西影)。在国家电影制片单位中,西影第一个在国际 A 级电影节获得最高奖项,其代表影片有《霸王别姬》《老井》《红高粱》《图雅的婚事》《美丽的大脚》《我的一九一九》《大话西游》系列等。

陕西的地方戏曲秦腔、眉户、碗碗腔并称陕西三大剧种。秦腔传统代表曲目有《三滴血》《周仁回府》《十五贯》《火焰驹》《大登殿》等,大型秦腔现代戏《迟开的玫瑰》《大树西迁》《西京故事》被誉为"西京三部曲"。

【特产美食】

陕西土特产丰富,主要有陕北红枣、商洛核桃、中华猕猴桃、临潼火晶柿子、临潼石榴、秦椒、花椒、陕北小米、琼锅糖、陕南板栗、柿饼、西凤酒、紫阳毛尖茶。

民间工艺品有蓝田玉、陕北剪纸、凤翔泥塑、彩绘泥塑、木版年画、秦腔脸谱、户县农民画、扎染、挂线木偶、戏人泥哨、拓片、榆林柳编、仿秦俑、仿唐三彩、仿铜车马。

陕西饮食兼容并蓄,融会贯通。陕西地处北方,包括黄河流域和长江流域两类地区,这使得陕西菜在使用原材料上可以南北并举,在风格上可以以北方为主而又呈现出若干南方的色彩。陕西菜作为一个统称,包括了关中菜、陕南菜、陕北菜几个部分,有着民间菜、市肆菜、官府菜和宫廷菜的不同风格,以汉族菜为主,清真菜占有重要位置。陕西菜的味型是咸、鲜、酸、辣、香。陕西菜以蒸、炒、炝菜和汤菜见长,注重刀工。

陕西美食有腊汁肉夹馍、凉皮、胡辣汤、牛羊肉泡馍、葫芦头泡馍、涮牛肚、粉汤羊血、酸汤羊肉水饺、洋芋擦擦、擀面皮、柿饼炸糕、镜糕、绿豆糕、葫芦鸡、油泼面、裤带面、岐山臊子面等,都是极具地方特色的美食小吃。

【民俗风情】

陕西人在衣、食、住、行等方面,形成了他们独特的方式,如极具特色的"陕西十大怪":面条像腰带、锅盔像锅盖、辣子是道菜、泡馍大碗卖、碗盆难分开、帕帕头上戴、房子半边盖、姑娘不对外、不坐蹲起来、唱戏吼起来。

陕西民俗文化囊括了联合国教科文组织"非物质文化遗产"划分的所有类型,包括口头传说、表演艺术、社会风俗、礼仪、节庆、传统手工艺技能等。表演种类繁多,除了著名秦腔戏外,还有一些地方戏,如眉户、花鼓戏、紫阳民歌、延安秧歌剧等。工艺美术类如剪纸,保留了黄河流域古老的文化传统,具有独特的艺术风格。节庆习俗"社火",是陕西民间一种流行广泛的、传统的、规模壮观的群众娱乐活动,来源于古代先民对土地与火的崇拜。陕西"社火"通常在正月、节日盛会或庙会期间进行,包括鼓乐、芯子、高跷、竹马、旱船、秧歌、舞龙、舞狮、花灯等活动。起居类的陕北窑洞,是中国西北黄土高原居民的古老居住形式,人们利用高原有利的地形,凿洞而居。此外还有凤翔泥塑、木版年画、马勺脸谱、华县皮影、安塞腰鼓、耀州窑陶瓷、西安古乐、户县农民画等民俗文化。

【旅游资源】

陕西省是中国旅游资源最富集的省份之一,由于文化积淀深厚,地上地下文物遗存极为丰富,被誉为"天然历史博物馆"。

全省现有各类文物点3.58万处,博物馆151座,馆藏各类文物90万件(组),文物点密度之大、数量之多、等级之高,均居全国首位。在陕西随处可看到古代城阙遗址、宫殿遗址、古寺庙、古陵墓、古建筑等。秦始皇陵兵马俑被誉为"世界第八大奇迹",秦始皇陵是最早列入《世界遗产名录》的中国遗迹;西安古城墙是至今世界上保存最完整、规模最宏大的古城墙遗址。近年,汉阳陵的再开发又一次引起世界的轰动,其出土的裸体彩俑被誉为"东方维纳斯"。

西安市内有历史长达6000多年的半坡遗址;有保存石碑3000多块,被誉为"石质历史书库"的碑林博物馆;有文物储藏量全国之最的陕西历史博物馆;

有唐代著名高僧玄奘法师译经之地大雁塔;有西北历史最长的清真寺——化觉巷大清真寺。陕西省境内还有华夏始祖轩辕黄帝之陵黄帝陵,汉武帝刘彻之墓汉茂陵,唐女皇武则天与唐高宗李治的合葬墓唐乾陵,释迦牟尼佛指舍利存放之处法门寺,唐大明宫遗址等驰名中外的景点;有西岳华山、终南山、太白山、王顺山、骊山、楼观台、辋川溶洞等风景名胜区;有森林公园10余处。

目前陕西省内有世界文化遗产2处:西安的秦始皇陵及兵马俑坑和丝绸之路中国段。有国家级风景名胜区6处:华山风景名胜区、临潼骊山风景名胜区、宝鸡天台山风景名胜区、黄帝陵风景名胜区、合阳洽川风景名胜区、黄河壶口风景名胜区。有国家地质公园8处:耀州照金丹霞地质公园、延川黄河蛇曲地质公园、西安翠华山山崩国家地质公园、洛川黄土国家地质公园、黄河壶口瀑布国家地质公园、柞水溶洞国家地质公园等。有历史文化名城6座:西安、延安、韩城、榆林、咸阳、汉中。有国家5A级景区8处:秦始皇帝陵博物院、华清宫景区、华山景区、黄帝陵轩辕庙景区、法门寺佛文化景区、大雁塔大唐芙蓉园景区、商洛金丝峡景区、太白山旅游景区。

第二十八章
甘肃省基本概况

甘肃位于黄河上游,是中国西北的战略要地。甘肃之名是取甘州(今张掖)与肃州(今酒泉)二地的首字而成;又因省境大部分在陇山(六盘山)以西,唐代曾在此设置过陇右道,故简称为"陇"。省会为兰州市。

【地理环境】

甘肃省位于祖国西部地区,地处黄土高原、青藏高原和内蒙古高原三大高原的交会地带,地域辽阔。东接陕西,南邻四川,西连青海、新疆,北靠内蒙古、宁夏并与蒙古人民共和国接壤。地势自西南向东北倾斜,地形狭长,东西蜿蜒1659千米,南北宽530千米,最窄处仅为25千米。整体呈东西两头粗,中间细长的形状,酷似代表吉祥的如意造型。

甘肃省境内地形复杂,海拔大多在1000米以上,四周为崇山峻岭所环抱。北有六盘和龙首山;东为岷山、秦岭和子午岭;西接阿尔金山和祁连山;南壤青泥岭。境内山地、高原、平川、河谷、沙漠、戈壁六大地形交错分布。

陇南山地源于长江与黄河两大水系在省内的分水地带,处处重峦叠嶂,郁郁葱葱,沟壑纵横,溪流激荡,因地处亚热带,呈现出北方罕见的一派江南旖旎风光。

陇东、中黄土高原经过亿万年地壳变迁,沧海桑田,既有黄土高原典型的墚峁丘陵和沟壑地貌,也堆积出了"天下黄土第一塬"——董志塬,造就了陇东粮仓。

与陇南山地接壤、靠近青海省的甘南高原,源起"世界屋脊"青藏高原的东部边缘,地势高耸,平均海拔超过3200米。这里草滩宽广,水草丰美,牛肥马壮,时常可见"风吹草低见牛羊"的景象。

千里长廊——河西走廊,位于祁连山以北,北山以南,东起乌鞘岭,西至甘新交界,是个自东向西、由南而北倾斜的狭长地带。这里地势平坦,光热充足,水资源丰富,是著名的戈壁绿洲。这片绿洲以南地区,则是祁连山地。这里大部分地区海拔在 3500 米以上,终年积雪,冰川耸立,是河西走廊的天然固体水库,植被垂直分布明显,荒漠、草场、森林、冰雪组成了一幅色彩斑斓的立体画面。河西走廊以北地区,人们习惯称之为北山山地。这里地近腾格里沙漠和巴丹吉林沙漠,风急沙大,山岩裸露,荒漠连片,人烟稀少,可以领略"大漠孤烟直,长河落日圆"的塞外风光。

全省河流主要分属黄河、长江、内陆河 3 个流域,9 个水系。甘肃省境内的黄河流域有洮河、湟水、黄河干流(包括大夏河、庄浪河、祖厉河及其他直接入黄河干流的小支流)、渭河、泾河 5 个水系;长江流域有嘉陵江水系;内陆河流域有石羊河、黑河、疏勒河(含苏干湖水系)3 个水系。

省内天然湖泊有中国四大天池之一美誉的羊汤天池,有临潭冶海、碌曲尕海等。水库众多,大型水库有刘家峡水库、碧口水库、巴家咀水库、红崖山水库、双塔堡水库、盐锅峡水库、昌马水库、鸳鸯池水库等。

【气候特征】

甘肃深处西北内陆,海洋温湿气流不易到达,成雨机会少,大部分地区气候干燥,属大陆性很强的温带季风气候。冬季寒冷漫长,春夏界线不分明,夏季短促,气温高,秋季降温快。年平均气温为 0℃~16℃。各地海拔不同,气温差别较大,日照充足,日温差大。全省各地年降水量为 36.6~734.9 毫米,大致从东南向西北递减,乌鞘岭以西降水明显减少,陇南山区和祁连山东段降水偏多。受季风影响,降水多集中在 6—8 月,占全年降水量的 50%~70%。全省无霜期各地差异较大,陇南河谷地带一般在 280 天左右;甘南高原最短,只有 140 天左右。

【行政区划】

甘肃省辖 12 个地级市、2 个自治州(合计 14 个地级行政区划单位),分别是兰州市、嘉峪关市、金昌市、白银市、天水市、武威市、张掖市、平凉市、酒泉市、庆阳市、定西市、陇南市、临夏回族自治州和甘南藏族自治州。共 17 个市辖区、4 个县级市、58 个县、7 个自治县(合计 86 个县级行政区划单位)。2012 年 8 月,国务院设立的西北地区第一个国家级新区——兰州新区,是兰白经济圈一体化的重要组成部分。

【历史沿革】

甘肃历史悠久。据考古发现,在距今大约 40 万年的旧石器时代,今天的陇东地区就有人类繁衍生息,生活在这里的原始人类,曾创造了令人瞩目的旧石器文化。1920 年,庆阳出土了中国最早的旧石器时代打制石器,是我国旧石器时代文化研究的起源地。在新石器时代的大地湾文化遗址,有中国北方旱作农业起源的证据以及中国宫殿建筑和城市起源的证据。而甘肃省境内的仰韶文化、马家窑文化、齐家文化遗址中出土的各类精美彩陶器皿则充实了我国彩陶文化历史。当历史进入文明时代以后,周人的祖先曾在甘肃东部地区生活和繁衍,教民稼穑,开启了我国农耕文化的先河,周祖公刘也被后人称之为"中华农祖"。

先秦时期,中国分为九州,甘肃省境大部属雍、凉二州,旧称"雍凉之地"。西周时,秦人的祖先在甘肃省境东部,即今天水地区定居下来,开始了由游牧经济向农业经济的缓慢过渡,而游牧生活仍占据主要地位。秦设上邽县(今天水麦积区南)、冀县(今甘谷县),这是中国历史上建立最早的两个县。战国时期,秦国的疆域已达今甘肃的东南部。秦昭襄王二十七年(前280年)设置陇西郡,9年后,再建立北地郡。唐代改郡为道,甘肃省境分属关内道、陇右道和山南道,共辖22州。北宋年间,西夏统治河西时设有甘肃军司(驻甘州,今张掖市甘州区)。这是最早出现的甘肃之名。元时期,设甘肃行中书省,辖黄河以西七路二州。明代,改省设司,甘肃省境属陕西布政司、陕西都司、陕西行都指挥使司,辖地大部继承元朝。清时期,设陕西右布政司,后改甘肃布政司,行政中心从巩昌(今陇西县)迁至兰州市,辖今甘肃、新疆、青海、宁夏部分范围。光绪十年(1884年)分出新疆。1927年,撤道为省,1929年分出青海和宁夏两省区。第二次国内革命战争时期,省境陇东地区属陕甘宁边区的陇东和关中两分区。1949年8月26日成立甘肃行政公署。1950年1月8日,甘肃省人民政府正式成立。

【人口民族】

2016年甘肃省常住人口为2609.95万人。其中,城镇人口1166.39万人,占常住人口的44.69%;乡村人口1443.56万人,占常住人口的55.31%。按性别分,男性人口1331.86万人,占常住人口的51.03%;女性人口1278.09万人,占常住人口的48.97%。

甘肃省是多民族聚居的地区,现有54个少数民族,少数民族总人口219.9万,占全省总人口的8.7%。世居甘肃的少数民族有回、藏、东乡、土、裕固、保安、蒙古、撒拉、哈萨克、满等16个。其中东乡族、裕固族、保安族为甘肃的独有民族。省内现有甘南、临夏两个民族自治州,有天祝、肃南、肃北、阿克塞、东乡、积石山、张家川7个民族自治县,有39个民族乡。

【宗教信仰】

甘肃现有5种主要宗教:伊斯兰教、佛教、天主教、基督教、道教。其中伊斯兰教和藏传佛教信仰的人口较多。信仰伊斯兰教的民族主要是回族、东乡族、撒拉族、保安族、哈萨克族。在信仰伊斯兰教的少数民族聚居地,基本村村都建有清真寺、礼拜堂。信仰藏传佛教的民族有藏族、蒙古族、土族、裕固族。天主教、基督教、道教在各民族中都有信仰,但人数不多。全省批准开放的宗教活动场所6700多处。现有兰州伊斯兰教经学院和甘肃省佛学院(位于甘南州夏河县)两所宗教学校。

【交通状况】

甘肃省是西北五省区连接中东部地区的桥梁和纽带。截至2015年年底,全省14个市州政府驻地全部贯通高速公路,总里程达3600千米,连霍、青兰、十天等国家高速公路在甘肃境内全线贯通。86个县(市、区)政府驻地以二级和二级以上公路贯通,82%的乡镇以沥青路或水泥路贯通,县通高速公路比例达到62%。丝绸之路甘肃段不仅历史上是东西方政治、经济、文化的重要之路,更是交通走廊,今天依然是新欧亚大陆桥、"一带一路"的黄金段落。

陇海线、兰新线、包兰线、兰青线、宝中线、宝成线、干武线、红会线、嘉镜线、嘉策铁路、敦煌铁路、清绿铁路12条普通铁路支撑全省铁路运输,每天有数十趟客车经过兰州站往返于全国各地。现已运行的兰新高铁是世界上一次性建成通车里程最长的高速铁路,全长1776千米,东起兰州、途经西宁、西至乌鲁木齐,是西北首条国铁Ⅰ级双线电气化快速铁路,新疆与内地的行程时间因此缩短;同时也是中国西北高寒风沙区域修建的首条高速铁路,为该类区域探索发展快铁和高铁积累了宝贵的经验。

全省已投入使用机场8个,分别是兰州中川机场、敦煌机场、甘南夏河机场、嘉峪关机场、金昌金川机场、庆阳机场、天水麦积山机场及张掖甘州机场。正在建设陇南成州机场,迁建天水中梁机场。截至2015年年底,累计开通16条国际和地区航线,通航15个国际和地区城市。

【自然资源】

甘肃土地资源大体呈现"33211"格局,即三分山、三分草、两分沙(戈壁)、一分林、一分田。各种林地资源面积396.65万公顷,有白龙江、洮河、祁连山脉、大夏河等地的成片原始森林;草地资源面积1575.29万公顷,99.34%为天然草地,占土地资源总面积的34.67%,是中国主要的牧业基地之一。

甘肃矿产资源比较丰富。截至2015年年底,全省已发现各类矿产180种(含亚矿种)。在已查明的矿产中,甘肃资源储量名列全国第1位的有:镍、钴、铂族金属等10种,另有亚洲最大的金矿——甘肃阳山金矿。

甘肃的野生植物达4000余种,其中有水杉、红豆杉、连香树、水青树、杜仲、透骨草、五福花等珍贵植物。甘肃省是全国药材主要产区之一,现有药材品种9500

多种,居全国第2位。主要经营的药材有450种,如当归、大黄、党参、甘草、红芪、黄芪、虫草等,特别是岷归、纹党产量大、质量好,是闻名中外的出口药材。

甘肃的野生动物共有650多种。其中:两栖动物24种,爬行动物57种,鸟类441种,哺乳动物137种。这些野生动物主要分布在陇南的大部分地区和祁连山自然保护区。文县让水河、丹堡一带,已列为全国第13号自然保护区,有大熊猫、金丝猴、麝、猞猁等世界珍贵动物,并对梅花鹿、马鹿、麝进行人工饲养。野生动物中,属于国家保护的稀有珍贵动物有90多种,其中一类保护动物有24种。

甘肃的能源种类较多,除煤炭、石油、天然气外,还有太阳能、风能等新能源。其中,石油可采储量为6亿吨,天然气探明储量31.57亿立方米,集中分布在河西玉门和陇东长庆两油区。全省煤炭预测储量为1428亿吨,已探明125亿吨,集中分布于庆阳、华亭、靖远和窑街等矿区。甘肃风能资源丰富,总储量为2.37亿千瓦,风力资源居全国第5位,主要集中在河西走廊和省内部分山口地区。瓜州素有"世界风库"之称。酒泉市目前正在建设一个世界上最大的千万千瓦级的超大型风电基地。甘肃是中国太阳能最为丰富的三个区域之一,集聚在河西西部、甘南西南部,按现有利用水平测算可开发资源量约为520万吨标准煤/年。

全省多年平均自产水资源总量289.3亿立方米,人均水资源量1077立方米,仅为全国人均的1/2。耕地亩均水资源量378立方米,约为全国平均水平的1/4。水力资源理论蕴藏量1724.15万千瓦。居中国第10位,可利用开发容量1068.89万千瓦,年发电量为492.98亿度,水力发电量居中国第4位,刘家峡、盐锅峡、八盘峡水电工程是我国黄河上游梯级开发的典范。

【文化艺术】

自先秦至清末,甘肃古代文学为中国文学的起源、体裁、素材、艺术风格、表现手法、文学精神都做出了重要贡献。甘肃陇右文学是中国文学的源头之一,与中原文学一道开创了中国神话、诗歌、小说等艺术形式,而且讲经文、变文、诗话、曲子词、话本、传奇等俗文学都首先起源或盛行于陇右,然后传向中原地区。收录在北宋初年编纂的《太平御览》等文献中的《白云谣》和收录在《穆天子传》《山海经·西山经》(郭璞注)等文献中的《西王母吟》,属于甘肃最早的有明确作者的文学作品。到了先秦时期,《诗经》中有关秦人、周人在甘肃的篇章有《大雅·公刘》和《秦风》。1986年天水放马滩出土的战国晚期秦简上记载的《志怪故事》是"中国最早的志怪故事",是中国小说的源头。东汉时期陇西郡著名的夫妻诗人秦嘉、徐淑的五言诗代表了东汉文人五言诗的最高成就,比《古诗十九首》大约早100年。东汉哲学家、文学家王符的《潜夫论》,痛斥东汉社会的种种丑相,是当时两汉陇右地区散文成就最高的作品,成为千百年来流传的"陇右鸿文"。后来的南北朝皇甫谧、傅玄,唐代"陇西三李""二牛",宋代及以后如李梦阳、胡缵宗等,都代表了甘肃古代文学风貌。此外,旅居陇上或从军来陇的王之涣、岑参等边塞诗人,杜甫、范仲淹、元稹、李商隐等文学家、政治家,都在甘肃留下了绝唱,如王之涣的《凉州词》、岑参的《发临洮将赴北庭留别》、杜甫的《秦州杂诗》、李商隐的《瑶池》等,丰富了甘肃古代文学内涵,在文化旅游中具有多元价值和重要地位。

甘肃省境内最原始的戏剧场景应该源于嘉峪关黑山岩画、肃北野马山至马鬃山一带的岩画、靖远吴家川陈家沟岩画中粗犷的舞蹈场面。敦煌遗书中记载的说唱文本和演出文图,它们的代言体性质和戏剧化因素为后世戏曲剧本的形成提供了借鉴。莫高窟壁画中的唐代舞台演出样式,可视为后世戏曲演出时文武场分坐左右之先河。"金花玉管苍凤头,当筵咿哑和梁州"是元代甘肃民间普遍爱戏看戏的真实写照。明代陇东、陇南地区的皮影戏演出兴盛,为后来秦腔、陇剧等地方剧种的形成提供了大量宝贵的艺术积累和实践经验。对外来艺术的吸纳兼容是甘肃特色文化的重要表征之一。昆曲在明代就已传入甘肃,清初已有张掖和陇南文人创作完整的昆曲剧本《天山雪传奇》《并蒂花传奇》。清康熙年间,著名戏曲理论家李渔曾在兰州招收昆曲旦角演员并在张掖演出。

新中国成立后,话剧《在康布尔草原上》、歌剧《向阳川》、陇剧《枫洛池》等曾轰动国内。改革开放初期,甘肃文艺界创作出舞剧《丝路花雨》、话剧《西安事变》、京剧《南天柱》、陇剧《天下第一鼓》、京剧《夏王悲歌》、秦剧《西域情》、舞蹈诗《西出阳关》等一批在国内外具有影响力的舞台剧目。其中《丝路花雨》开创了舞蹈中的敦煌舞派,被评为20世纪经典舞蹈作品,至今盛演不衰;《大梦敦煌》继承创新了敦煌舞,成为中国舞蹈界的里程碑作品。席臻贯先生解译敦煌古乐而创编的《敦煌古乐》,引起众多专家和海外人士的关注。

甘肃省民族民间艺术丰富多彩。民歌有河州和洮岷花儿、陇东信天游,甘南藏民歌、肃南裕固族山歌。民间舞蹈有陇东大秧歌、陇南白马藏族面具舞池哥昼、兰州太平鼓、武威攻鼓舞、陇西云阳板等。民间戏曲有陇东道情、花儿剧、皮影戏、兰州鼓子、藏戏等。甘肃文化艺术古今都是开放兼容,文物、戏剧、舞蹈、佛教音乐、民间民俗艺术、书画等先后到世界30多个国家和地区展出和交流,为宣传甘肃、弘扬中华民族优秀文化起到了很好的作用。

【特产美食】

甘肃省名优土特产品丰富。甘肃是中国瓜果的重要产区之一。有兰州白兰瓜、蜜桃、醉瓜、软儿梨、冬果梨、天水花牛苹果、大樱桃、安西西瓜、敦煌李广杏、葡萄、唐汪川大接杏、临泽红枣、陇南核桃、民勤沙枣、康县中华猕猴桃等。甘肃苹果种植面积500余万亩,居全国第2位,苹果产量大、品质优。目前拥有

"花牛苹果""平凉金果""庆阳苹果"等3个国家地理标志保护产品。全国名优特产有兰州百合、陇东黄花菜、陇原花椒,以及各类山珍野味,如蕨菜、薇菜、蕨麻、黑木耳等。甘肃也是驼绒、羊裘的产区之一。著名工艺品有敦煌系列文创产品、甘肃地毯、酒泉夜光杯、兰州雕刻葫芦、洮砚、天水雕漆、保安腰刀、嘉峪石砚、黄河卵石雕、临夏砖雕、陇南根雕等。

甘肃是"舌尖之旅"的重要目的地。甘肃是地域跨度很大、自然环境多样、民族融合、文化多元的省份,因为地处农牧业交错地区,是全国四大牧区之一等特定的地理、气候、物产条件,加之古代饮食文化习俗的积淀和传承,各民族、各地区饮食风俗的相互交融,以及外来饮食习俗的渗透等造就了饮食文化的多元化和丰富性,呈现出以下特点:

(1)"胡风"浓郁。甘肃是古丝绸之路的黄金段落,是汉唐时期重要的对外交通要道,所以饮食文化受外来文化影响很大。很多食物原料如葡萄、苜蓿、胡萝卜、胡麻、胡蒜、胡椒以及许多带"胡"字的食物及食物原料,都是从域外传入的,敦煌、酒泉、张掖、武威、兰州、天水等丝路重镇和明珠城市,饮食文化受外来文化影响很深。不仅食物种类多、广、杂,且有着很浓的"胡风"。

(2)面食为主。面食品丰富多彩。甘肃东部有陇东粮仓,河西走廊历代为优质粮食基地,以小麦和谷物等杂粮为主,所以饮食基本以兰州牛肉面、臊子面、浆水面为代表的极具地方特色的面食。还有以蒸馍、烙饼为代表的主食及以青稞、玉米、洋芋(马铃薯)、荞麦、豆类等杂粮为辅、粗粮细做的各类小吃,如洋芋搅团、荞麦米皮、面皮、豆花、莜麦面等。

(3)嗜好酸辣。甘肃盛产有甘谷辣椒、大红袍花椒等优质调味品,咸菜、油泼辣子和醋是吃面必备的调味品。当然,这种嗜酸辣的习俗,除了与干燥、寒凉的气候有关系,与水土多呈碱性也有关系。

(4)季节分明。这里夏季喜食酿皮子、凉面、凉粉、豆粉、荞粉、醪糟、甜醅子、凉灰豆、浆水面等凉食,除甜食外,多用盐、醋、辣油、芥末、麻酱、蒜水等调味,吃起来爽口、香辣。冬季讲究热食进补,喜好食牛羊肉和乳制品。常见的有牛羊肉泡馍、手抓羊肉、涮羊肉、烤羊肉串和牛羊杂碎等。此外,热冬果也是富有特色的冬令补品,并具有驱寒、暖胃、止咳、清肺之功效。

(5)烹饪方法多样。甘肃人饭菜加工的方法颇多。主食方面,除采用较普遍的烙、烤、蒸、炸、煮外,还有沙埋法。如埋沙馍、石子锅盔和"鸡蛋碰石头"便是用炒烫后的沙石烘烤、烹制的。

另外,甘肃人性格直爽豪放,热情好客,美食常伴美酒,尤其是境内的藏族、裕固族、哈萨克族等民族,以"歌声不断酒不断"待客。每逢喜庆佳节或客人来临,这里的人们都要以美酒相待,开怀畅饮,不醉不归。

甘肃风味美食有敦煌雪峰驼掌、兰州百合桃、涮羊肉、烤乳猪、手抓羊肉、黄焖羊肉、陇西腊肉、静宁烧鸡、高三酱肉、拔丝白兰瓜等。风味小吃更是琳琅满目,有平凉羊肉泡馍、兰州牛肉面、酿皮子、平凉酥饼、泾川罐罐馍、静宁锅盔、天水呱呱、兰州五色凉粉、浆水面、兰州热冬果等。

【民俗风情】

甘肃省有众多历史悠久、独具特色的民族民俗风情。天水市每年农历正月十六日和农历夏至都会举办盛大的伏羲庙会和公祭伏羲大典暨伏羲文化旅游节。拥有众多三国历史遗迹的陇东南地区流传至今的孔明帽房屋、正月十五点灯盏等民俗,有浓郁的三国遗风。临夏、甘南两民族自治州,有独具一格的民族民俗风情。临夏古朴典雅的清真寺,是穆斯林民众们的聚礼之地,这里的宗教民俗活动,独特隆重。甘肃民歌花儿在世界民俗风情中占有一席之地。临夏东乡族、保安族的婚礼、饮食等民俗传承几百年源远流长。甘南的拉卜楞寺每年有7次规模较大的法会,全州节庆众多,有浪山节、毛兰姆大法会、插箭节、娘乃节、采花节等。临夏、甘南两州是全省民俗风情的黄金区域。

庆阳、平凉地区是中国民俗文化的活化石区,唢呐、剪纸、皮影、社火、道情戏曲、崆峒武术、西和乞巧节、祭祀西王母放河灯等民俗文化活动尤具魅力。陇西则是天下李姓的祖地,是海内外李氏寻根问祖之地,由此而形成的生活、礼仪、节庆等民俗,在海内外都有一定影响。河西走廊更是有肃南裕固族风情、肃北蒙古族风情、阿克塞哈萨克民俗、天祝华锐藏族风情,有民勤骆驼队等奇风异俗。省会兰州市的五泉山庙会、安宁堡桃花会、皋兰闹元宵与打春牛、铁芯子、高高跷表演、水车与皮筏、太平鼓和太平歌等,令人赏心悦目。

【旅游资源】

甘肃的旅游资源十分丰富,具有沙漠戈壁、名刹古堡、草原绿洲、佛教圣地、冰川雪山、红色胜迹和民族风情等独特景观。有麦积山、崆峒山、鸣沙山——月牙泉国家级风景名胜区3处,张掖、敦煌、武威、天水国家历史文化名城4个,敦煌雅丹、刘家峡恐龙、景泰黄河石石林、平凉崆峒山、和政古生物化石、天水麦积山、张掖丹霞、宕昌官鹅沟、临潭冶力关国家地质公园9处。秦、汉、明三代修筑的长城都以甘肃为起点,甘肃境内保存的长城总计超过3600千米,占全国现存总量的60%以上,沿线遗存遗迹十分丰富。在河西走廊,"天下第一雄关"嘉峪关、"长城第一墩"、阳关、玉门关、汉长城等古长城遗存,都已成为游人凭吊历史的旅游名胜。甘肃是全国红色旅游资源大省。这里不仅是中国工农红军25 000里长征胜利的结束地,还是中国西部最早红色革命政权的诞生地,也是红军西路军悲壮历史的见证地。艰苦奋斗、百折不挠的红色历史，贯穿了整个中国红色革命事业和解放事业，同时也给甘肃留下了众多宝贵的革命遗址。红军会师纪念地会宁、陕甘边区苏维埃政府旧址、腊子口战役纪念地、红军西路军烈士陵园、哈达铺会议纪念地、"岷州会议"纪念馆、榜罗镇革命遗址、八路军办事处旧址8个景区被纳入了全国重点打造的100个"红色旅游经典景区"建设目录。

甘肃自古以来就是东西方文化和各类生产要素及商品交换的重要通道，是华夏文明形成的重要源头，文化资源遗存多元而丰富。2013年2月19日，国务院正式批复甘肃省为全国华夏文明传承创新区。目前，敦煌莫高窟、万里长城——嘉峪关（部分）、麦积山石窟、炳灵寺石窟、锁阳城遗址、悬泉置遗址、玉门关遗址7处被列为世界文化遗产，甘肃花儿、甘南藏戏（部分）被列为"人类口头与非物质文化遗产代表作"。丝绸之路的甘肃段，是新旧石器时代马家窑文化、齐家文化和马厂文化类型的典型区域，是中国出土彩陶规模最大、类型最全和价值最高的地区。"丝绸之路三千里，华夏文明八千年"是甘肃历史悠久、文化厚重的生动写照，也是对甘肃历史文化地位和特色的最好诠释。被视为中国古代高超铸造业象征的东汉青铜器——马踏飞燕，又名马超龙雀、铜奔马，就出土于甘肃省武威市雷台的东汉墓，1983年被国家旅游局确定为中国旅游标志，并一直沿用至今。

甘肃拥有丝绸之路中国段的精华区段。漫步丝绸之路，可以欣赏天水麦积山石窟、伏羲庙。天水伏羲庙，是我国目前规模最宏大、保存最完整的纪念伏羲氏的明代建筑群，是历代官方祭祀伏羲的重要地方。游览全国唯一一座黄河穿城而过的城市——兰州，在"百里黄河风情旅游线"可以看到有400多年历史的古代黄河沿岸最古老的提灌工具——黄河水车及目前在全国诸多表现中华民族母亲河——黄河的雕塑艺术品中，最具艺术价值的黄河母亲雕像，领略武威气势恢宏的雷台汉墓、"石窟鼻祖"天梯山石窟、举世无双的西夏碑和西藏纳入中国版图的见证地白塔寺，观赏张掖世界最大的室内卧佛大佛寺、河西走廊富饶的绿洲、牧马人的乐园山丹马场和集石窟艺术、祁连山风光和裕固族风情于一体的马蹄寺景区，走近"天下第一雄关"嘉峪关、"世界艺术宝库"莫高窟，以及鸣沙山、月牙泉、玉门关和雅丹国家地质公园等一批世界级的旅游景点，还可以体验戈壁沙漠、雪峰冰川等独特的自然风光，去酒泉航天城——东风航天城一探究竟。

第二十九章
青海省基本概况

青海是我国青藏高原上的重要省份之一,也是长江、黄河、澜沧江的发源地,被誉为"江河源头"和"中华水塔"。因境内有全国最大的内陆咸水湖——青海湖而得省名。青海省简称"青",省会西宁市。

【地理环境】

青海省地处被誉为"世界屋脊"的青藏高原的东北部,其北部、东部与甘肃省相邻,东南部与四川省接壤,南部、西南部与西藏自治区相连,西北部与新疆维吾尔自治区相接。青海省是西藏、新疆连接内地的重要纽带之一。青海省东西长1200千米,南北宽800千米,总面积72.12万平方千米,仅次于新疆、西藏、内蒙古,居全国第4位。

青海省因地处青藏高原海拔较高,全省平均海拔在3500米以上,最高海拔6860米,最低海拔1650米。海拔较低的青海东部河湟谷地,包括西宁市在内,海拔也多在2000米以上。特殊的地质结构使青海省会集着世界上许多著名的高大山脉,使青海有了"万山之宗"之美名。其北部有阿尔金山—祁连山脉,南部有唐古拉山脉,中部有著名的昆仑山脉,这些高大的山脉将青海分割为柴达木盆地、共和盆地、河湟谷地和青南高原四大块。巍巍雪山孕育了无数江河湖泊,其中有中华民族的母亲河——黄河以及长江,还有亚洲著名的河流澜沧江均发源于此,构成了三江源,使青海享有"中华水塔"及"万水之源"的美誉。

丰富的水资源也造就了星罗棋布的湖泊,青海省共有大小湖泊458个,湖泊面积12 855平方千米,仅次于西藏,居全国第2位。其中青海湖是我国最大的内陆湖泊,也是最大的内陆咸水湖。另外,地处柴达木盆地的察尔汗盐湖是世界上最大的内陆盐湖之一。

【气候特征】

青海省深处内陆,远离海洋,地处青藏高原,属于高原大陆性气候。其气候特征是:日照时间长、辐射强;冬季漫长、夏季凉爽;气温日较差大,年较差小;降水量少,地域差异大,东部雨水较多,西部干燥多风,缺氧、寒冷。

年平均气温受地形的影响,青海省总的分布形式是北高南低。青海省境内各地区年平均气温为-5.1℃~9.0℃,1月(最冷月)平均气温-17.4℃~-4.7℃,其中祁连托勒为最冷的地区;7月(最热月)平均气温5.8℃~20.2℃,民和为最热的地区。年平均气温在0℃以下的祁连山区、青南高原面积占全省面积的2/3以上,较暖的东部湟水、黄河谷地年平均气温为6℃~9℃。全省年降水量总的分布趋势是由东南向西北逐渐减少,境内绝大部分地区年降水量在400毫米以下,祁连山区为410~520毫米,东南部的久治、班玛一带超过600毫米,其中久治为降水量最大的地区,年平均降水量达到745毫米;柴达木盆地年降水量为17~182毫米,盆地西北部少于50毫米,其中冷湖为降水最少的地区。无霜期东部农业区为3~5个月,其他地区仅1~2个月,三江源部分地区无绝对无霜期。全省年太阳辐射总量仅次于西藏,平均年辐射总量可达5860~7400兆焦耳/平方米,日照时数2336~3341小时,太阳能资源丰富。近年来,青海省气温升高、降水量增加,加之生态建设保护工程的实施,青海省生态环境得到明显改善。

【行政区划】

截至2016年年底,青海省现辖6个民族自治州,2个地级市,6个市辖区,3个县级市,27个县,7个自治县,3个县级行委。其中6个民族自治州分别是海南藏族自治州、海北藏族自治州、黄南藏族自治州、玉树藏族自治州、果洛藏族自治州和海西蒙古族藏族自治州。2个地级市分别是西宁市、海东市。3个县级市分别是隶属于海西蒙古族藏族自治州的德令哈市、格尔木市和玉树藏族自治州的玉树市。

【历史沿革】

青海历史悠久,地处华夏民族的摇篮——黄河、长江的源头。早在距今二三万年的旧石器时代晚期,青海先民即在今柴达木盆地、昆仑山一带活动生息。小柴旦湖遗址是青藏高原目前考古发现的时代最早的遗存,是青海地区旧石器时代重要遗址。青海地居祖国西陲,从文字记载和地下发掘来看,最早生息活动在这块土地上的人民是我国西部古老民族之一的羌族。无弋爰剑是春秋时期羌人的著名首领,也是最早见于史籍记载的羌人领袖。

吐谷浑王国、南凉王国、青唐政权是青海古代历史上存在的三大王国,其中吐谷浑王国,也称青海草原王国,是东晋咸和五年(330年)左右,由鲜卑族慕容氏在青海境内及甘肃南部建立的地方政权,立国350年之久,成为青海古代历史上立国时间最长的政权,对青海古代历史、经济、文化、交通等方面产生了重大而深远的影响。

1928年9月5日,南京国民政府决定新建青海省,治设西宁。1929年1月,青海省正式建制。1949年9月5日,西宁解放。1949年9月26日,青海省人民军政委员会宣告成立。1950年1月1日,青海省人民政府正式组成,西宁市为省会。

【人口民族】

青海省地广人稀,人口较少。1990年人口445.69万,人口密度6.2人/平方千米。截至2015年年底,全省常住人口588.43万人,城镇295.98万人,占全省常住人口的50.3%;乡村292.45万人,占全省常住人口的49.7%。

青海省是个多民族聚居的省份,现有55个民族。截至2015年年底,少数民族人口280.74万人,占全省人口的47.71%。

【宗教信仰】

青海省是个多民族聚居的省份,省内有汉、藏、回、土、撒拉、蒙古等6个世居民族,而各民族人民群众都有宗教信仰,因此青海也是个多宗教信仰的省份,主要有藏传佛教、伊斯兰教、天主教、基督教、道教等。其中藏族、蒙古族、土族信仰藏传佛教,也有一部分汉族信仰藏传佛教;本教也拥有一定的信仰群众;回族、撒拉族信仰伊斯兰教;汉族中有一部分人信仰基督教、天主教、汉传佛教和道教。藏传佛教和伊斯兰教影响最广,遍及全省各个地区;天主教和基督教主要在城镇和铁路沿线;汉传佛教和道教在一些农业区有一定的影响。

【交通状况】

青海省境内5条国道构成"两横"(即国道109线、国道315线)、"三纵"(即国道214线、国道215线、国道227线)主骨架,23条省道纵横交错,330多条县乡道路相连,形成辐射全省城乡牧区的公路网。

青海省铁路营运里程2274千米。其中,高速铁路218千米。

青海省运营的民航机场有3个,支线机场现有4个(格尔木、玉树、德令哈、花土沟)。

【自然资源】

青海省自然资源丰富,是个资源型省份。矿产资源品种比较齐全,分布集中,有很高的开采价值。青海境内已探明矿区 700 余处,探明储量的矿种 105 种,其中有 52 种居全国前 10 位,居第 1 位的是锂、锶、冶金用石英岩、芒硝、电石用石灰岩、化肥用蛇纹岩、钠盐、钾盐、镁盐、石棉、玻璃用石英岩等 11 种。

青海省是个多湖泊的高原省,湖泊面积仅次于西藏,居全国第 2 位。尤其以黄河流域水电资源最为丰富。黄河上游龙羊峡 256 千米的河段上,落差 860 米,可修建大型水电站 6 座、中型水电站 7 座,装机容量 1100 万千瓦,年发电量 360 多亿千瓦时,被誉为我国水力资源的"富矿"地带、"黄金水道"。

青海省河流湖泊众多,水面类型多样,有鱼水面积 107 万公顷,水产资源十分丰富,主要鱼种有青海湖裸鲤鱼、花斑裸鲤鱼、光唇重唇鱼、哲罗鲑、条鳅等 40 余种。

青海省拥有广袤无垠的草原、不见曦月的森林,良好的生态环境,为高原野生动植物的生长、栖息和繁衍提供了独特的自然条件,是无数珍禽异兽的天然乐园。其中国家 1 类保护动物有野骆驼、野牦牛、野驴、藏羚羊、盘羊、白唇鹿、雪豹、黑颈鹤、苏门羚、黑鹳 10 种。

【文化艺术】

青海各主体世居民族在长期的经济文化交往中形成和发展,并出现许多经典艺术成果。除岩画和彩陶外,还有许多经典艺术得以传承,是活态的经典艺术。

青海岩画是古代游牧民族的文化遗存,主要是古代羌人、吐谷浑人的文化遗存。青海岩画主要分布在玉树县勒巴沟、刚察县的哈龙沟、都兰县的巴哈默力沟、可可西里的野牛沟、共和县的湖里木沟、天峻县的鲁茫沟、卢山及海北、海南、海西和玉树广大地区,共有近 20 处,共 1000 多幅图画。青海岩画主要分人物岩画、动物岩画、宗教岩画、器具岩画 4 类。

青海被誉为彩陶的故乡,中国经典彩陶艺术有大通上孙家寨、同德宗日出土的舞蹈纹彩陶盆,还有乐都柳湾出土的大量彩陶。1974—1981 年,乐都柳湾原始社会氏族公共墓地考古发掘中,有近 4 万件文物惊现于世,其中彩陶 2 万余件,最多的一个墓葬出土了陶器 91 件。其中墓葬包括了马家窑文化的半山、马厂类型和齐家文化、辛店文化等 4 种文化类型,属于新石器时代,这 4 种文化类型延续时间长达 1500 年之久。彩陶文化是青海文化建设的重要组成部分,是青海独特的文化名片。

青海河湟"花儿",是一种民间情歌,一般认为起源于明代,成熟于清代,发展繁荣于近现代。"花儿"又被称为"少年",一般只在山野歌唱,并且要回避长辈及家人。演唱时,称为"漫少年"。其声调既高亢嘹亮,又委婉动听;内容既有繁复的叙事,又有即兴的抒情;形式既有四句为主的,也有同时辅之以两小短句而成为前后对称的六句式;既可独唱,又可合唱。青海"花儿"的"令儿"(曲调)有"白牡丹令""尕马儿令""东峡令"等70~80种,其比兴优雅动听,赋词明快清新,艺术性很高。像乐都瞿昙寺的四月八、六月十五,互助土族自治县的二月二擂台会、大通老爷山的六月六等,很自然地发展为著名的"花儿会"。

今黄南藏族自治州的热贡艺术有唐卡、壁画、雕塑(泥塑、木雕)、堆绣、建筑彩绘图案等,表现出历史文化、民俗、宗教等诸多内容,在千百年的历史长河中,逐渐提炼、发展成为独具一格的艺术形式。唐卡是用于悬挂供奉的宗教卷轴画,画于布面上,用绸缎缝制装裱而成的绘画艺术。历经千百年的传承和发展,唐卡艺术已成为青海热贡艺术的著名品牌。

青海还有平弦、越弦、目连戏、骆驼戏等各种曲艺形式。

【特产美食】

青海省境内民族多,因此,这里的特产美食也是种类繁多,各具特色。

工艺品有藏刀、藏毯、唐卡、土族刺绣等;特色小吃有酸奶、酿皮、甜醅、馓子、手抓羊肉、尕面片、狗浇尿、抓面等;名酒有互助青稞酒;著名的中药有冬虫夏草、红景天、雪莲、藏茵陈、麝香、鹿茸、大黄、枸杞等。

青海因其地理位置的独特性,以及所含民族的多样性,造就了当地极具特色的饮食文化。青海的饮食不是单一的,而是不同的民族拥有不同的饮食文化。因青海省民族众多,仅以六大世居民族为例。汉族的传统主食是白面制品,有馒头、饺子、面条、烙饼、酿皮子等各种花样,其食法同甘肃、陕西接近,口味偏酸辣。汉族很多饮食习惯都受当地少数民族的影响,因此汉族的饮食吸收了各个民族的饮食特点,而成为一种集合体存在。面条多采用抻拉法,可宽可细。藏族以酥油茶和糌粑为日常的主食,藏区的风干肉是一种极具代表性的食品,除此之外青稞酒受到各地藏族的普遍喜欢。回族以面食为主,主要有油香、馓子、花花、拉面、面片等,最出名的有手抓羊肉、牛羊肉杂碎、黄焖羊肉、炕锅、羊肉泡馍等。回族人民喜爱喝茶,其中最有特色的茶称为"盖碗茶",俗称"三炮台"。土族日常菜肴以肉乳制品为多,民间有不少以当地土特产为原料制作的食品,其中较有代表性的有哈力海(荨麻叶粉和青稞面拌成的面糊,用油煎薄饼卷着吃)、沓乎日(一种灶内焖热的馍)、烧卖(油炸面包子)等,日常喜饮茯茶、酥油茶以及青稞酿成的酩馏酒。撒拉族以面食作为他们的主食,制作方法颇为讲究,有油香、锅盔、花卷、面片、拉面、馓饭、搅团等,名目繁多。此外,撒拉族也喜饮茶。蒙古族以牛羊肉、奶制品和青稞炒面为主要食物,冬秋季节多食肉类,春夏多食奶类。

【民俗风情】

青海的民族风情主要体现在土族和撒拉族两个少数民族的习俗上。土族重礼好客,凡前来拜访和投宿的客人都会得到热情接待。人们常说:"客来了,福来了!"用上等的茶饭和美酒予以款待。用餐前,主人先向客人敬酒三杯,叫做吉祥如意三杯酒。客人起程时,主人在大门口向客人又敬三杯酒,叫做上马三杯酒。不能喝酒的客人,用中指蘸三滴,对空弹三下。土族人民对朋友忠实守信,有尊长敬老的优良传统。

土族服饰分为妇女服饰、姑娘服饰、青壮年男子服饰以及老年男子服饰。妇女一般穿绣花小领斜襟长衫,两袖由红、黄、橙、蓝、白、绿、黑七色彩布圈做成,俗称七彩袖。发式、"帖弯"颜色和额带的不同,常是区别已婚或未婚妇女的标志("帖弯"指裤子膝下部分套着一节裤筒,已婚妇女是蓝色或黑色,未婚姑娘为红色)。

"纳顿"节是青海民和地区土族一年一度庆丰收、谢神恩节日。时间从农历七月中旬开始,一村接一村举行,直到九月中旬结束。

土族忌食马、骡、驴等奇蹄动物肉;忌在牲畜圈棚内大小便;家里佛堂和寺庙禁服丧者和产妇进入;不戴帽子、不穿长衫的妇女禁在长辈面前行走;忌讳用有裂缝的碗给客人倒茶;远行或办婚事,清早出门忌碰到空水桶、空背斗及不洁净的东西,认为碰到不吉,应返回改日再行;忌进入刚生孩子、刚安装了新大门或发现传染病的人家。家里有禁忌的大门标志是:大门旁贴一方红纸,插上柏树枝或在门边煨一堆火。

撒拉族信仰伊斯兰教,服饰、礼俗与回族相似。

【旅游资源】

青海的旅游资源博大而丰厚。有闻名世界的可可西里、穿越时空的唐蕃古道、华夏最美的山峰——昆仑山、中国最美的湖泊——青海湖、三江之源——长江、黄河、澜沧江;有藏族、土族、撒拉族等异彩纷呈的民族歌舞,大型历史藏戏《松赞干布》、大型音画歌舞《秘境青海》等特色剧目,"青海国际水与生命音乐之旅"等没有国界的音乐;有环青海湖国际公路自行车赛、世界攀岩锦标赛、青海湖国际诗歌节、中国青海三江源国际摄影节等国际性的文化体育活动和中国青海绿色经济投资贸易洽谈会、国际藏毯展览会等招商引资会展项目;有7处国家地质公园:尖扎坎布拉国家地质公园、互助嘉定国家地质公园、久治年保玉则国家地质公园、昆仑山国家地质公园、贵德国家地质公园、玛沁阿尼玛卿山国家地质公园、青海湖国家地质公园。

奇异的地貌、丰富的动植物资源、独特的高原气候、众多的名胜古迹,形成了青海三大旅游景区。东部旅游区:有湟中塔尔寺(5A级旅游景区)览胜,酥油花、堆绣、壁画被誉为塔尔寺的艺术"三绝";国家历史文化名城——同仁"热贡艺术"鉴赏,绘画、雕塑、堆绣等艺术精巧绝伦,藏乡"六月会"、土族"於菟"舞、藏戏等民俗、民间舞蹈、戏剧古老神秘;百里油菜花海赏景(百里油菜花海位于门源县、祁连山与大坂山之间的盆地,是中国最大的北方小油菜基地,2013年荣获"全球十大绝美花海"称号,每年7月的门源油菜花旅游节是观赏油菜花的最佳时机);孟达林区观光、柳湾文物考古、土族和撒拉族之乡民俗风情游、尖扎坎布拉国家级森林公园等。青海湖旅游区:包括日月山寻古、青海湖漫游、鸟岛奇观等,周边还有西海郡古城、新月沙丘、隆宝滩黑颈鹤保护区和金银滩草原(世界名曲《在那遥远的地方》的诞生地)。西部旅游区:有源头漂流、巴隆国际狩猎场、阿尼玛卿山、昆仑山、新青峰、万丈盐桥、泽库和日石经墙、南八仙风蚀雅丹地貌、青南高原的冻土地貌、黄河谷地大峡谷等。青海省三江源国家级自然保护区是我国面积最大的湿地类型国家级自然保护区。

第三十章
宁夏回族自治区基本概况

宁夏回族自治区是中国五大少数民族自治区之一,地处中国西部的黄河上游,素有"塞上江南"之美誉。宁夏简称"宁",首府银川市。

【地理环境】

宁夏回族自治区东邻陕西省,西北部接内蒙古自治区,西南、南部和东南部与甘肃省相连。南北相距456千米,东西相距50~250千米,总面积6.64万平方千米。

宁夏回族自治区地处高原与山地交错带,在华北台地、阿拉善台地与祁连山褶皱之间,地质构造复杂。西面、北面至东面,由腾格里沙漠、乌兰布和沙漠和毛乌素沙地相围,南面与黄土高原相连。地形南北狭长,地势南高北低,高差近1000米。全区海拔在1000米以上,南部黄土丘陵海拔2000米左右,中部山间平原海拔1300~1500米,北部宁夏平原海拔1100~1200米。

宁夏山脉统属于昆仑山余脉,有贺兰山、六盘山、南华山、月亮山、罗山、香山、云雾山和牛首山等,其中以贺兰山和六盘山最为出名。贺兰山绵亘于宁夏的西北部,山势巍峨雄壮,古人称之为"朔方之保障,沙漠之咽喉"。贺兰山南北长200多千米,东西宽15~60千米,海拔多为1600~3000米,主峰敖包圪垯海拔3556米。六盘山古称陇山,位于宁夏的南部,耸立于黄土高原之上,是一条南北走向的狭长山脉,延绵240余千米,宽10余千米,主峰米缸山海拔2930米,因登山古道须经六重盘绕才能到达顶峰而得名。

宁夏的河流主要有黄河、清水河、苦水河、葫芦河和泾河等。湖泊湿地星罗棋布,目前全区已建成哈巴湖国家级湿地自然保护区1处,银川鸣翠湖、阅海、宝湖、黄沙古渡和石嘴山星海湖、吴忠黄河、青铜峡鸟岛、中宁天湖湿地、固原清水河湿地等国家级湿地公园11处。

【气候特征】

宁夏回族自治区深处西北内陆高原,属典型的大陆性干旱、半干旱气候,具有冬寒长、夏暑短、雨雪稀少、气候干燥、风大沙多、南寒北暖等特点。全年平均气温为5℃~9℃,1月最冷,平均气温在-9℃,极端低温-22℃以下;7月最热,平均气温24℃。

宁夏雨季多集中在6—9月,年降水量为183.4~677毫米,由南向北递减。南部地区阴潮多雨,气温低,无霜期短。北部日照充足,蒸发强烈,全年日照达到3000小时左右,无霜期150天左右,是我国日照和太阳辐射最充足的地区之一。

【行政区划】

截至2016年6月,全区辖银川市、石嘴山市、吴忠市、固原市和中卫市5个地级市;共9个市辖区、2个县级市、11个县,合计22个县级行政区划单位;44个街道、102个镇、90个乡,合计236个乡级行政区划单位;504个居委会、2273个村委会,合计2777个村级行政区划单位。

【历史沿革】

早在原始社会旧石器时代晚期宁夏就有人类繁衍生息。银川市东部的水洞沟遗址,是黄河上游一处旧石器时代遗址。春秋战国时期,宁夏是羌、戎和匈奴等民族聚居地之一。秦代在宁夏北地郡,秦始皇曾派兵屯垦,开创了引黄灌溉的历史。汉代沿袭秦制,宁夏仍属北地郡,后又属朔方刺史部。407—431年,匈奴族赫连勃勃以宁夏为中心建立大夏政权。唐属关内道管辖,在灵州设大都督府和朔方节度使,安史之乱后,唐肃宗便在灵州即位。1038年,党项族首领元昊在宁夏建立大夏国,史称西夏,西夏以兴庆府为国都,后被成吉思汗所灭。元朝在此设宁夏路,于是有"宁夏"之称。明又改宁夏府,后又改宁夏卫,属陕西布政使司。清代复设宁夏府。民国初年改为朔方道。1928年成立宁夏省。1949年9月3日宁夏解放。1954年10月,宁夏省建制撤销并入甘肃省。1958年10月25日,宁夏回族自治区成立。

【人口民族】

据2016年5月宁夏统计局公布的数据,截至2015年年底,宁夏常住人口为6 668 211人,男性人口为3 398 120人,占50.96%;女性人口为3 270 091人,占49.04%。

在民族构成方面,汉族人口为 4 208 308 人,占 63.11%;回族人口为 2 403 890 人,占 36.05%;其他少数民族人口为 56 013 人,占 0.84%。

【宗教信仰】

宁夏是一个多民族聚居的地方。回族、维吾尔族、东乡族、哈萨克族、撒拉族和保安族等信奉伊斯兰教,汉族中的部分群众信仰佛教、基督教、道教、天主教。全区现有清真寺 3300 多处,阿訇 4000 多人,满拉 6000 多人,伊斯兰教协会 13 个。佛教、道教、天主教、基督教寺观、教堂 200 处,各类宗教职业人员 5000 余人。

据史书记载,明代就有规模宏大的清真寺,现存较著名的清真寺有银川南关清真寺(原寺始建于 1915 年)、永宁纳家户清真寺(始建于 1524 年)、同心清真大寺(始建于 1573 年,后曾 3 次重修)。宁夏自魏晋始就有佛寺。唐朝时宁夏灵武一带已有不少寺院和僧众。西夏时,曾把佛教定为国教,西夏皇帝多次向宋朝献良马,乞赐佛经。1055 年,西夏建承天寺塔(今银川西塔),藏《大藏经》,并到处修建寺庙。

【交通状况】

宁夏目前已形成了 3 个机场、3 条铁路、4 条高速公路构成的立体化区域交通网络。银川河东国际机场位于宁夏银川灵武市北部,截至 2016 年年末,银川河东国际机场通航城市达到 57 个,航线达到 80 多条。银川河东国际机场建成银京空中快线,成为全国第 9 个获得第 5 航权的机场;新开通至迪拜、曼谷和中国台北等 8 条国际(地区)航线,调整银川至韩国首尔和泰国曼谷航班计划。2016 年 12 月 27 日,银川河东国际机场 T3 航站楼正式投入运行。中卫香山机场于 2008 年 12 月 26 日顺利通航,2012 年 8 月 10 日中卫香山机场更名为中卫沙坡头机场,2016 年旅客吞吐量首次突破 10 万人次。固原六盘山机场是固原市的一座支线机场,机场位于固原市城西北方向的彭堡乡石碑湾村,距离固原市直线距离 10 千米,是宁夏三个机场中唯一的高原机场。

包兰铁路、太中银铁路横穿宁夏的北部和中部,宝中铁路北起中卫、南至陕西宝鸡,横跨陕甘宁三省区。截至 2017 年年初,目前正在建设的吴忠至中卫城际铁路和银西铁路银川至吴忠段两个项目进展顺利,预计将在 2018 年建成银川经吴忠至中卫的高铁。

据记载,2014 年全区公路总里程达到 31 276 千米。按行政等级划分,其中:国道 2102 千米、省道 2502 千米、县道 1615 千米、乡道 9203 千米、村道 13 972 千米、专用公路 1882 千米。按技术等级划分,其中:高速公路 1343 千米、一级公路1451千米、二级公路3350千米、三级公路6703千米、四级公路18 210千米、等外公路219千米。全区实现了乡乡通沥青路、村村通公路、91.5%的行政村通沥青路面的目标。公路桥梁年底达到4194座/195 591米，其中特大桥为15座/19 909米。公路隧道15道/10 342延米。以银川汽车南站和银川旅游汽车站（北站）为中心有几十条长途汽车线路，可通达全区各市县所在地和京、陕、甘、内蒙古、浙、闽等地。固原、吴忠、石嘴山汽车站还有30余条中途线路通向区内外各地，各县汽车站均有开往乡村的短途车。

【自然资源】

宁夏的矿产资源以煤和非金属为主。煤炭探明储量300多亿吨，预测储量2020多亿吨，储量居全国第6位，煤种齐全，煤质优良，分布广泛。非金属矿产主要有石膏、石灰岩、白云岩、石英岩(砂岩)、黏土、磷、铸型用砂、硫铁矿、铸石原料和膨润土等，其中石膏、石灰岩、石英岩及黏土为宁夏优势矿产。宁夏的金属矿产较贫乏，除镁（炼镁白云岩）储量规模达中型外，铁、铜、铅、锌、金和银等矿产均属小型矿床和矿点。

宁夏的自然植被有森林、灌丛、草原、荒漠、湿地等基本类型。有51种国家保护的珍贵稀有动物，其中黑鹳、中华秋沙鸭、金钱豹等8种为国家一类保护动物，马鹿、岩羊、蓝马鸡等43种为国家二类保护动物。有14种国家重点保护植物，其中四合木、胡桃、裸果木属国家二级重点保护植物。

宁夏是中国水资源最少的省区之一，大气降水、地表水和地下水都十分贫乏，且空间上分布不均。水利资源在地区上的分布不平衡，绝大部分在北部引黄灌区；中部干旱高原丘陵区最为缺水，不仅地表水量小，且水质含盐量高，多属苦水或因地下水埋藏较深，灌溉利用价值较低。

【文化艺术】

宁夏的黄河文化源远流长，自古有"天下黄河富宁夏"之说。作为黄河的支流，宁夏南部泾河、清水河流域分布着"仰韶文化""马家窑文化"和"齐家文化"等以农业为主要经济生活的原始社会文化，都是黄河文化的重要组成部分。

宁夏的回族文化，主要表现在回族宗教文化、商业文化、民间歌谣、民间说唱、民间故事、民间舞蹈、民间乐器和回族体育运动等方面。民间歌谣中最具特色的是流传于六盘山地区的"山花儿"。民间说唱较为典型的是宴席曲。民间舞蹈有宴席曲舞、跳花儿、坐舞、念舞、尕妹子送哥和"八字大开头"。回族民间乐器有口弦、牛头和"咪咪"。回族体育运动项目有木球、踏脚、"掼牛"和回族武术。

西夏文化主要体现在西夏文字和西夏建筑方面。西夏陵是我国现存最大的西夏文化遗址,被世人誉为"神秘的奇迹""东方金字塔"。

从1935年的红军长征到1936年的红军西征,都在宁夏形成了内容丰富的红色文化遗产。毛主席在翻越六盘山时,写下了气壮山河的《清平乐·六盘山》。

【特产美食】

宁夏最有名的地方特产,首推枸杞、甘草、贺兰石、滩羊二毛皮和太西煤5种,因颜色分别是红、黄、蓝、白、黑,所以又称"五宝"。此外还有宁夏珍珠米、黄河鲤鱼、黄河鸽子鱼、灵武砟子炭、灵武长枣、葡萄酒、中卫硒砂瓜等特产,以及剪纸、刺绣、太西煤雕、通草堆画、草编工艺品、炭雕工艺品、沙雕和沙画等工艺纪念品。

宁夏美食以西北面食为主,清真特色居多。因为农业发达,蔬菜水果较丰富。牛羊肉是宁夏人主要的食用肉类,各市县都有大型的市场现杀活羊,所以各色羊肉菜肴极为丰富。回族传统不近烟酒,所以较为传统的清真餐馆不供应酒类饮品。主要特色风味美食有油香、馓子、手抓羊肉、清蒸羊羔肉、爆炒羊羔肉、烩羊杂碎、羊肉粉汤饺子、羊肉搓面、生汆面、贺兰山野生蘑菇面、蒿籽面、炒糊饽、馄馍、沙湖大鱼头、糖醋黄河鲤鱼、清蒸鸽子鱼、扒驼掌、中宁清炖土鸡和宁夏烩小吃等。

【民俗风情】

宁夏民俗主要有回族民俗和西夏民俗。

宁夏是中国最大的回族聚居区。回族是中国信仰伊斯兰教的一个少数民族,由古代中亚人、波斯人、阿拉伯人与中国汉族等民族融合而成,长期以来,回族与其他民族一道在这片土地上繁衍生息,和睦共处。回族节日有开斋节、古尔邦节和圣纪节。宁夏回族饮食以米、面为主,饮食禁忌较多,与伊斯兰教义规定相同,不吃自死动物、不吃血液、不吃猪肉,不吃未念真主之名而宰杀的牛羊。回族衣着较为讲究,大多包裹比较严实。成年男性戴小白帽,成年女性戴盖头。男性还有一款具有民族特色的服装,被称为"衷白"。回族婚俗程序大致可以分为说媒、订茶、插花、娶亲、表贤惠和回门。回族丧葬遵循土葬、简葬,不装饰墓穴,不用棺材,用清洁白布有序包裹"埋体",由阿訇主持下葬,亲友可以吊唁,但不送花圈和挽联。

西夏民俗有多样性特点,信仰方面主要是自然崇拜,逐渐发展为鬼神崇拜。西夏牧民住毡帐,农民与城镇居民住土屋,官宦人家住瓦房。西夏男子因元昊颁行"秃发令"而不蓄发，西夏妇女喜欢梳高髻，一般妇女发髻上通常没有任何饰物。较为注重的节日有冬至节、圣节、中元节和中秋节等。西夏农业居民以米、面、青稞等为主食；牧民以羊肉及乳制品为主要食物，还遗存吃生肉的习惯。西夏包办婚姻较为普遍，也保留"收继婚"的"党项"旧俗。西夏有火葬、土葬及二者相结合的丧葬方式。

【旅游资源】

宁夏的旅游资源多姿多彩，"两山一河"（贺兰山、六盘山、黄河）、"两沙一陵"（沙湖、沙坡头、西夏王陵）、"两堡一城"（将台堡、镇北堡、古长城）、"两文一景"（西夏文化、伊斯兰文化、塞上江南景观），体现了深厚的文化底蕴，展示着独特的自然风光。

宁夏现有中国历史文化名城1座：银川；国家级风景名胜区2处：西夏王陵风景名胜区、须弥山石窟风景名胜区；国家地质公园2处：六盘山国家森林公园、宁夏西吉火石寨国家地质公园；5A级景区4处：沙湖、水洞沟遗址、沙坡头、镇北堡西部影城。

"塞上江南·神奇宁夏"的旅游品牌日益叫响，吸引着中外游客纷至沓来。宁夏首府银川，东依黄河，西靠贺兰山，总面积9970平方千米，是中国河套文化和丝路文化交汇地带极具吸引力和代表性的优秀旅游城市。境内有名胜古迹、自然旅游景区60多处。以银川为中心，近可观西夏王陵及与其咫尺相望的西部唯一的国家葡萄酒原产地保护区——玉泉葡萄庄园，觅西夏文化，品葡萄美酒；游塞北明珠——沙湖，欣赏湖傍金沙，沙环碧水的塞上江南风光，品尝被称为天然"脑黄金"的"沙湖大鱼头"；探游牧民族的艺术画廊——贺兰山岩画、中国史前考古的发祥地——水洞沟遗址，寻访中国最早发掘的旧石器时代文化遗址和我国古代唯一保存最完好的长城立体军事防御体系；逛著名作家张贤亮创办的影视城——镇北堡西部影城，这里拍摄了《红高粱》《东邪西毒》《大话西游》等100多部影片，有着"中国电影从这里走向世界"之美誉；赏国家级自然保护区——贺兰山苏峪口国家森林公园和国家级湿地保护区阅海、鸣翠湖；紧张刺激的大漠自驾探险、黄河九曲漂流和风味独特的清真美食、时尚浪漫的都市休闲娱乐也会令四方宾朋不虚此行。远可北游宁夏最大的生态旅游景区——石嘴山市的北武当庙景区，南下青铜峡黄河大峡谷旅游区，欣赏闻名遐迩的黄河大坝、壮观的十里长峡、独特的一百零八塔、神奇的卧佛山，往西行前往中卫的沙坡头（5A级景区）和腾格里沙漠湿地·金沙岛旅游区，沙坡头旅游区地处腾格里沙漠东南边缘，集大漠、黄河、高山、绿洲于一体，是中国四大响沙所在地（除了沙坡头的金沙鸣钟，还有内蒙古的响沙湾，敦煌的鸣沙山，以及新疆巴里坤鸣沙山），折返南下可前往同心的清真大寺，固原的六盘山国家森林公园、须弥山石窟风景名胜区、宁夏西吉火石寨国家地质公园。

　　值得期待的还有，宁夏省将依托370千米的S202省道，打造宁夏旅游"1号公路"，从银川起联通灵武、盐池、韦州、红寺堡、彭阳，直到固原，全长370千米的S202省道。在这条省道上，由南到北，有全国十大最美梯田——彭阳县梯田、彭阳县乔家渠毛泽东长征宿营地、盐池县革命烈士纪念园、红寺堡的国家扶贫移民遗址、万亩葡萄种植生态园、星罗棋布的葡萄酒庄、一座座特色鲜明的清真寺、同心下马关明长城遗址、盐池县高沙窝镇二步坑行政村兴武营、国家5A级景区——水洞沟景区、灵武市治沙环保生态园等，使S202省道成了一条抒发乡村情怀、传颂红色精神、连接历史文化和展示长城遗址的时光之旅风景道。

第三十一章
新疆维吾尔自治区基本概况

新疆维吾尔自治区位于中国西北边陲,是中国陆地面积最大的省级行政区,也是古丝绸之路的重要通道。新疆维吾尔自治区简称"新",首府乌鲁木齐。

【地理环境】

新疆地处亚欧大陆腹地,陆地边境线5600多千米,周边与俄罗斯、哈萨克斯坦、吉尔吉斯斯坦、塔吉克斯坦、巴基斯坦、蒙古、印度、阿富汗八国接壤,是第二座"亚欧大陆桥"的必经之地,战略位置十分重要。新疆东西长约2000千米,南北宽约1650千米;面积为160万平方千米。

新疆北部为阿尔泰山,南部为昆仑山系;天山横亘于新疆中部,把新疆分为南北两半——南部是塔里木盆地,北部是准噶尔盆地。习惯上称天山以南为南疆,天山以北为北疆,把哈密、吐鲁番盆地称为东疆。新疆的最低点吐鲁番艾丁湖低于海平面155米(也是中国的陆地最低点)。最高点乔戈里峰位于克什米尔边境上,海拔8611米。

新疆有500多条河流,分布于天山南北的盆地,其中较大的有塔里木河(中国最大的内陆河)、伊犁河、额尔齐斯河(流入北冰洋)、玛纳斯河、乌伦古河、开都河等20多条。新疆有许多自然景观优美的湖泊,总面积达9700平方千米,占全区总面积的0.6%以上,其中著名的湖泊是博斯腾湖、艾比湖、布伦托海、阿雅格库里湖、赛里木湖等。

新疆境内形成了独具特色的大冰川,共计1.86万余条,总面积2.4万多平方千米,占全国冰川面积的42%,冰储量2.58亿立方米,是新疆的天然"固体水库"。新疆的水资源极为丰富,人均占有量居全国前列。

【气候特征】

新疆远离海洋,深处内陆,四周有高山阻隔,海洋气流不易到达,形成明显的温带大陆性气候。新疆年平均温度9.3℃,年平均降水量为150毫米左右。晴天多,日照强,少雨干燥,风沙多,昼夜温差大。冬季长,寒冷;夏季短,炎热。最冷月(1月),准噶尔盆地平均气温在-20℃以下,该盆地北缘的富蕴县绝对最低气温曾达到-50.15℃,是全国最冷的地区之一。最热月(7月),在号称"火洲"的吐鲁番平均气温为33℃以上,绝对最高气温曾达到49.6℃,居全国之冠。由于新疆大部分地区春夏和秋冬之交日温差极大,故历来有"早穿皮袄午穿纱,围着火炉吃西瓜"之说。

【行政区划】

截至2016年2月,新疆维吾尔自治区辖4个地级市、5个地区(3个自治区辖地区、2个自治州辖地区)、5个自治州、13个市辖区、22个县级市、62个县、6个自治县。地级市为乌鲁木齐市、克拉玛依市、吐鲁番市、哈密市。

【历史沿革】

新疆各地考古资料表明,最晚在六七千年以前,新疆地区已有人类活动。在大约距今二三千年的新石器时代,天山南北各地都已出现人类祖先活动的足迹。

公元前60年,西汉中央政权设立西域都护府,新疆正式成为中国领土的一部分。

西汉末,匈奴统治西域。东汉时,朝廷派兵挫败匈奴,91年,东汉政府任命班超为西域都护。

魏晋南北朝时,西域各地与中原地区交流仍延续不断,高昌、疏勒等国对北魏、西魏、北周等王朝纳贡,保持着从属关系。

隋朝专门设立了西戎校尉,负责处理有关西域的事务。

唐朝在西域设立安西都护府、北庭都护府,管理西域事务。

9世纪之后的中原王朝无暇顾及西域,西域出现了几个国家并列存在的局面。其中主要有高昌、黑汗王朝和于阗等地方政权。

1206年,蒙古帝国建立,1271年改国号为元。蒙元时期西域大部分地区为成吉思汗次子察合台的封地——察合台汗国。元朝对新疆地区比较重视,享有与内地其他行省同等地位。

明朝统一中原后,曾对西域地区实施羁縻政策。1514年后,明朝退守嘉峪关。

清朝平定准噶尔部的叛乱之后,乾隆皇帝将古称西域的天山南北地区称为新疆,取因"故土新归"之意。

继1878年左宗棠自阿古柏手中收复了新疆之后,1882年沙俄侵略者也被迫归还了伊犁地区。1884年新疆建省,正式定名新疆省。从口头传统上已经成为特指西域地区名词"新疆"一词,正式成为特指中国西域地区的专用名词,沿用至今。

1949年新疆和平解放。1955年10月1日成立新疆维吾尔自治区。

【人口民族】

截至2014年底,新疆维吾尔自治区总人口2298.47万人,其中,城镇人口1058.91万人,乡村人口1239.56万人。城镇化率46.07%。全年人口出生率16.44‰,死亡率4.97‰,自然增长率11.47‰。

新疆是一个多民族聚居的地区,共有47个民族,其中世居民族有汉族、维吾尔族、哈萨克族、回族、柯尔克孜族、蒙古族、塔吉克族、锡伯族、满族、乌孜别克族、土库曼族、俄罗斯族、达斡尔族、塔塔尔族14个。

【宗教信仰】

新疆是多宗教地区。主要宗教有伊斯兰教、佛教、喇嘛教(藏传佛教)、基督教、天主教、东正教和萨满教。在外来宗教传入以前,新疆的古代居民信仰本地土生土长的原始宗教及由原始宗教发展而成的萨满教。公元前4世纪,祆教经中亚传入新疆,南北朝至唐朝时期,曾流行于新疆各地。公元前1世纪前后,佛教经克什米尔传入新疆,后成为新疆的主要宗教。5世纪左右,道教传入新疆,但是传播范围不广。6世纪前后,摩尼教传入新疆,高昌回鹘政权曾以摩尼教为国教。在摩尼教传入前后,景教也传入了新疆。9世纪末10世纪初,伊斯兰教经中亚传入新疆南部地区。10世纪中叶,信仰伊斯兰教的喀喇汗王朝发动了对信奉佛教的于阗国的宗教战争,把伊斯兰教推行到今和田地区。

现在新疆主要有伊斯兰教、佛教、基督教、天主教、道教等。截至2014年,新疆信教群众为1000多万人,宗教活动场所2.44万座。其中清真寺2.42万座,基督教教堂186座,佛教寺庙53座,天主教教堂20座,东正教教堂3座,道教宫观3座。宗教教职人员2.9万人,其中伊斯兰教教职人员约2.8万人。伊斯兰教为维吾尔、哈萨克、回、柯尔克孜、塔吉克、乌孜别克、土库曼、塔塔尔、撒拉、东乡、保安等10多个民族所信奉。伊斯兰教在新疆社会生活中有着较大的影响。新疆现存宗教建筑中以伊斯兰教建筑为最多,规模也最宏伟,包括清真寺、圣地、圣墓与麻扎、名人墓葬等。

清真寺是 11 世纪以后新疆建筑艺术的集中体现,其建筑风格有阿拉伯式和内地寺庙式之别。著名的有喀什艾提尕尔清真寺、莎车阿孜尼清真寺、库车清真大寺、伊宁拜吐拉清真寺等。

新疆宗教组织主要有伊斯兰教协会、伊斯兰经学院和佛教协会等。

【交通状况】

新疆交通以公路为基础,铁路为骨干,包括民用航空、输油气管道等四种运输方式相配合,形成了内连自治区内各地(州、市)和县,外连国内西、中、东部地区以及周边国家的综合运输网络。截至 2016 年,全疆公路通车总里程达到 17.85 万千米,其中高速公路 4316 千米,新、改、续建"畅通富民"农村公路 3.8 万千米。

新疆铁路主要有兰新铁路、南疆铁路、兰新高铁。

新疆已拥有 22 座机场,为国内拥有机场数量最多的省份。其中乌鲁木齐地窝堡国际机场已成为中国第四大国际航空港。乌鲁木齐已与内地 51 个城市和 6 个国家和地区通航。已开辟了乌鲁木齐至北京、上海、广州、深圳、福州、厦门、海口、哈尔滨、大连、青岛、济南、西安、郑州、杭州、重庆、武汉、成都、昆明、张家界、敦煌等 55 条国内航线。开辟了乌鲁木齐至阿拉木图、新西伯利亚、莫斯科、伊斯兰堡、德黑兰、比什凯克、叶卡捷琳堡 7 条国际航线。

【自然资源】

新疆矿产种类全、储量大,开发前景广阔。发现的矿产有 138 种,其中 9 种储量居全国首位,32 种居西北地区首位。石油、天然气、煤、金、铬、铜、镍、稀有金属、盐类矿产、建材非金属等蕴藏丰富。新疆石油资源量 208.6 亿吨,占全国陆上石油资源量的 30%;天然气资源量为 10.3 万亿立方米,占全国陆上天然气资源量的 34%。新疆油气勘探开发潜力巨大,远景十分可观。全疆煤炭预测资源量 2.19 万亿吨,占全国的 40%。黄金、宝石、玉石等资源种类繁多,古今驰名。

新疆为中国西部干旱地区主要的天然林区,森林广布于山区、平原,面积占西北地区森林总面积的近 1/3。天山和阿尔泰山区覆盖着葱郁的原始森林,多为主干挺直的西伯利亚落叶松和雪岭云杉、针叶柏等建筑良材。塔里木河、玛纳斯河等河流两岸,是平原阔叶林的分布地区。在塔里木河流域,丛生着世界著名的珍贵树种胡杨和灰杨,这两种林材既是用途广泛的用材林,也是大漠深处的防风林。新疆主要造林树种有白杨、柳树、榆树、白蜡树、槭树、槐树、白松、沙枣、桑树和各种果树等 60 多种。

新疆有野生植物132科、856属、3569种,稀有种类约100种,列为国家保护的植物有野苹果、西伯利亚巨杉、胡杨等20多种。

新疆分布有脊椎动物近700种,无脊椎动物1.5万种以上。目前新疆有国家重点保护动物116种。其中一级保护动物有28种,即紫貂、貂熊、雪豹、新疆虎、蒙古野驴、藏野驴、野马、野骆驼、野牦牛、普氏原羚、芷羚、高鼻羚羊、北山羊、河狸、白鹳、黑鹳、金雕、白肩雕、玉带海雕、白尾海雕、胡兀鹫、黑颈鹤、白鹤、大鸨、小鸨、多斑鸠、四爪陆龟、新疆大头鱼。

【文化艺术】

新疆是歌舞之乡,主要有纳孜库姆、十二木卡姆、龟兹乐舞、刀郎舞、阿肯弹唱、塔吉克族的鹰舞、萨满舞、新疆花儿等。

十二木卡姆是维吾尔族一种大型传统古典音乐,汇集歌、诗、乐、舞、唱、奏于一身。十二木卡姆产生于14—16世纪西域音乐的融汇时期,经过多次的整理、规范,才成为今天的十二木卡姆,是维吾尔族人民对中华民族灿烂文化的重大贡献。十二木卡姆运用音乐、文学、舞蹈、戏剧等各种语言和艺术形式,表现了维吾尔族人民绚丽的生活和高尚的情操,反映了他们的理想和追求。2005年,维吾尔十二木卡姆被列入《人类非物质文化遗产代表作名录》。

民族乐器主要有热瓦甫、弹布尔、都塔尔、艾捷克、胡西塔尔、萨塔尔、卡龙、达卜、纳格拉、苏奈、冬不拉、霍布孜、库木孜、鹰笛等。

【特产美食】

新疆土特产品包括哈密瓜、葡萄和葡萄酒、西瓜、库尔勒香梨、无花果、石榴、薄皮核桃、杏、巴旦杏等。

新疆特色工艺美术品包括地毯、花毡、小刀、玉雕、艾特莱斯绸等。

新疆盛产美玉,又以新疆和田玉最负盛名,其开发利用已有7000多年的历史。千百年来,新疆玉石通过丝绸之路输往内地和国外。和田玉雕作品包括人物、鸟兽、鱼虫、花卉等,深受国内外旅游者的喜爱。

新疆菜既具清真菜特性,又具有中国西北菜系味重香浓的烹饪特点。新疆饮食的原料是比较丰富的,主要有蔬菜、瓜果、鱼、肉、蛋等,蔬菜在调味上与其他菜系一样,差异主要就是在用肉、蛋方面,有着独特的习惯和讲究。新疆菜以清真菜系为主,大多吃牛羊肉,多采用爆、烤、涮、烧、酱、扒、蒸的制作方法,著名的佳肴有烤全羊、大盘鸡、馕包肉、手抓羊肉等,口味偏酸辣。

新疆民族传统食品有烤馕、抓饭、薄皮包子、烤羊肉串、烤全羊、手抓羊肉、奶茶、马奶子、拉条子、包尔萨克(油炸食品)、那仁等。

【民俗风情】

新疆是个多民族聚居区,新疆各民族人民勤劳智慧,热情好客,能歌善舞,有相互交融又各具风采的文化艺术、建筑艺术和风俗习惯。

对信仰伊斯兰教的维吾尔、哈萨克、回、柯尔克孜等民族来说,古尔邦节和肉孜节是最盛大的节日。此外,维吾尔族还有卡巴克节,蒙古族有那达慕,柯尔克孜族有诺苏孜节,锡伯族有西迁节等。每逢节日,各族人民分别弹奏起都塔尔、冬不拉、弹布尔、手鼓等乐器,举办麦西来甫、木卡姆演唱、阿肯弹唱、达瓦孜、旋转式秋千、赛马、叼羊、姑娘追、摔跤、马上角力以及斗狗、斗羊等音乐、歌舞和游乐活动。

古尔邦节是我国穆斯林的盛大节日。"古尔邦"在阿拉伯语中称作尔德·古尔邦,或称为尔德·阿祖哈。"尔德"是节日的意思。"古尔邦"含有"牺牲""献身"的意思,所以一般把这个节日叫"牺牲节"或"宰牲节"。

古尔邦节的时间在伊斯兰历十二月十日。过节前,牧区农区老百姓家家户户都把房舍打扫得干干净净,忙着精制节日糕点。

节日的早晨,维吾尔人沐浴全身(大净),然后盛装到清真寺参加聚礼。聚礼之后,人们回家的第一件事就是宰牲。至于是宰牛宰羊宰骆驼还是宰马,由各家经济实力决定。通常人们把献祭的牲畜宰好,大块连骨肉炖到锅里后,男子们才开始互相串门。拜贺节日。妇女们则留在家里摆上节日食品,烧茶备水,准备迎接客人。人们还要给长辈拜贺。维吾尔民间拜节是维吾尔人增强社会联系、严守礼尚往来这一准则的重要组成部分。

无论城市农村,都要在广场上举行盛大的麦西来甫歌舞集会。广场四周建有伞棚、木棚,内有各种甜点小吃。哈萨克、柯尔克孜、塔吉克、乌孜别克等民族在节日期间还举行叼羊、赛马、摔跤等比赛活动。

【旅游资源】

新疆地域辽阔,旅游资源丰富。截至 2016 年,新疆共有 2 处世界遗产:天山;丝绸之路——长安—天山廊道路网。5 座国家历史文化名城:喀什市、吐鲁番市、特克斯县、库车县、伊宁市。12 家国家 5A 级旅游景区:昌吉回族自治州阜康市天山天池风景名胜区、吐鲁番市高昌区葡萄沟风景区、伊犁哈萨克自治州阿勒泰地区布尔津县喀纳斯景区、伊犁哈萨克自治州新源县那拉提旅游风景区、伊犁哈萨克自治州阿勒泰地区富蕴县可可托海景区、喀什地区泽普县金胡杨景区、乌鲁木齐市乌鲁木齐县天山大峡谷、巴音郭楞蒙古自治州博湖县博斯腾湖景区、喀什地区喀什市噶尔老城景区、伊犁哈萨克自治州特克斯县喀拉峻景区、巴音郭楞蒙古自治州和静县巴音布鲁克景区、伊犁哈萨克自治州阿勒泰地区哈巴河县白沙湖景区。全国重点文物保护单位113处。

新疆堪称名山荟萃之地。天山山脉横贯中部，帕米尔高原和喀喇昆仑山、昆仑山、阿尔金山三大山系环列南部，阿尔泰山拱居于北。位于喀喇昆仑山的是世界第二高峰——乔戈里峰（海拔8611米）。

沙漠是新疆最博大的地貌景观，塔克拉玛干、古尔班通古特两大沙漠和库木塔克沙漠等中小沙漠总面积达71万平方千米，可谓浩瀚恢宏。湖泊景观是新疆又一奇观。全区有100多个不同类型的湖泊，湖水总面积超过1万平方千米。已经进行旅游开发的有天山天池和初始开发的博斯腾湖、赛里木湖、乌伦古湖、大龙池、喀纳斯湖和巴音布鲁克天鹅湖等。

生态旅游有吐鲁番的葡萄沟、和田的千里葡萄长廊（总长750多千米）、阿图什的无花果园、阜康的蟠桃园、新源的阿布拉克"果树王"园、和田的"核桃王"园和"无花果王"园等。

新疆历史文化遗存最丰厚的莫过于古代丝绸之路的经济文化交流遗存。丝绸之路进入新疆后分为天山以南的南道、北道、中道和稍后拓通的天山以北的新北道。在这几条丝路上，荟萃东西文化的古代于阗、莎车、疏勒、龟兹、乌孙、车师、高昌等西域文化遗迹，以及汉、晋、隋、唐等各历史时期治理新疆的都护府、都督府、屯田都尉府、将军府等遗存比比皆是。

新疆还是中国最早的石窟艺术传播地，已经发现的数十处"千佛洞"，以天山南麓为最多。其风格由西方型向东方型逐渐变化，越到后期越受中原文化影响。新疆石窟是古代文化艺术的瑰宝，也是丝绸之路历史的"百科全书"，有极高的旅游和研究价值。在众多的石窟艺术中，首推拜城克孜尔千佛洞，其是龟兹文化的精髓所在，现存236窟中，有74窟保存着精美的壁画艺术，且以凹凸画法而驰名。吐鲁番也发现有多处石窟，以柏孜克里克千佛洞价值最高，洞中彩绘壁画外层为佛教文化，被遮掩的内层却是摩尼教文化。

新疆另一项奇观是坎儿井，它广泛分布在吐鲁番、鄯善、托克逊、库车、阜康、哈密等沙漠绿洲，尤以吐鲁番最为集中，计有1200多条，总长度超过5000千米。